JN200336

# 映画館のなかの近代

映画観客の上海史

菅原慶乃 著

晃洋書房

# 映画館のなかの近代——映画観客の上海史◆目　次

〔カバー図版〕

【表】リッツ大戯院の映画説明書より（一九三二年頃）。
当時、外国製トーキー映画の封切館におけるプログラムの多くは鮮やかな青で印刷された。青は、民国期上海のモダンな映画館文化を象徴していた。

【裏】金城大戯院の映画説明書より（一九三四年四月、『スポーツの女王』封切時のもの）。
一九三三年に開業した金城大戯院は、当時黄金期を迎えていた中国映画界を代表するプロダクション「聯華」の作品の封切館だった。

〔表紙図版〕

グランド大戯院の映画説明書（一九三八年四月二八日発行）より。
外国映画の封切館・グランド大戯院で公開された『貂蟬』（卜万蒼、一九三八年）の説明書は、青で印刷された数少ない中国映画の説明書の一つ。

（図版はすべて筆者蔵）

# 序章　映画観客とは誰か？

在電影沒有開映以前，或是在休息的時候，眞使人有些煩悶，自已沒有伴侶帶來，說明書也早已看了個完，買些橡皮糖，巧克力又要化幾毛錢，不錯：那裏倒有幾位摩登小姐，還夠漂亮，就是這樣的欣賞欣賞吧！如果路道粗些的話，或者還有希望弄個把到手。

蔡秋影作

民国期の上海の映画館のなかには、映画を見ること以外にもさまざまな楽しみがあった。たとえば、連れ合いとの歓談、ちょっと高級なスイーツを堪能すること、そして時にはナンパも。序章扉掲載の蔡秋影による無題絵付きコラムでは、「おひとりさま」が映画上映前や休憩時間に経験する所在無さをユーモアを込めて皮肉っている。しかし、休憩中にどんなに騒がしくなったとしても、一旦上映が始まれば静座と静謐、スクリーンへの高度な集中といった文化的コードの遵守が求められるのであった。このような鑑賞マナーはいったいいつ頃、何のために成立したのだろうか（『滬声』第一巻第二期（一九三六年）、コラム文全訳は序章注6を参照）。

## 一　ヴァナキュラー・モダニズムとしての映画鑑賞

上海は、映画伝来から中華人民共和国の建国直後までの長きにわたって中国最大の映画都市であった。繁栄をきわめたこの国際都市において映画館で映画を見るという体験は、たとえば次のようなものだった。

映画館へは上映開始時刻よりも少し早めに到着しておく。もし遅刻してしまっても入場することはできるが[1]、他の客の迷惑にならないよう映画館併設のレストランやコーヒーショップ、あるいは近隣の飲食施設などで時間を潰し[2]、次の上映回を待つのがマナーだ。上映前の場内にはオーケストラやレコードによる音楽が鳴り響き[3]、幻灯の企業広告が上映されている[4]。チケットに記された番号の座席に座ったら[5]、チケット売り場で手渡された説明書（プログラム）を開いて上映作品の粗筋を読んだり同伴者とおしゃべりして時間を過ごそう[6]。上映時刻になって照明が消されると、ニュース映画や短篇映画が一、二本上映される[7]。休憩中にもし小腹が空いたり時間をもてあますようなら、館内で販売されているキャンディーやチョコレートを買ってもよいだろう[8]。そうしているうちに再び消灯され、メインの劇映画の上映が始まる。時には上映の合間に芸人たちのステージ・パフォーマンスが入り賑やかになることもあるが、上映中は他の観客たちの迷惑にならないよう、座って静かに映画を見よう――。

一九三五年の劇映画『都市風光』（袁牧之監督）では、このような映画鑑賞が再現されている。舞台となったのは、実在の映画館「南京大戯院」（現上海音楽堂）だ。劇中には万籟鳴・万古蟾兄弟が『都市風光』のために製作した短篇アニメーションが劇中劇として挿入されている。どことなくウォルト・ディズニー社のアニメーションのキャラクターを彷彿とさせる、ひょうきん者たちによる滑稽劇だ。作品のなかの観客たちは楽しげにこの短篇アニメーションを鑑賞するのだが、にわかに場内が騒然となる。静謐な場内に、どこからともなくブゥブゥという奇声が響いたのだ。主人公のカップルも顔をしかめながら周囲を見渡す。ところがすぐにこの奇声が劇中劇に登場する豚のキャラクターから発せられていることに気づいた二人は、安堵とおかしみをたたえた微笑を交わし合う。

このシーンは、小津安二郎が『東京の女』(一九三三年)においてエルンスト・ルビッチらの『百万円貰ったら』(一九三二年)のフィルムを引用したという逸話を彷彿とさせる。映画学者デヴィッド・ボードウェルは、『東京の女』の一シーンとしてルビッチ作品のフィルムを物理的に挿入するというこの大胆な編集について、小津安二郎が「師(マスター)」と仰ぐルビッチ作品を「支配(マスター)」したものだと解釈する。[9] 同様に、『都市風光』で描かれた規範的で理想的な映画鑑賞には、ウォルト・ディズニー社のアニメーションを「マスター」したという万兄弟――かれらはその数年後に中国初の長篇アニメーション作品『鉄扇公主』(一九四一年)を完成させ中国におけるアニメーションの父と称されるようになる――の自負とともに、座って静かに映画を見るという「近代的作法」を「マスター」したという上海の映画観客の自尊心が投影されているかのようだ。

実は、民国期の映画の都上海で人びとがどのように映画を見ていたのかという一見単純に見えるこの問いに答えることは、想像以上に難しく骨の折れる作業を伴う。中国で最も早く映画が伝来したとされる上海において、映画鑑賞はどのように行われたのか。映画観客は映画の何に驚いたのか(あるいは驚かなかったのか)。映画鑑賞マナーはいつ成立したのか。このような問いに答える時、「映画という西洋由来の見世物興行が中国の伝統的な娯楽文化の土壌に闖入し定着していった」とする従来の映画史観からは、十分に説得力のある回答を導き出すことは難しい。なぜなら、このような映画受容史は、「誰」が映画を受容したのか、「どうやって」映画観客になったのか、「どのように」映画を鑑賞したのか、という視点をほとんど欠いているからだ。映画とはいうまでもなく発明、製作され、映写されるものであり、それを実践する主体の存在を前提としている。映画史研究における関心もまた往々にして映画の発明、製作や映写の事実の有無、それを主導した人物に集中しており、映画を鑑賞する主体にたいする注目はさほど高くはない。同時に、こうした研究は「映画」を前提とするあまりに、「映画」とは何か、「映画鑑賞」とはいかなる行為かという基本的な事実確認にもさほど頓着しない。中国への映画伝来は定説では(後述するように現在はこの定説にたいして疑念の声が上げられてはいるものの）一八九六年とされているが、それは同時に「映画観客」の誕生を意味するのか。さらには、その当時に「映画」はどのように表記されていたのかという大きな問題とどう向き合うのか――「電光影戯」、「西洋影戯」、「活動影戯」、「活動画」、「影画」、「画片」、「影戯」などの中国語は、映画伝来から二十年余りの間、映画や幻灯のいずれをも指示するものとして使われていたというのに！

一九八〇年代以降盛んとなった映画観客研究は、映画の「誕生」を画期として設定する史観を議論の俎上に載せ、主に西洋社会における事例を通じていくつかの重要な答えを示してきた。ミリアム・B・ハンセンは、映画鑑賞と映画美学を連動させながらニッケル・オデオンの登場と静座・静謐を是とする鑑賞美学の成立、そして劇映画の誕生が軌を一にしているのは単なる偶然ではなかったことを明らかにした。[10] ハンセンの考察は、映画観客とは映画に先だって予め存在していたのではなく、環境的な条件が特定の鑑賞行為を促進し観客を生み出したこと、そしてそれが映画のスタイルへ還元されるシステムが機能していたことを示唆するものであった。他方、映画を全く新しい芸術の形式と見なすのでは無く、幻灯興行との連続性に焦点を当てた「スクリーン・プラクティス」というパースペクティヴに立ち初期映画史を再考したチャールズ・マッサーは、初期映画の上映形態と観客の受容がいかに多様であったか、またそのよう多様性や流動性が映画製作にどのように作用したかを実証した。[11]

本書の関心もまた、このような問題意識の延長上に設定されている。本書は、映画伝来後の約半世紀の間に映画の中心都市上海において映画観客がどのように誕生したかを実証することのみならず、概念としての映画観客がどのように形成されたのか、またそれはどのような政治的役割を担ったのか、という点により多くの関心を向けている。近代以降規定された「国民」、「民族」、「ジェンダー」といった集団は概念と実体が一致する所与のものとして政治的な役割を担ってきたが、一九八〇年代以降のフェミニズムやカルチュラル・スタディーズの諸実践は、そのような集団の恣意性や政治性に批判の矛先を向けた。たとえば、ジュディス・バトラーはジェンダーという概念が「ジェンダーの首尾一貫性を求める規制的な実践によってパフォーマティヴに生み出され、強要されるもの」だと規定したが、ジェンダーとは「あるもの」ではなく「おこなうもの」であり、ジェンダー・アイデンティティは最初から実体のある主体によって構築されるのではなく、ある種のイデオロギーに沿って「パフォーマティヴに構築されるもの」[12]だと主張するバトラーの議論は、概念としての「映画観客」を説明するさいにも有効だ。本書は映画観客がどうやって映画観客となったのかを実証的な立場から検討するものの、最終的な関心は「ある特定の文化や歴史のなかの種々の関係が収束する相対的な点にすぎないもの」[13]であるはずの映画観客という集団を均質的な属性を持つ集団としてまとめあげる、パフォーマティヴな文化規範としての映画鑑賞の成立過程の解明にある。本書の前半では上海で「映画を見ること」が実に多様で重層的な体験であったことを実証するが、後半では、映画ジャーナリズムにおいて映画観客が均質的で固定的な、したがって実体というよりも理想的で名目的な集団として言説化されたプロセスに焦点を当てる。上海では概ね一九二〇年代に映画鑑賞マナーという文化コードが確立するが、それは「文明化」されていない観客にたいする警鐘というよりも、反帝国主義ナショナリズム運動の担い手たる新興中間層の強固な同一性を確保するための文化制度としての役割を果たした。つまり、静座・静謐を是とする鑑賞態度が「進歩」的な観客を生み出したのではない。「映画観客」は予め「進歩」的な集団として創造されたのである。それればかりではない。道徳的にも衛生的にも「進歩」的な新興社会階層として創造された「映画観客」は、ナショナリズムを草の芽レヴェルで支えるべき「良き国民」でもあった。映画鑑賞とは、「良き国民」の仲間入りをするための実践であったといえる。この意味で映画鑑賞とは、ハンセンが別の論文で議論したような庶民の日常生活におけるモダニズムの実践、つまりヴァナキュラー・モダニズムの一つの形態であるといえるだろう[14]。

ここでとくに注目したいのは、このようなヴァナキュラー・モダニズムとしての映画鑑賞の実践が、常に「伝統」対「近代」、「文明」対「未開」という二項対立的図式の中で叫ばれたということだ。つまり、近代的作法としての映画鑑賞という概念の成立は、他の多様な映画鑑賞の有り様を過去の「前近代」的な行為として歴史化することとほぼ同期的であった。しかし、近代的作法と対照的な「古く」て「前近代」的だとされた映画鑑賞は、決して過去のものではなかった。館内での飲食、おしゃべり、帽子を被ったままでの着席、観客同士の喧嘩沙汰、遅刻や途中退席といった「マナー違反」はそれ以降もよく見られたし、何より総合遊興場として広く親しまれた「遊楽場（遊戯場）」という盛り場ではこのような態度はごく日常的なものとして許容されていたのだった。冒頭で触れた『都市風光』における映画鑑賞シーンをもう一度思い出してみよう。舞台である南京大戯院から直線距離で一・五キロメートルほど西の中国街「南市」の豫園附近には、映画上映場も併設していた遊楽場「小世界」が、遊楽場全盛期と変わらない人気を誇っていた。南市東門附近にあった福安遊楽場においても同様だった。映画鑑賞マナー成立以降言説の上では歴史化されたとはいえ、遊楽場における映画上映は、当然のことながら途絶えることなく継続されていたのだった。遊楽場において映画を見るという体験は、観客の作品への没入をある程度前提としていた近代的作法としての「映画鑑賞」とは本質的に異なるものであった。第一章で詳述するように、遊楽場で「映画を見る」という経験は、当時の娯楽文化の習慣であった「遊歩」という散歩文化を構成する一つの要素であり、映画は必ずしも遊歩者がまなざす唯一の対象ではなかった。「映画を見る」という行為は、それ単独で成立するものではなく、他のさまざまな遊興行為が集成された、複合的な一連の余暇活動であったのだ。

それでは、近代的作法としての映画鑑賞の登場が、なぜそれ以外の映画の見方を排除し過去の悪弊として葬ることに繋がったのだろうか。本書の前提となるこの問題について考えるために、以下の節では従来の映画史研究で支配的な「発展」史観について若干の検討を加えておきたい。

## 二　「発展史」という問題

中華民国時期（一九一二—一九四九年）以降折りにふれて書かれた上海、あるいは中国の映画史の多くは、基本的には映画の流通や映画産業の拡大を近代都市産業に普遍的な進化としてとらえた「発展史」として記述されてきた。

**表 序-1　胡道静による民国期上海映画館「発展史」の区分**

| | | |
|---|---|---|
| 第一期 | アントニオ・ラモスの独壇場時代 | 1913年～1920年代初頭 |
| 第二期 | カールトン大戯院とオデオン大戯院の対立 | 1923～1925年頃 |
| 第三期 | 中央影戯公司の誕生 | 1920年代半ば |
| 第四期 | 五年間に及ぶ拡大時期 | 1928年～1932年 |
| 第五期 | 聯合電影公司と聯怡公司の競争期 | 1930年代初頭～半ば |

出典：胡道静「上海電影院的発展」『上海研究資料続集』（上海通社，1939年）により筆者が作成．

映画館にかんする歴史もその例外ではない。

上海の映画上映状況をある程度まとまった形で記述したものは一九二〇年代以降散見されるようになるが、それらの多くは急増する映画館のリストや紹介という役割を担うに留まっていた。上海の映画上映をめぐる記述が「発展」史観を制度化していくのは一九三〇年代のことであるが、映画館史としては著名ジャーナリスト胡道静による「上海における映画館の発展（上海電影院的発展）」（上海通社編『上海研究資料続集』中華書局、一九三九年）が代表として挙げられる。この時期にわかに登場した「発展」史観には、当時のジャーナリズムにおいて映画産業の歴史的展開が社会進化論的にとらえられていたことが端的に示されている。

ここで、胡道静の「上海における映画館の発展」を概観してみよう。この映画館史は上海に存在した映画館を網羅的に調査・紹介したもので、映画常設館のみではあるものの五〇館ほどの詳細をカヴァーする情報量は上海映画館史研究の中でも屈指である。一九〇〇年代から一九三〇年代までを射程に入れた胡の映画館史は、映画館経営の産業化の度合いを基準に五つの「発展」段階を設定している（表序-1）。

スペイン商人アントニオ・ラモスが拓いた映画館「虹口大戯院」（時期により虹口活動影戯院（園）など異なる名称があった）は中国初の映画館との呼び名で称され、その跡地には現在記念碑が建てられている（図序-1）。ここで、胡道静のみならず映画館「発展史」の多くがラモスの拓いたとされる映画館を歴史の始まる地点として定めており、それ以前に映画が上映されていた茶園や劇場、あるいは学校などの非商業的な映画上映空間をあらかじめ映画館史から除外していることは注目に値する。そうすることで、「虹口大戯院」が開業した一九〇八年という年を映画館の起源として強調し、外国人によって創始された後に

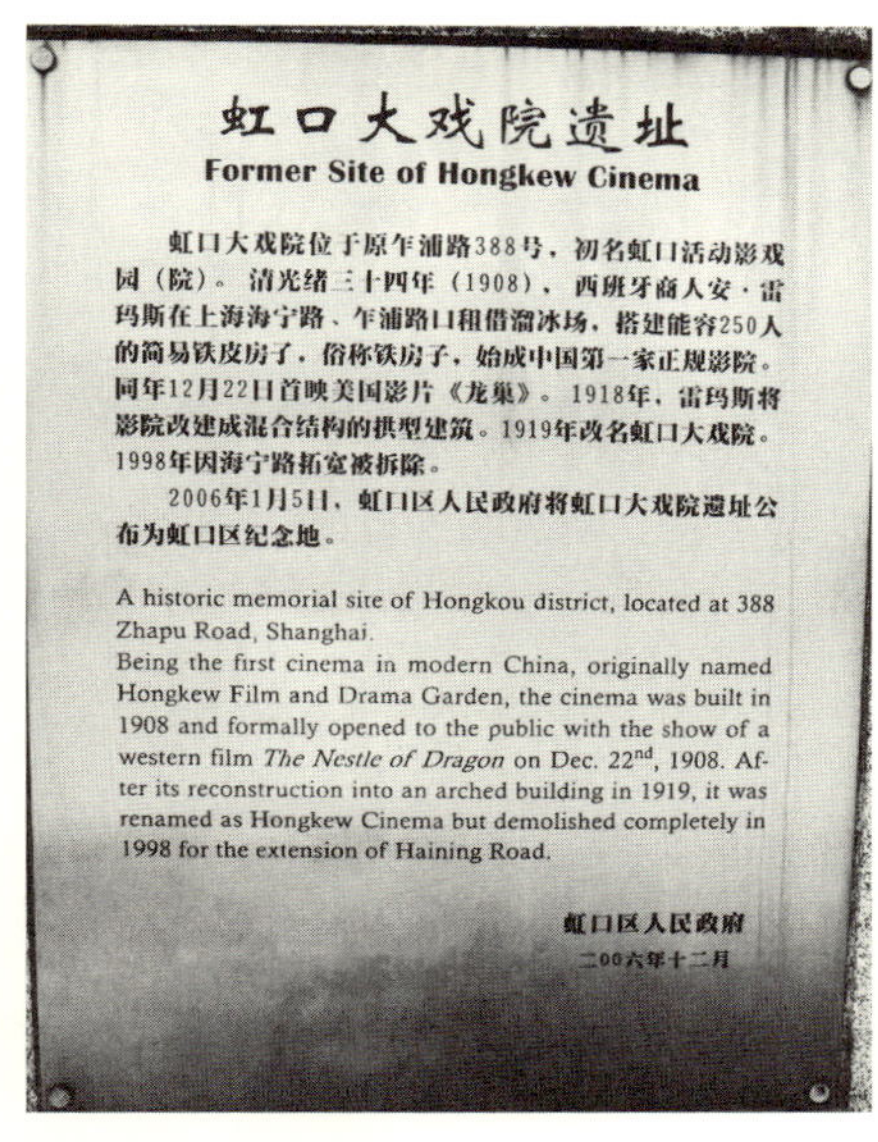


**図 序-1　虹口影戯院跡地の記念碑**

2016年２月，筆者撮影.

次第に民族化してゆくという映画館史の「発展」の過程がより明確となるからだ。ここで、近年の実証的な中国映画史研究によって「最初の映画館」という中国映画館史の「起源」が揺らいでいることにも触れておく必要があるだろう。第一に、本書第一章で詳述するように、虹口には「虹口大戯院」の開業よりも前に「映画館」との名称を持つ複数の施設で映画が上映されていたことが分かってきている。第二に、民国期上海で発表された上海映画館史にかんする一次資料を丁寧に読むと、いずれの文献もラモスが一九〇八年に虹口に開いた映画館が後に「虹口大戯院（または影戯院）」と称されるようになったということには触れているものの、一九〇八年にラモスが開いた映画館の名称が「虹口大戯院（または影戯院）」だったとするものは皆無である[15]。つまり、定説が中国における映画館の起源として特定する映画館のルーツは、実は相当に脆い歴史的根拠にもとづき想定されているのである。しかし、ここで重要なのはそのルーツの脆弱さそのものというよりも、「虹口大戯院」という起源とその神話化のプロセスである。起源としての虹口大戯院は、映画館が

**図 序-2　オデオン大戯院の場内（左）とプログラム表紙（右）**

出典：左図／『中華影業年鑑』，右図／筆者蔵．

外国人によってもたらされたものであるという言説を決定づけると同時に、一九三〇年代の映画館の「民族化」の時代と初期の状況との明確な対照を強調するという「発展」史観をもとに創造されたものであるのだ。

「上海における映画館の発展」の第二期は、一九二〇年代を代表する「高級映画館」、オデオン（奥迪安）大戯院（図序-2）とカールトン（卡爾登）大戯院の時代として記述される。いずれも外国映画の封切館として名を馳せ、豪華な外観はピクチャー・パレスを彷彿とさせた。一九二五年の新聞記事では、上海における映画常設館で最も「高級」とされるのがカールトン、アントニオ・ラモスの傘下にあったオリンピック（夏令配克）大戯院とヴィクトリア（維多利亜）影戯院、サヴィル・ハーツバーグが経営したアポロ（愛普盧）影戯院、広東籍商人曽煥堂による上海（アイシス）大戯院などであり、劇場主も観客も外国人が多くを占めることが指摘されている(16)。他方で、この記事では虹口大戯院、伝統劇の劇場を改修してA・ランジャーン（中国名林発）が開いたヘレン（新愛倫）影戯院の他、「共和」、「法国」、「閘北」など中国人オーナーの映画館は中国人観客がメインで設備も二流であると位置づけられている。ところが、「二

**図序-3　現在も営業中のグランド（左）とキャセイ（右）**
いずれも2016年2月，筆者撮影．

流」とされた民族系映画館は、続く第三期を迎えると前景化される。まず、著名な映画プロダクション明星影片公司が伝統劇の劇場を改装し中央（パレス）大戯院として開業する。オープン当時より中国人のための中国映画を上映するという大義名分を前面に打ち出した中央大戯院は、翌年にはラモスが経営していた複数の映画館の経営権を取得し一大映画館チェーン「中央影戯公司」へと改組され、国産映画の封切館として絶対的な地位を築いた。第四期は、トーキー化が進む一九三〇年前後を挟む五年間である。この時期の「主役」となるのは、トーキー設備の完備にいち早く動いたメトロポール（大上海）大戯院やキャピトル（光陸）大戯院、グランド（大光明）大戯院（図序-3、左）など、大資本によって拓かれ、当時の上海においては最大規模に相当する一五〇〇に迫る座席数を誇った外国映画封切館である。続く第五期では、第四期に登場したトーキー対応の「高級」映画館をはじめとする多数の映画館が、香港の映画興行王・盧根と上海映画興行界の第一人者・何挺然による二大映画館チェーンの下に再統合される時代だと記述される。盧の聯合電影公司がグランド、キャセイ（国泰）（図序-3、右）、メトロポール、カールトン、リッツ（融光）といったピクチャー・パレスを中心に九つの映画館を傘下に収めると、何挺然の上海聯怡公司は南京大戯院（図序-4）や北京大戯院を中心に据え、当時上海映画界で最も勢いに乗っていた映画会社・聯華影業公司の封切館を擁するチェーンとして上海興行界の中心に躍り出たのであった。

ここやや詳しく五つの時代区分を振り返ったのは、一般にあまりなじみのない民国期上海の映画館史の基礎的な情報を確認するとともに、映画館史において「発展」とは「近代化」とほぼ同義であったことを確認するためだ。それは、映画館「発展」史の時代区分が旧来の劇場経営とは異なる規模の大きい資本の獲得や、営業形態の巨大化・複雑化を基準としていること、そして「外来」勢力の壟断から民族産業が立ち上がったとする「抵抗」の足跡として読めることからも明らかだろう。同様の「発展」史観的映画館史は民国期上海を通じて支配的だ。[17] さらに、「発展」史観においては映画館の「発展」と映画観客の「進歩」が同調させられていることも看過できない。映画常設館ができる前の映画上映の多くは茶園を貸し切るなどして臨時的に設置されたものがほとんどであり、通りすがりの人びとが見世物感覚で目にして楽しむという形態であったが、[18] 映画館「発展」史がこのような観客の存在をあらかじめ排除していることはすでに述べた。「上海における映画館の発展」の第一期に当たる時期は、観客同士が喧嘩の末に流血沙汰を起こしたり、また上映される作品も不正映画であったりと、映画館は決して治安上「好ましい」とはいえない場所だった。[19] ところが一九二〇年代後半にもなると映画館は伝統劇の劇場よりも静謐で十分に鑑賞に集中できる空間であることが要求されるようになり、[20] マナーの維持や向上を謳う声がジャーナリズムの主流を形成していった。かくして、映画観客もまた「発展」していくものとして映画史研究の前提となっていったのである。

しかし、このような史観は決して単純で楽観的な歴史として読まれるべきではない。映画館「発展」史は、それ

**図 序-4　南京大戯院**

現在上海音楽堂として利用されている．
2016年２月，筆者撮影．

を生み出した複雑な時代的環境を考慮したうえで注意深く読まれなければならないのだ。竹内好はかつて東洋の近代化の本質がヨーロッパへの抵抗にあることを指摘したが[21]、しかし、抵抗とは声を上げ目に見える形での抗議という方法に留まらない多様な形態があったということもまた記憶しておかねばならないだろう。ポシェク・フー（溥葆石）は、日本占領下の上海知識人たちが占領状態をどうやって生き抜くのかという道徳的なディレンマに対峙した時、「受動」、「抵抗」、「（帝国主義勢力にたいする）協力」という三つの選択肢を選ばざるを得なかったと指摘する[22]。映画鑑賞に興じた市井の人びとが置かれた個別の環境や文化的条件はエリートとは異なるが、帝国主義支配の時代の被支配者という条件の下、「生き延びる」という最も根源的な目標に向かう決断をするとき、多くの人びとの取り得る方策とはフーのいう「受動」であり、「協力」であり、そしてもしもう一つ付け加えるならば、「順応」であろう。上海の映画史における「近代化」とは、第一義的に竹内の指摘したような帝国主義勢力による映画市場の壟断という経済的帝国主義支配にたいする民族系映画館による抵抗という側面を持ちながらも、同時に近代という新しい時代に適応し生きぬくために、そのユニヴァーサルで「進歩」的な日常的実践を遂行するという「馴化」の側面も有していた。後者の場合、それはある種の「植民地近代」の受容である反面、時として人びとが伝統的社会秩序から解放され、「自由」や「平等」、「民主主義」といった馴染みの無い価値観にもとづく新しい時代を生きるために必要不可欠な戦略でもあった（この問題は本書最終章で触れる「新感覚派」のセクシュアリティをめぐる記述にかんする史書美の議論へと接続している）。映画館史における頂点にむかって真っ直ぐに「発展」してゆくようなヘーゲル的な弁証法的歴史観は、「植民地近代」をどう記述するのかという問題に直面した時にその書き手たちによって否応無しに選択されたプラクティカルな決断として読まれるべきなのである。

さらに重要なのは、「発展」史観によって「前近代」的だと規定されたものが過ぎ去った過去のものとして歴史化されてしまうということだ。映画観客史における「前近代」的行為とは、おしゃべりや飲食をしながらの映画鑑賞であり、他の観客の迷惑を顧みず字幕を朗々と読み上げるお節介な行為であり、また恋人たちが映画館の闇にまぎれて密かに愛を語り合うような行為を含んでいるが、それらは静座・静謐を是とする「近代的作法」としての映画鑑賞と併存していたにもかかわらず、ジャーナリズムでは過去の遺物として歴史化されていった。「進歩」的でないものを歴史化するという論法によって、「発展」史観はマナーのよい観念としての「映画観客」をあたかも当時の主流であるかのように実体化したのである。本書がとくに重視するのは、映画鑑賞マナーという近代的作法の実態の解明もさることながら、それがほとんど社会正義や道徳規範と同義に扱われたこと、とくに伝統の「旧弊」を克服しいかに近代化をなしとげるかという近代中国に普遍的なイデオロギーと同調した結果、映画鑑賞マナーが理想的な「国民」が等しく修得しておくべき近代人の文化的規律として広まっていった過程である。「近代」的な映画鑑賞のミリューは、地縁・血縁や同業者集団を軸とした伝統的集団秩序にもとづかない新たな都市の階層を生み出した。それがすなわち映画観客であったのだ。映画鑑賞マナーという文化規範を共有したホモジェニックなこの集団は、新興国民国家であった「中華民国」のネイション・ビルディングを遊興の文脈において支えたのだった。ルイ・アルチュセールは国家を承認し正当化するために機能するさまざまな社会システムを「国家のイデオロギー装置」であると称し、警察や軍隊のように抑圧でもって国家の秩序を保つことを目的とした権力機構とともに、映画のような娯楽もまた国家の正統性を宣伝し再生産する「イデオロギー装置」として機能することを指摘した[23]。そうだとすれば、静座・静謐を保つ映画鑑賞を宣伝し、マナーを遵守できない「非文明」的な観客や非識字層を批判し、時には啓発しようと手をさしのべた映画観客による「近代」的な映画鑑賞の遂行もまた、中華民国のネイション・ビルディングの一翼である社会改良事業を担ったという意味で「国家のイデオロギー装置」であった。映画鑑賞を通じた「より良き社会の実現」という目標は、「より良き国家」の建設に直結したのである。かくして、良き映画観客という「想像の共同体」は、映画鑑賞という近代的実践によってパフォーマティヴに構築されていったのである。

## 三　本書の構成

本書の最初の三つの章では、商業演劇の鑑賞や幻灯上映を映画前史としてとらえ、上海に映画が伝来した一八九〇年代末から一九三〇年代頃までの映画上映空間の重層性に焦点を当てる。第一章では、最初期の映画受容の主要経路である庭園・劇場・茶園、そして西洋式学校などにおける映画上映の実像を概観するとともに、映画上映に欠かすことの出来ない近代都市の余暇活動「遊歩」について考察を試みる。続いて、初期の映画上映空間において映画が知的遊戯として受容された過程を、「説明書」という文字媒体から（第二章）、あるいは映画上映と同期的に行われた肉声による映画説明という観点（第三章）から取りあげ、「理解する」ことを核とした映画鑑賞の成立過程を追う。続く第四章では、「健全」な空間で静謐裏に鑑賞行為に没入するという映画鑑賞文化を確立した上海ＹＭＣＡの映画上映に焦点を当てることで、遊興と教養が交錯していた映画空間から、静座・静謐を是として映画に没入することを重んじる映画鑑賞が分化した過程を確認したい。これ以降の章では、映画鑑賞という行為が、観劇や遊歩の文脈から次第に乖離すると同時に、文化規律としての役割を担う過程に着目する。第五章では、中国初の長篇劇映画『閻瑞生』の成立過程を取りあげ、映画鑑賞が伝統劇鑑賞文化と密接に関連しながらも、そこから明確に切り離されていった様子を明らかにする。第六章では、知識人の日記を紐解きながらさまざまな映画鑑賞文化が生み出された様子を浮き彫りにする。具体的には遅刻をしないで映画を見ること、映画を見る前に作品情報を収集すること、さらには見た映画を映画鑑賞記や「映画小説」などの形で翻案することなどに焦点を当て、映画鑑賞と同時にさまざまな文化的実践が誕生し、「映画をみること」が近代化していった過程を描き出したい。第七章では、ポルノグラフィの規制を通じて「良き国民」としての「良き映画観客」が創出された過程を扱う。

本書の各章の議論を通じて、上海おける「近代的」な映画鑑賞の成立が、大衆文化の領域において社会改良を実践しうる「より良き国民」としての「想像の共同体」の創出と表裏一体だった過程が明らかになるだろう。

映画観客史を目指しつつも本書の副題にあえて「上海史」という語を用いたのは、本書の射程や研究手法が「映画観客史」の範疇を越えているからだ。著名人を除いた多くの映画観客たちが残した文献は極めて限られているうえ（第六章最終節では女性や子どもの映画観客史の実証不可能性について論じている）、興行という形態以外の映画上映にかんする資料も一部を除きその存在さえ見つけることが困難だ。映画観客史はある意味実証研究に「不向き」な領域であるかも知れない。しかし、公文書から映画評、報道記事、日記、小説テクストに至るまでの広範な文献を渉猟すると、近代都市上海の娯楽文化に興じた人びとの映画にたいする感性や映画鑑賞に伴う身体性が鮮やかに立ち現れてくる。同時に、実存としての映画観客が、映画鑑賞マナーを通じて概念化された観客性とでもいうべきイデオロギーに回収されていく過程もまた浮かび上がるのである。したがって本書は、究極的には個々に異なる観客の感性を集団としての観客史へ集約するのではなく、観客の映画鑑賞体験や関連する言説を総体としての上海の近代娯楽文化史の中に位置づけ、それが果たした文化的・政治的な役割について明らかにすることを最終的な目標に置いている。

# 第一章　上海の遊歩者

## ——映画観客はいかにして登場したか

一九〇九年に発行された上海の旅行ガイドブックには、映画館のリストは見当たらず、彼の地で映画を見るためにはとにかく「福州路」へ行くべし、とのみ記されている。もしその通りに福州路に行ったとしたら、あちこちの茶園の入り口で映画上映へ誘う呼び込みが行われていたことだろう。第一章扉の口絵はその様子を描いたものだ（『図画日報』第三六号、一九〇七年）。かつて、街を遊歩することは、観劇や映画鑑賞とほぼ同義であった。上海の遊歩者たちはいったいどんな口上を聞いて茶園へと引き込まれて行ったのだろうか。

## 一　散漫な映画鑑賞

近年のデジタル技術の発達と映画フィルム保存への関心の高まり、そしてウェブ上の映像アーカイヴの急速な普及によって、一般の目に触れる機会が限られていた初期映画へのアクセスが格段に向上した。未発掘・未修復の初期映画は未だ多いものの、初期映画はもはや映画フィルム保管庫の闇のなかで誰にも見られることなく眠りつづけるような骨董品ではなくなった。しかし、映画上映や映画観客にかんする重要な問題はまだ研究者の主要な関心とはなってはおらず、初期の観客がどのような態度で映画を見たのか、映画上映空間の文化・社会的ミリューはいかなるものだったか、という問いにたいする答えはいまだ十分ではないと思われる。初期映画における観客の問題をいち早く取りあげたミリアム・B・ハンセンは、美学と歴史学を融合させるという独自の方法論でアメリカにおける初期の映画観客の成立過程を分析した。ハンセンは、初期映画作品に内在する映画鑑賞の美学を丹念に抽出する作業を通じて、この時代における映画鑑賞の有り方が段階を経て変化したことを明らかにしたが、その議論は本書の考察にとっても重要だ。ハンセンはエジソン・マニファクチュアリング・カンパニーの『映画ショウでのジョシュおじさん *Uncle Josh at the Moving Picture Show*』（エドウィン・S・ポーター、一九〇二年）を例に挙げ、このコメディが単に田舎者の愚行を笑いものにしただけではなく、ジョシュおじさんの数々の愚行がギャグとして理解されることが可能となった観客心理の構造的変化に着目した。ハンセンによれば、この小品の笑いとは初期映画期の「原初」的な観客と、古典映画期の「進歩」的な観客との間に引かれた明確な境界線上に発生するものだという。この作品は、イギリスのロバート・W・ポールによって製作された『田舎者とシネマトグラフ *The Countryman and the Cinematograph*』（一九〇一年）の再創作作品だが、ポーター版では田舎者の代名詞である「ジョシュおじさん」が都会の映画館で三つの小品を目撃することで引き起こされるギャグが続けざまに展開される。最初の作品では、スクリーンに投影されたダンスをする女性を見たジョシュおじさんが観客席からスクリーンの前に飛び出し、幻影の女性とともに愉快そうに踊りを楽しむ。だがその最中に第二の作品、当時世界最速を誇った蒸気機関車ブラック・ダイヤモンド急行が画面奥から手前に向かって突進してくるフィルムが現れると、陽気にステップを踏んでいたジョシュおじさんは慌ててフレームの外へ逃げだそうとする（これは最初期の映画上映会で映写されたリュミエール社の『列車の到着』を見た観客が迫り来る列車から逃げようと慌てて席を立ったという有名な「神話」を引用しているものだ）[1]。間一髪で列車との「衝突」をかわしたジョシュおじさんが再びスクリーンの前に戻ると第三の小品、農村の牧歌的な男女が屋外の密会を楽しむ様子が写し出される。すると、女を自分の娘と勘違いして怒りを覚えたジョシュおじさんは、あろうことかスクリーンをずたずたに引き裂くという暴挙に出るのだが、次の瞬間、スクリーンの裏にいた映写技師が観衆の前に暴露されてしまい、結末を迎える。ハンセンによれば、この作品がコメディとして成立するのは、それを鑑賞する観客が「進歩」的であることが前提だという。なぜなら、ジョシュおじさんに代表されるような映画に不慣れな「原初」的な観客の愚行を客観視して笑うことのできる観客のリテラシーはジョシュおじさんより「進歩」的であるからだ[2]。

ところで、ハンセンが提示したこの二つの映画観客のタイプを映画伝来当時の上海の文脈に当てはめると、「原初」的な観客と「進歩」的な観客の他に第三のタイプ、すなわち曖昧な観客といういささかユニークなカテゴリーを設定する必要がある。なぜなら、二〇世紀へと転換しようとしていた上海において、映画観客たちは「映画を見る」という具体的かつ単独の目的の下に映画を鑑賞することはほとんど無かったからだ。ここで、二〇世紀初頭の上海で広く流通していた絵入り新聞『図画日報』に掲載された一副のイラストを見てみよう（図1-1）。ここには、小さな茶園を舞台に映画上映がまさに行われている様子が描かれている。最前列に座る二名は、描かれている人物たちの中で画面に面と向かっている唯一の観客だ。その他の観客といえば、体を互いに向き合うように斜めに座り話し込んだり、スクリーンを見ずに入り口の方向へ目を向けて直立したままの状態であったり（当時の観劇習慣からいえば、かれは友人がこの場所を訪れるのを待っているのだ）と、映画への集中を明らかに欠いている様子が描かれている。最前列の二名とて、果たして画面に集中できているのかどうかは極めてあやしい。というのも、茶園の天井には煌々と光を放つ電球が場内を照らしているからだ。そのためだろうか、スクリーンに映写された映像も曖昧な輪郭が細々と浮かび上がる程度しか描き込まれていない。さらには、ラッパや太鼓を用いてスクリーンを見ずに演奏している楽師たちの様子からは、かれらが映画に合わせて伴奏しているのではなく、むしろ背後にある入り口の外を歩く通行人に向けて、客寄せのために鳴り物を賑やかに響かせていることも読み取れるであろう。それにしても、映画上映の真っ最中であるはずのこの茶園にはなんと多様な音が描き込まれていることか。この空間にはおしゃべりの音はもとより、観客が茶や種子などを食む音もきっと絶え間なく響いているはずだ。今日的なマナーから言えば、こうした雑音は映画を集中して見るという環境を妨げる迷惑なものだと断言できるだろうが、しかし当時の文化的文脈に忠実に即して言うならば、必ずしもそうとは限らない。映画伝来後しばらくの間映画が頻繁に上映されていた茶園という空間は実に多義的で、多様な目的の下に人びとが集まり、さまざまな音や出来事が交錯する重層的な空間であった。人びとは、「映画を見る」という単独の目的のためだけに茶園に足を運んだわけではなかったのだ。

図 1-1　『図画日報』に掲載された茶園での映画興行の光景（1907年）

　わたしがここで論じたいのは、散漫な、あるいはこの語の持ついささか否定的なニュアンスをより中和するならば注意拡散的とでも称すべき映画鑑賞の形態が、近代化する上海の娯楽文化の文脈でどのように発生したのかということであるが、この視座を動員することは同時に、映画伝来直後の上海における映画受容にまつわるさまざまなドグマを再検討する必要を生み出すことにもなる。とりわけ、映画を中国の従来の娯楽文化とは全く異質のものとしてとらえ、伝統的な娯楽文化からそれを分離、断絶、差異化するという、標準的かつ規範的な中国映画史観は修正されることになる。従来の映画史において、映画の持つ新奇性は、その形式、技術、美学のいずれの点においても、伝統的かつローカルなステージ・パフォーマンスとは異なるものとする見方がほとんど暗黙の前提とされてきた。しかしこの認識は、実は映画受容のほんの一部分を説明するのみなのだ。一九世紀末以降の近代化を受け上海の娯楽文化は急速な変容を遂げたが、それと平行して「伝統」と「近代」の狭間に生まれ、両者を連結させるような新しいタイプの遊興習慣が定着していった。このような新しい娯楽文化の習慣が後の映画受容の土壌を形成し、潜在的な映画観客を作りあげた。つまり、「伝統」的な遊興と映画興行は本質的には連続するものだったといえるのである。

映画伝来は、果たして「西洋の衝撃」だったのか。それは、上海の娯楽文化史において伝統と近代を明確に分かつ分水嶺となるのか。わたしは、当時の市井の人びとの映画鑑賞の実践を、行動科学的な観点から可能な限り実証的に分析することで、これらの問いにたいする極めて興味深い答えが得られると考えている。本章では上海の娯楽文化の近代化に映画鑑賞がいかにして包摂されたのかという点に着目するが、興行という形態にとどまらない映画受容の経路も視野に入れたい。従前の映画受容史は映画興行史とほぼ同義であったが、このような観点は映画の多様な受容の有り様をかえって見えにくくしているだけでなく、「映画館における興行を通じた映画の均質的な受容」という映画鑑賞モデルをほとんど無批判に容認しているという問題をも包含する。わたしの見るところ、映画伝来直後の上海には少なくとも二つのタイプの映画上映があった。一つは、近代化する娯楽文化におけるステージ・パフォーマンスの一形態としての映画上映、いま一つは娯楽文化に隣接しつつも全く異なる教育的ミリューにおいて行われた映画上映である。この二つはしばしば互いに境界を横断しつつ併存していた。一九二〇年代初頭以降になると両者を分離させる社会的要求が強まるのだが、それは第四章以降の議論に譲るとして、ここでは映画伝来直後に焦点を当て上海における映画受容の重層性を概観したい。

## 二　上海における遊歩——路上の近代体験

散歩という行為は、中国の文人が古くから親しんできた趣のある習慣だった。とくに、月の美しい夜に沈思黙考にふけるための散歩は「夜游」や「月歩」といった特別の名称が与えられた。それは、上海方言では「白相」とも呼ばれていた。伝統的な意味での散歩は、旧暦におけるさまざまな年中行事を過ごすさいにも取り入れられたし、または離別する友人の見送りや、世俗からしばし離れて時間を過ごす時にも行われた。しかし、近代上海において散歩は徐々にその目的や様式を変容させていった。近代的な散歩は、都市の繁華な路上をそぞろ歩くことで、近代都市の刺激を視覚・聴覚・触覚的に体感する行為となった。伝統的な散歩とは異なる近代上海の散歩を、ここではヴァルター・ベンヤミンに倣って「遊歩」と呼んでみたい。上海の遊歩者たちは、これといった目的を持たずにモダンな都市の通りを彷徨した。近代都市の喧噪とはある意味、このような遊歩者たちの息吹が凝縮されたものでもあった。遊歩者たちのまなざしは、かれら自身がその一部を成している近代都市の景観へと向けられた。かれらは一方では都市の観察者であり、他方では他の遊歩者に観察される対象でもあった。

『鄭孝胥日記』は、このような遊歩にかんする明確で具体的な数々の事例を提供しているという意味で示唆に富む書物である。変法運動にも加わった改革派官僚でありながら書家、詩人としても名を馳せた鄭孝胥は、京漢鉄道南段総弁として武漢に身を置いていた一九〇〇年二月一八日（光緒二六年一月三〇日）の日記で、武漢での生活にたいする失望を露わにしている——「わたしは武漢が嫌いである。長いこと住んでいると気が滅入ってしまう」[3]。武漢滞在中の鄭孝胥は、そこから実に九百キロメートル余りも離れた上海へしばしば足を運び、友人たちとの宴席を楽しんだ。その多くはかつて変法運動をともにした同僚や、後に鄭自身が重役を務めることとなる出版社・商務印書館や上海貯蓄銀行の関係者らであった。時には数週間滞在し、連日京劇の観劇を享受することもあった。上海滞在中にしたためられた日記の記述には、鄭の満ち足りた気持ちを表す文字が躍っている。鄭は連日有名な茶園やレストランで食事をし、伝統劇を中心とした観劇を楽しんだ。時には繁華な大通りを、あるいは新旧両方の見世物芸でにぎわう美しい中国式庭園の中を、目的もなくただ遊歩することもあった。数年後、鄭は武漢での任を終えた後すぐに上海へ移り住み、数年の仮住まいの後、一九〇九年に私邸「海蔵楼」に定住した。鄭孝胥の字に因み、また「上海の隠れ家」という意味も持つこの邸宅は、その後数年にわたってほぼ毎日繰り返される鄭の遊歩の根拠地となった。

鄭孝胥の遊歩とは、たとえば次のようなものだった。武漢時代の鄭が上海に一時滞在していた一八九七年九月八日の例を見てみよう。鄭は友人とともに食事をとった後、著名な庭園・豫園で午後の一時を過ごした。夕方頃には茶園や劇場が立ち並ぶ繁華街・福州路（四馬路）を友人とともにそぞろ歩き、最終的にはこの界隈では有名な茶園の名店・海莩楼へ入った。この日の午後から夜にかけて、鄭ら一行は家に戻ることなく豫園界隈から福州路までそぞろ歩いたと思われるのだが、その行動には明確な目的があったとは言いがたい。この日の日記からは、豫園界隈に遊び、時刻もそろそろ夕食をとる頃合いだと見計らって、さしあたっては夜の遊興に困ることのない福州路へゆっくりと歩いて行った様子がうかがえるのである。また、鄭の多くの遊歩には、当時の娯楽文化の代表である観劇が付随していた。一八九八年三月二〇日の例を見てみよう。この日、友人とともに静安寺附近の庭園・愚園や、そこから約一・五キロメートルほど東にある張園、また張園のさらに東へ二キロメートル弱ほどの所に位置する福州路付近の三山会館[4]界隈をそぞろ歩きながら午後を過ごした鄭は、茶館・宝豊楼で飲食した。夜には福州路の劇場街にあった著名な京劇の劇場・天福茶園を訪れている。『鄭孝胥日記』を読めば、鄭がいかに演劇に親しんでいたかを知ることとなるのだが、天福茶園は「戯迷」（演劇ファン）である鄭孝胥が足繁く通った劇場の一つだった。この日の鄭の遊歩からもまた、上海の遊歩者が盛り場を「はしご」しながら市街地を比較的広範囲に移動していることがわかる。同時にその遊歩は、あらかじめ決められたスケジュールに沿うのではなく、状況に応じて変化する流動的で偶発的なものでもあったことも読みとれるだろう。

遊歩は、時として遊歩者が思いもよらなかった新しい楽しみを発見する機会を提供した。一九〇九年五月一〇日の日記では、鄭が張園を遊歩中、園内のサーカス団のテントや動物たちの様子が偶然目に入ってきたことが記されている。興行のための準備をしていたサーカス団一行の光景は、この日の鄭にとっては張園という庭園内部の一風景であり、目に入っては消えてゆく遊歩の背景に過ぎなかった。しかし、数日後鄭が友人らを連れてこのサーカスの興行を見るために再び張園を訪れたことで、遊歩の背景だったサーカスは前景化され、観察の対象となったのだった。もう一つ例を挙げよう。一九一〇年代半ば以降、鄭はオープン直後の大型遊楽場・新世界を頻繁に訪れているのだが、そもそも鄭が新世界に通うきっかけを得たのもまた遊歩中のある出来事によるものだった。一九一五年八月七日、鄭は友人たちと車で張園へ行った後、茶園・小有天で夕食をとったのだが、帰路の車中、鄭は車窓から色鮮やかなネオン・サインに輝く新世界を目にした。「車が泥城橋を過ぎたとき、新世界のネオン・サインを見ると、龍が長い尾をたなびかせ踊り登るが如くで、天の半ばにまで届きそうだった」と日記に書き記していることからも、そのきらびやかな灯りが鄭の心を奪った様子がうかがえる。鄭の新世界通いが始まったのは、その一〇日後のことだった。これらの事例は、遊歩が感覚的に近代都市そのものを体感するものだったということをよく説明するものである。

映画研究者アン・フリードバーグはその著書『ウィンドウ・ショッピング――映画とポストモダン』において、一九世紀の遊歩者たちが「動く仮想のまなざし」でもって近代都市を観察したことを論じている。上海の近代化した遊歩者もまた、無目的に彷徨しつつも同時にさまざまな見世物興行を背景の一つとしてとらえ、視野に入っては消えゆく背景を散漫に鑑賞する流動的なまなざしを生み出した。ボードレールが一九世紀のパリの「ガス灯で照らし出された通り、カフェ、劇場、売春宿、公演、パサージュといったパリの全景(パノラマ)(5)を歩いて観察記録を残したのと同様、世紀転換期の上海の人びともまた通りを賑わすさまざまな方言・言語からなる喧噪、乗り物のスピード、ガス灯に照らされ色とりどりに彩られた繁華街のにぎやかさを五感で感じ取り遊歩を享受していた。遊歩という経験は、「鉄道、蒸気船、自転車、エレベーター、エスカレーター、動く歩道」といった移動装置や、移動性を帯びた装置、たとえば展覧会場、アーケード、デパートなどと同様、人びとの「空間と時間の尺度を変えた装置」であり、「距離と時間の新しい経験」、つまり「現在における現実感の喪失と現実における時間感覚の喪失を生み出した」のである。(6)フリードバーグによれば、このまなざしこそがその後登場することとなる映画観客の「動く写真」にたいするいわば基礎的なリテラシーを培ったという。「動く仮想のまなざし」で都市を体験する遊歩とは、「『映画へ行くこと』に見出される新しい受容の美学と徐々にではあるが直接的に結びついた都市の現象」であった。(7)上海においてもまた最初期の映画観客の多くは遊歩者であり、かれらも近代的な彷徨の実践を通じて「動く仮想のまなざし」へ親しみ、それに適応していった。さらに、映画伝来直後の極めて雑種的な興行スタイルという独自の特徴が加わり、上海における初期の散漫な鑑賞態度が登場するに至ったのである。

チャン・チェン（張真）が『上海艶史』(*An Amorous History of the Silver Screen: Shanghai Cinema, 1896–1937*)において議論した「洋涇浜(ヤンチンバン)的近代」という示唆に富む概念装置は、散漫な映画観客の実態に迫ろうとする本書の考察に極めて有益な示唆を与えるものだ。「洋涇浜的近代」とは、上海の高度に雑種的な文化空間、チャンのことばを借りると「国際的でありながら地域的(ローカル)でもあり、野心的でありながら同時に実利的でもあるという、世俗的な複合空間(コンポジット)」(8)を指し示す概念として用いられている。ミリアム・B・ハンセンの明確な影響を受けたチャンの主張は、雑種的な「洋涇浜的近代」を、中国が直面していた近代化のヴァナキュラーなヴァージョンとして再評価するのみならず、「アジアの近代」を考えるさいにわれわれが陥りがちな二項対立的な枠組み——西洋対東洋、伝統対近代、知識人（高尚）対大衆（通俗）というような——にたいする鋭い批判も提供している。ここでわたしは、「洋涇浜的近代」の雑種性が近代的な二項対立図式を解体するという張の脱構築的な主張をさらに展開させ、一見全く対照的に見える二項が持っている連続性にあえて着目してみたい。わたしが、遊歩という目的複合型の遊興行為に組み込まれた観劇や映画鑑賞習慣という観点をことさら強調するのは、そのような視座を切り口とすることで、映画の「鑑賞」という行為が暗黙裏に前提とする近代的な二項対立図式を回避しうるというだけでなく、両者がグラデーションによって結びついた連続体だということを明確に示すことが可能だと考えるからである。この文脈に沿って言えば、上海の最初期の映画鑑賞は、映画の「鑑賞」というよりも映画との「接触」と言ったほうがより正確に実態を捉えられるように思う。それでは、上海の市井の人びとは遊歩を通じてどのように映画と接触したのであろうか。また、映画との接触がどのようなプロセスを経て映画「鑑賞」へと展開していったのだろうか。以下の節ではこれらの問いに答えるべく、可能な限り実証的に論証してみたい。

## 三　遊歩と庭園

中国式庭園は、上海の遊歩者たちが頻繁に訪れる場所だった。清末に「上海を代表する三庭園」[9]と称された徐園（双清別墅）、豫園、張園の他、西園、留園、奇園などもまたよく知られた庭園だった。これらはもともと富豪の私的な庭園だったが、次第に一般へ開放されるようになった。美しい庭の風景や風流な様式の建物もさることながら、庭園内部では実に多様な見世物が興行されていた。新春には蘭花会、秋には菊花会が庭園に一層の彩りを加え、夏の夜には花火ショウが行われた。春節には親族が連れ立って庭園の中をゆっくりと遊歩しながら園内のさまざまな見世物に興じ、国内外の最新の商品を集めた産業博覧会には多くの見物客が集まった。奇術ショウや花火、民間芸能は庭園において最も好まれた見世物だったが、映画上映もまたそうした見世物の一つとして親しまれるようになった。他方で、庭園内の遊歩はごく普通の日常においても頻繁に行われていた。たとえば、夏の夜の夕涼みを兼ね

**表 1-1 上海の中国式庭園における最初期の映画・幻灯興行**

| 興行開始日（西暦） | 興行終了日（判明しているもののみ） | 場所 | 興行の概要 |
|---|---|---|---|
| 1896年 6 月30日 | 7 月13日 | 徐園 | 幻灯または映画の上映 |
| 8 月 2 日 | | 徐園 | 幻灯または映画の上映 |
| 8 月11日 | 8 月15日 | 徐園・又一村 | 幻灯または映画の上映 |
| 1897年 6 月 4 日 | | 張園 | アニマトスコープ |
| 8 月14日 | 9 月12日 | 奇園 | シネマトグラフ |
| 1898年 7 月 7 日 | | 徐園 | 奇術と映画上映 |
| 7 月12日 | | 愚園 | 花火と映画上映 |
| 1899年 2 月14日 | 2 月16日 | 徐園 | 映画上映 |
| 3 月24日 | 3 月26日 | 徐園 | 奇術と映画上映 |
| 8 月21日 | 8 月23日 | 徐園 | 西洋奇術の常設舞台を設置しての上映 |
| 11月17日 | | 徐園 | 菊花会開催期間における映画上映 |

出典：Kar and Bren. *Hong Kong Cinema: a Cross-cultural View*, 黄徳泉『中国早期電影史事考証』, 張新民「上海の映画伝来とその興行状況について」, および『申報』掲載の上映関連広告にもとづく筆者の調査.

た遊歩は日常生活における遊歩の典型的な例だった。中国式庭園ではまた、政治的・社会的に重要なイヴェントが行われることも珍しくはなかった。著名な歴史学者熊月之によれば、伝統劇の劇場、茶園、そして中国式庭園は清末の人びとが公私問わず好んで集まる新しい公共空間であった[10]。何より、大規模な茶園や劇場の喧噪や猥雑さが時として市民の批判の対象となったこととは対照的に、中国式庭園はその集客力や広さという点において大規模茶園や劇場と同程度でありながら風紀上の問題が少なかったという[11]。

中国式庭園は、遊歩者たちを映画上映へ導いたという点で極めて重要な場所だった。表1-1は上海における最初期の映画上映のうち中国式庭園で興行された例をまとめたものであるが、ここからは、庭園における映画興行が旧正月のような年中行事や菊花会といったイヴェント、そして夏の夕涼みが盛んな時期にとくに集中している様子がよくわかる[12]。言い換えると、庭園における初期映画興行の観客たちは、映画を見るためにそこを訪れたというよりも、庭園における遊歩の最中に目にしたさまざまな見世物興行の一つとして映画と「接触」したといえるだろう。ではここで、『鄭孝胥日記』と『忘盧山日記』（清末の官僚孫宝瑄により記された日記）の遊歩の記録から、日記の著者と映画との接触の実像を確認してみよう。鄭孝胥は一八九七年八月三一日に最初期の映画興行の現場に立ち会ったが、それは明らかに遊歩のなかに組み込まれた出来事だった。この時期の『鄭孝胥日記』の遊歩の軌跡を俯瞰すると、鄭がとくに午後や夕方以降の時間帯に集中的に遊歩をたしなんでいた様子がよくわかる。鄭が初めて映画鑑賞を経験した日を含む一八九七年八月末から九月末までの間、鄭は一週間に平均して三回は必ず遊歩を実践していた。さらにそのルートも、庭園、茶園、そして劇場を結ぶ定型的なものだった。そして八月三一日、夕方の小雨の中、おそらく一服の涼を求めるためだろう、鄭は友人らとともに繁華街から離れた郊外の庭園・奇園を訪れたのであるが、(13)鄭が映画と接触したのはまさに奇園での遊歩の最中であった。鄭はこの日、涼やかで柔らかな雨だれに打たれながら奇園を周遊した。時間からいっても、おそらく園内で夕食のささやかな席が設けられたことだろう。そしてかれはそのような遊歩の最中に、この時期そこで一月ほど興行していたジョンソンとシャルベらの映画興行を偶然目にしたのだった（この興行については第二章第三節で改めて取りあげる）。

『忘廬山日記』にも、著者である孫宝瑄が一八九七年六月に張園で映画と接触した記録が書き残されている。孫もまた、初夏の夕涼みのためにこの時期頻繁に張園を訪れていた。映画を見るためではなく、涼しい夜風に当たりながら「夜游」という風流な余暇活動を享受するために張園を訪れていた。孫の場合もやはり、映画との接触は遊歩中に偶然起こったものだった。庭園における映画興行が、夏季や休日といった遊歩が盛んに行われる期間に集中しているのは、偶然ではない。庭園における映画上映の観客は、園内を遊歩しながら、その「動く仮想のまなざし」にとらえられる映ってては消えてゆく風景を楽しんだ。庭園内の映画上映は、そのような一連の景色を織りなす一つの要素にすぎなかった。庭園の遊歩者たちは偶発的で散漫なまなざしで映画と接触したのである。

鄭孝胥と孫宝瑄、いずれの映画鑑賞の記録においても顕著なのは、おそらく初めて目にしたであろう映画にたいするあっけないほどに無頓着で無感動な筆致である。これもまた、散漫な遊歩的鑑賞態度を裏付けると言えるかも知れない。鄭孝胥の映画鑑賞記録からは、映画にたいする好奇心や、この新奇なメディアが人びとにもたらしたで

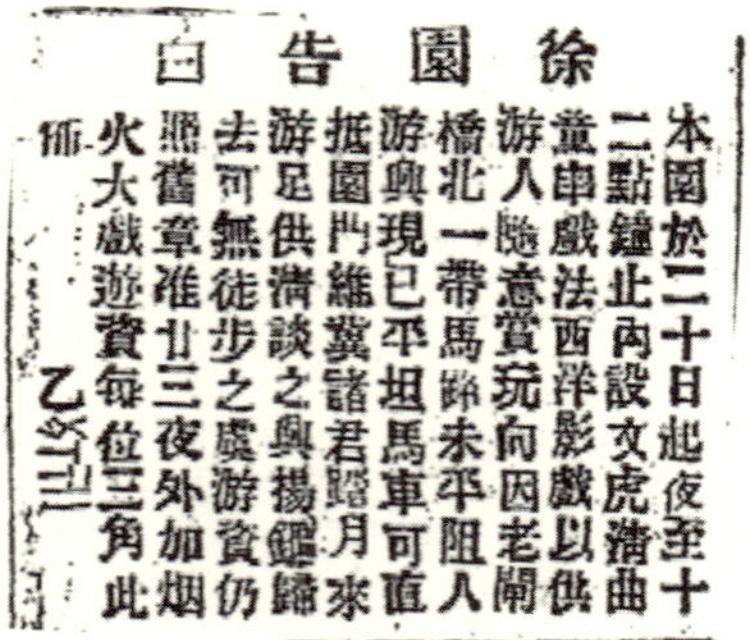

徐園告白

本園於二十日起夜至十
二點鐘止內設文虎清曲
童串戲法西洋影戲以供
游人隨意賞玩向因老閘
橋北一帶馬路未平阻人
游興現已平坦馬車可直
抵園門維冀諸君賜月來
游足供清談之興揚鑣歸
去可無徒步之處游資仍
照舊章准廿三夜外加烟
火大戲遊資每位三角此
佈　乙

図1-2　1896年6－7月、徐園での
画」興行の広告

出典：『申報』より．

あろう（と従来言われてきたような）驚愕を、少しも読み取ることができない。孫宝瑄の映画鑑賞記録も同様で、短い言葉でただひと言映画を見たと記されるのみである。実は、上海における初期の映画鑑賞を記録した文献には全く異なる二つの型が見られる。一つは鄭孝胥や孫宝瑄のように、映画にたいしてほとんど特別な関心を払わないもの、いま一つは映画に知的好奇心を大いに刺激されて執筆されたものだ。映画を西洋由来の最新の科学技術として熱狂的に歓迎した後者については第二章で詳述するが、それとは対照的な前者、つまり映画にたいする無頓着さ、あるいは反応の欠如は、遊歩という余暇習慣の持っていた本質的な特徴、つまり都市の刺激を知覚しながら通りを渡り歩くという性質に由来すると考えられる。一九世紀末の上海の娯楽文化は、実に「洋涇浜」的な多様性に満ちていた。図1-2は、一八九六年六月中旬から一カ月ほどの間徐園で行われた映画興行を知らせる新聞広告である。つい最近まで中国初の映画興行だとされていたこの広告が、映画ではなく幻灯興行であるという説に代替されつつあるという事実はひとまず措き、ここで見たいのはその興行内容だ。この興行は確かに「影戯」の上映を謳ってはいるものの、実際はそれと併行して多くのステージ・パフォーマンスが上演されていたことがわかる。灯籠を用いた謎かけ「文虎（灯謎）」や、揚州起源の伝統音楽「清曲」、奇術、花火を用いた見世物など実に多様な演目が一つのプログラムを成していた。徐園で毎年夏の間や春節、あるいは菊花会の時期に催されていた見世物興行とは、多くがこのような複合的な見世物興行であった。一八九七年八月中旬から九月中旬にかけて奇園で行われ鄭孝胥も訪れた映画興行もまた同様に、雑多な演目から成る複合的な番組であった。多様化したプログラムは、いわば上海における遊歩のミニチュア版であり、人びとは街中を行き来することなく、庭園という限定的な空間において、さまざまなアトラクションに興じたのである。チャン・チェンは、遊楽場などに代表される複合アトラクション施設における遊興がアン・フリードバーグのいうような「動く仮想のまなざし」を生みだしたと指摘したが[14]、庭園周遊もまた繁華街の遊歩を仮想的に再現する体験であった。庭園における映画上映の新奇性は、したがって、他の刺激的な見世物興行によって相殺されることになる。動く写真という新しいメディアの受容が遊歩に従属せざるを得なかったのは、このような状況がもたらした必然的な結果だった。一八九九年夏までに、徐園では映画興行や奇術のための建物が整備された。この直後、徐園では映画上映を見るための特別料金が撤廃され人びとは無料で映画上映を見ることができるようになった。つまり、この頃には徐園では映画はすでに特別な興行ではなくなったのである。

## 四　遊歩と観劇の近代化

一八六〇年代の上海では商業劇場が急速に発展したが、このことは同時に劇場におけるハイブリッドな「洋涇浜」式のステージ・プログラムを深化させた。伝統劇は本来農村における年中行事や儀礼の一環として奉納されるものだったが、アヘン戦争後に起こった急速な人口流入と近代化によって、上海の劇場はその性格を大きく変貌させていった。元朝末期に現れた上海の劇場は基本的には富農の庭園や廟といった公共空間であり[15]、「神に感謝し、神を喜ばせるために奉納されるもの[16]」であった。しかし、アヘン戦争後上海に外国人居留地である租界が形成されると、中国の政治、経済の中心となった上海へ各地から多くの人びとが移り住んでくるようになった。上海最初の商業劇場と称される三雅園は、このような移住者やその家族たちの娯楽のために建てられたものだ[17]。その後上海では劇場が急速に増加し、その数は二〇世紀を迎える直前にはゆうに一〇〇を越えたとも言われる[18]。それにともない、伝統劇が本来持っていた儀礼主義の側面は消し去られ、代わりに観劇そのものが目的化していった[19]。異なる劇種から構成される複合的な上演プログラムの普及は、このような演劇の娯楽化の影響を受けた結果生じたものだった。

京劇、崑劇、徽班、時には梆子戯というような多様な劇種が同一の舞台で併演された。さらには、灯彩戯のように電光（イルミネーション）を用いた絢爛な演出も登場し、演劇のスペクタクル化を大いに促した。灯彩戯最盛期の一九一二年に新新舞台上演された『女児国』では、一度の公演で一二〇〇本余りの蝋燭を消費する規模であったという。[20]そのため、演劇の舞台において「電光」を用いた演出は、同時代に流行し始めていた幻灯や映画の影響を受けたものであるという議論も少なくない。[21]こうして、番組の多様化と演出のセンセーショナリズムはより広い社会階層の観客を惹きつけることとなった。

関連するいくつかの先行研究によれば、こうした傾向は通常、劇場増加による競争過多や、西洋由来の見世物興行に興味をシフトさせていった観客をつなぎ止めるための劇場主の経営上の戦略といった実証主義的な角度から説明されている。他方で、番組の多様化や演出のセンセーショナリズムは、近代的な遊歩にともなう観劇習慣がもたらしたとも言うことができるだろう。遊歩において、観劇は劇場通いの唯一かつ最終的な目的ではなく、遊歩の過程で偶発的に遂行されるものとなった。そのために、劇場の番組構成は遊歩者たちがいつ、どのようなタイミングで劇場を訪れても楽しめるよう必然的に細分化されていったのではないだろうか。また、この時期の伝統劇の演出では台詞や歌唱のトーンの違いといった「聞く」ことにかんする美学の重視から、光を用いた演出や異なる演技形式の比較、さらには細部の演出への着目というような「見る」ことにかかわる美学へと変化していったが、[22]それは同時に劇場において映画を受け入れる土壌をも育んだという点でも重要だ。興味深いことに、庭園にとって映画上映が画期的な見世物ではなかったのと同様、劇場や観劇文化にとっても映画の登場は大きな変化をもたらしたとはいえなかった。むしろ、映画は伝統劇鑑賞習慣に何ら違和感なく包摂されていったとさえ言えるのだ。京劇専門劇場として福州路に開業した天華茶園で一八九七年に行われた映画上映を見てみよう。劇場におけるおそらく最初の映画上映の事例としてしばしば言及されるこの映画興行は、同年七月二六日から八月二五日に渡りほぼ連日行われた。天華茶園における映画興行は、この小さな劇場が英語を話す天津からの新参者によって開かれた新興劇場で

**図 1-3　天華茶園の興行広告**

出典：いずれも『申報』1897年 8 月14日.

あり、劇場ひしめく福州路でより多くの観客を集客するための戦略だったと指摘されている[23]。しかしそこでの映画上映は決して奇想天外な見世物興行ではなく、当時の劇場における標準的な番組構成である雑多なパフォーマンスで構成された演目複合型プログラムのなかに大きな違和感なく組み込まれたものであった。天華茶園での約一カ月にわたるこの映画興行を宣伝する新聞広告を見る限り、映画上映の単独興行は前半のみであり、興行期間の中盤以降は映画上映にいくつかのステージ・パフォーマンスを加えて構成された混淆的な興行であった。たとえば、興行開始後約半月経った八月一四日の天華茶園の新聞広告を確認してみよう（図 1-3）。ここからは、中国の伝統劇午後七時から、フランスのコメディ風奇術パフォーマンスが午後九時から、そしてアメリカ映画の上映が午後一〇時からと、一晩のうちに複数の演目が立て続けに上演されていることがわかる。要するに、映画は確かに新奇な見世物であったけれども、しかし唯一の奇想天外な見世物ではなかったということだ。広告の文言にある「文武」と称されるアクロバット芸、西洋式の奇術、そして天華での映画興行終了の数日後から同園で行われたX線身体透過芸の上演など、一九世紀末の上海には奇想天外な演目が満ちあふれていた。舞台装置における機械化やイルミネーションによる華やかな舞台演出の隆盛も考慮すると、映画はもはや突出して新しい見世物とはいえなかった。映画興行は、一九世紀末以降上海で流行していた華々しくトリッキーな数々の舞台演出の一つであり、本物そっくりに生きているように動く映像が素早く入れ替わるという映写の仕掛けを、時に映写師らの説明とともに楽しむというライヴ・パフォーマンスとして受容されたのだった。したがって、映画興行が劇場文化を大きく変容させる画期であったと結論づけることは、映画の起源を特定することそのものを目的化するために、あまりに性急に導かれた評価であると言わざるを得ないのである。さらに、図1-3の広告に示されたそれぞれの演目の開始時刻もまた、上海の遊歩者の観劇習慣に合致したものだったことを指摘しておこう。映画上映が始まって約半月経過したためであろう、アメリカ映画の上映開始時刻はこの日の天華のメイン演目であるフランス芸人のステージ・パフォーマンスの後に置かれている。メインの演目の開始が夜八時から九時頃だとされた上海の観劇習慣に則して言えば、夜一〇時といえば他のどの劇場のメインの演目も終演を迎える時刻でもある。天華における映画興行は、興行期間の中盤以降、劇場街が最も盛り上がるメイン演目の時間帯がそのピークを過ぎ収束に向かう時刻に、帰宅までの間その余韻を楽しむ遊歩者たちに向けて上映されるようにアレンジされていったのである。このこともまた映画が、映画伝来以前にすでに生じていた観劇文化の近代化の文脈に違和感なく包摂されていったという事の証左となろう。庭園文化における映画受容と同様、劇場文化においても、映画の伝来は断絶ではなく既存の娯楽文化の近代化のさらなる深化、多層化をもたらしたのである。

## 五　遊歩の拡大と盛り場の変容——茶園・遊楽場・映画館

中国映画史研究では、他の多くの国の映画史と同様、最初期の映画興行場所は一般的に世俗的で、時に猥雑でさえあったとされる。上海の場合、そうした「いかがわしさ」はしばしば外国人や資本家、プチブルジョアの「金儲け主義」に帰結されてきた。このようなイメージは茶園における映画興行と最も強く結びつけられている。たとえば、著名な新劇家だった銭化仏の民国期上海の回想録によれば、次の如くである。「上海の茶園はもともと極めてうるさかった。こぎれいで清潔なところなどなかったものだ。けれども、何十年経っても、人びとはそこで過ごすことが好きだったのだ」[24]。上海の茶園は複合的な遊興場で、人びとはそこで茶を飲む以外にも説唱などの伝統芸能を楽しんだり、ビリヤードに興じたりした。また時には、男性客と娼妓との出会いの場も提供した[25]。民国期上海における茶園の社会的役割は、概ね（一）主に食事や酒を提供し、友人や知己たちとの交流を目的に客が集まる場所、（二）多様な観客にさまざまな見世物やステージ・パフォーマンスを提供する場所、（三）京劇のような伝統劇や説唱、奇術などの芸能が提供される劇場としての場所の三点に大別できるが、明確に区別されているわけではなく、ほとんどの場合いくつかの役割が重複していた。上海での初期の伝統劇場が茶園と称されていたことは[26]、このような事情を反映しているといえる。したがって、茶園、劇場、そして映画館は、娯楽場としての役割という観点からいえば、相互に交換可能な空間だった。上海で最も著名な茶園の一つだった青蓮閣は、多くの回想録で頻繁に言及されている。その前身であった総会茶園の時代より、上海の遊歩者たちは青蓮閣でさまざまな見世物に興じていた。青蓮閣では、一階でフリーク・ショウ、幻灯上映、のぞきからくりを楽しむことができ、二階では茶を飲みながらビリヤードで遊ぶことができたという[27]。青蓮閣に遊ぶことで客たちは日常生活における多くのしがらみを洗い流すことができた。青蓮閣の中の「煌々と輝く光、押し合い集まる人びととその汗から立つ熱気[28]」に身を投じると、人びとはその「猥雑」さを、許容可能で申し訳の立つものへと変換することができたのである。この茶園はのちにアントニオ・ラモスによって映画上映が行われる舞台にもなった。すでに見たように、ラモスは「定説」において一九〇八年に中国「初」の映画館であると称される「虹口大戯院」を設立した人物として知られている。

上海で茶園が増加したのは、劇場文化の近代化をもたらした背景と同様、上海近郊からの大量の人口流入に一因がある。茶園はこのような新参者である新興中間層の娯楽空間であった。そこは、人びとが地縁や血縁といった伝統的集団秩序とは異なる新しい集団秩序、つまり「娯楽のひとときを共有する」という共通の目的の下に集うことを可能にした新しい公共空間であった。

歴史的にいえば、茶園が登場したのは近代商業劇場の登場と同じ時期の一八六〇年代であるとされる。一八六二年に一松風閣、翌一八六三年には一洞天、麗水台が陸続と開業した。一八七〇年代までに、宝善街（現在の広東路附近）は茶園が林立することで有名な通りとして名を馳せ、[29]その後茶園街は四馬路、すなわち現在の福州路へと拡張されていった。[30]

ここで、人びとがいかなる状況下で、誰と茶園を訪れていたのか、という点に注目してみよう。現存する数々の日記資料、とりわけ清末の観劇行為を記録したものによれば、多くの場合人びとは観劇の前に友人たちと茶園を訪れ、飲食したり酒を飲んだりすることを習慣としていた。通りや庭園内を家族や友人らと遊歩し時間をつぶしてから劇場を訪れるというパターンも、多くの「戯迷」に共通する行動様式だった。極端な例では、観劇それ自体よりも、友人らと集い、飲食し、遊歩することの方に重きを置いたケースも散見される。この頃の伝統劇の上演は、数時間にわたって続くのが常だったが、多くの観客は主要演目だけの鑑賞を好んだとされる。しかし、主要演目はたいてい興行開始から数時間経過しなければ開始されなかった（俳優にとっても、舞台に立つ時間が遅ければ遅いほど、格が上であることを誇示できたという）。そこで、多くの観客たちはお目当ての演目が上演されるまでの時間、茶園での飲食や遊歩で時間をつぶしたのである。したがって、観劇行為と遊歩習慣は表裏一体で、切り離すことができないものだった。一九〇九年に商務印書館から発行された上海のガイドブックには、このことがよく示されている。このガイドブックの「劇場」の項目には、当時の著名な劇場名がリストアップされ、詳しい解説が附されているのだが、「映画（影戯）」の項目には映画の上映場所にかんする個別の情報は全く記されてはいない。その代わりにこの項目では、映画の映写の仕組みについての詳細が解説されたおり、最後の一文でようやく「福州路」附近で映画を見ることができる、とのわずかな情報が添えられているにとどまっている。つまりこのガイドブックは、映画を見るならば劇場や茶園に行くついでに福州路を文字通り遊歩するように暗に勧めているのである。

こうした立場に立てば、中国「初」の映画常設館であるとされる「虹口大戯院」の位置づけを再考しなければならないことは明白だろう。すでに触れたように、スペイン人商人アントニオ・ラモスが青蓮閣での映画上映で富を得て一九〇八年に開業したとされるこの「映画常設館」は、一九一〇年開業の系列館ヴィクトリア（維多利亜）影戯院とともに、虹口地区に建てられた。しかし、上海における映画の中心が福州路から北へわずか二キロばかり離れた虹口へと変遷しても、福州路を中心とした映画観客たちの遊歩習慣が終焉したわけではなかった。むしろ、福州路の遊歩者たちはトロリーバスという移動手段を得て遊歩の範囲を拡張していったのだった。常設映画館の登場を映画興行史の一つの画期とする映画史観は、したがって修正されねばならない。詳しく見てみよう。一九〇八年に開通したトロリーバス二番線により楊浦樹から虹口の南端を経由してバンド（外灘）の北側に到る道が結ばれたのを皮切りに、同年開通した三番線は虹口の北四川路から繁華街南京路を通って、共同租界の中心西側に位置するカーター（卡徳）路を連結した。同様に、四番線によって虹口から共同租界の中心に通じる路線も拓かれた。こうしてこの年、共同租界北側にある主要な通りが、虹口と結ばれることとなったのである。一九〇八年以降に共同租界北側で映画館が陸続と誕生するのは、新しい交通手段による移動の網の目によって近代的な遊歩習慣の範囲が拡張されたことに一因があるのだ。[31]今日残されている英字新聞に掲載された広告や記事などからは、虹口やフランス租界にはすでに、アメリカン・シネマトグラフ・カンパニー、コロン・シネマトグラフといったヴォードヴィル式の娯楽施設が開業していたことがわかる。虹口のアメリカ租界と称された地区にあったコロンや、フランス租界のアルハンブラを訪れる客の多くは外国人で、映画の他にもさまざまなステージ・パフォーマンスが上演されていた。アルハンブラは「尊敬すべき人びと」が集い、映画上映や歌唱などが享受できる「ロードハウス式」（キャバレー）の複合娯楽施設として知られていた。[32]後にサヴィル・ハーツバーグによってアポロ影戯院としてオープンすることとなる[33]アメリカン・シネマトグラフ・カンパニーもまた、映画の「常設館」ではなかった。そこでは、映画の他にも歌唱のステージ・パフォーマンスなどが頻繁に上演されていた。[34]一九〇八年当時の虹口の「映画館」は、映画格を共有していた。

トロリーバスによって連結されたのは、福州路と虹口の間だけではない。一九〇八年一二月には、映画常設興行を謳った天然有音影戯公司（Natural Sound Cinematograph Company）が共同租界の中心地、競馬場の北側の泥城橋附近に開業する。ここもまた、トロリーバスの三番線、四番線の停車場附近であった。天然有音影戯公司は開業時には映画の常設興行を盛んに宣伝したものの、数カ月後にはすぐに中国式茶園「幻仙戯園」（幻仙影戯園とも称された）へと改装され、映画上映に灘簧の上演が併行したプログラムが提供されるようになった[35]。

繰り返すように、近年の研究によって「虹口大戯院」が中国初の映画館であったという説には疑問が付されるようになった[36]。しかし、ここで注意を向けたいのは、ほとんどの映画史研究や回想録において、劇場主であるアントニオ・ラモスの名前が、かれの福州路の青蓮閣における映画上映という経歴とともに記憶されているということだ。このような記述は、ラモスやその映画館が外来のものとしつつも、他方でそれが実は福州路の「洋涇浜」式映画上映の直接の「子孫」であることを暗黙裡に認めるものだといえるだろう。ここには、序章で論じたように「発展」史観によって創造された「中国初の映画館・虹口大戯院」という起源のほころびが顕在化しているのではないだろうか。虹口は、映画館史の起源というよりもむしろ近代上海の遊歩文化と西洋式のキャバレー文化の双方が交錯する場所であったのだ。このことは、第六章で見る陸澹安や陸潔ら一九二〇年代に活躍した映画人が、福州路と虹口を横断的に遊歩していたことからも明らかである。

一九一〇年代になると、遊歩の習慣は新たに登場した夜花園と称される遊興施設や、大世界、新世界といった総合アミューズメント施設である遊楽場（遊戯場）へと取り込まれるようになった。近代上海の遊歩は、このような施設においても再現された。美しい庭園、伝統劇の劇場、説唱や奇術、幻灯や映画の上映、サーカスやダンスのような西洋由来の見世物興行、そして飲食や飲酒ができるレストランに至るまで、遊歩者が遊歩の過程で目にするであろうあらゆるものが遊楽場の内部へ取り込まれたのである。チャン・チェンも指摘するように、これらの遊楽場は上海における娯楽のミニチュアであり、遊歩という目的複合型の余暇活動がパッケージ化されたものであった[37]。遊楽場の重要性は、そこが単に多様な見世物を包摂していたことに留まらず、遊歩における美学を具現化した空間だったことに求められる。映画上映の実態に目をむけてみると、遊楽場における映画上映は、他の映画館と同様、複数の短篇映画から構成されており、時折歌唱や奇術などのステージ・パフォーマンスも合わせて上演されるのが常だった。一九一〇年代の上海では長篇映画の上映もしばしば見られたものの、映画興行の圧倒的主流を占めていたのは、連続活劇を含む短篇映画を中心としたプログラムだった。とくに連続活劇の場合、一つのタイトルが、複数の映画上映場所をまたいで連続的に上映されていたことはまことに興味深い。福州路に集中していた茶園や南京路を中心とした繁華街に点在していた遊楽場における映画上映と、虹口の映画常設館におけるそれとは質的差異があるとみなすのが従来の一般的な映画史研究の見立てだが[38]、実は福州路と虹口の映画上映空間には強い連続性がある。たとえば大世界や新世界といった南京路附近の遊楽場で上映された連続活劇は、虹口のヘレン影戯院や上海大戯院など複数の映画上映場所をまたいで循環しながら上映されるのが常だった。また、文明戯の劇場では外国の連続活劇を文明戯へ翻案した演目が上演される例が散見されるのだが、たとえば笑舞台が一九二〇年年末に上演した『黒衣盗』や『女偵探』は、その原作と思しき連続活劇が虹口のアポロ・ヘレン両影戯院、上海大戯院、そして南京路附近の大世界、新世界などの遊楽場、南市附近の共和影戯院を中心とした興行場所を巡りながら繰り返し上映されていた。映画の演目が演劇化されたケースは、映画館や劇場が日刊紙に掲載していた上演広告に目を通せば数多く見つけることができるだろう[39]。連続活劇の横断的な上映や中国演劇との相互参照性という一連の現象は、演劇の観客と映画の観客が同一の層を成していたことの紛れもない証左である。かれらは、複数の遊興施設を遊歩しながら映画・演劇に触れていたのだ。端的にいえば、かれらは「観客」というよりも遊歩の忠実な遂行者だったのである。

現存する最古のフィルムだとされる『労働者の恋（労工之愛情）』（一九二二年）におけるコメディ、教訓劇（社会倫理片)、そしてメロドラマといったジャンルの交錯は、変幻自在なトーンを有する当時のハリウッド製短篇コメディの習作であると同時に、観劇と映画鑑賞が重なり合っていた当時の鑑賞美学の痕跡としても読むことができる。ここでは、『労働者の恋』を「アトラクションの映画」から「物語映画」への過渡的作品だと結論付けたチャン・チェンの主張[40]をわずかに軌道修正しながら、『労働者の恋』が、遊歩的で散漫な鑑賞美学の結晶でもあることを論じたい。三巻ほどの短篇であるものの、『労働者の恋』には古典期初期における物語映画の表現形式が、全般的に、しかも高い精度で実践されている。果物売りが厚底眼鏡を通じて演じる主観ショット、ナイト・クラブにおけるドタバタ劇を繋ぐクロス・カッティングは典型的なコンティニュイティ編集にもとづいている。あらかじめ演技や物語展開の詳細が方向づけられた上で製作された可能性があるという点においても、『労働者の恋』はより映画的演出を志向していたといえるだろう。一般に、一九二〇年代初頭の中国映画の製作現場では脚本が用意されず、「幕表」と称される文明戯の舞台説明書が用いられたと伝えられている[41]。幕表には各幕の簡単な背景説明が書かれるのみであったので俳優は即興での演技を要求されたという。しかし『労働者の恋』ではおそらく予め決められた台詞(これはフィルム上では字幕によって表現される)が挿入されている。さらに、小道具・大道具を用いたギャグ、二重焼きを用いた想像シーンの効果的な挿入が見られることから、幕表以上に詳細な脚本が準備されていたと思われる。

しかし同時に、『労働者の恋』には物語映画的な演出からの明らかな逸脱もまた顕著に確認できるのである。物語構造全体からいえば、主人公の果物売りが恋人の父親を説得させるという中核的プロットの進行は、このフィルムの中にちりばめられている数々の独立した不連続なギャグによって始終妨げられている。詳細を見てみよう。果物売りの主人公が大工道具で果物をカットする冒頭のシークエンスでは、主人公がチャーリー・チャップリンのギャグを彷彿とさせるアクションを繰りかえす様子が執拗に繰り返される[42]。果物売りの男がのこぎりを取り出しスイカを切り始めるミドル・ショットは直後にリフレーミングされ、この果物売りの滑稽な男をわずかに大きく捉え直したうえで、男がチャップリン風のギャグを確かに演じていることを念を入れて主張するのである[43]。この冒頭のシークエンスでは、チャップリン風のギャグにたいする習熟度を自信たっぷりに誇示することに撤しており、人物の内面や背景説明といった役割を何ら果たしてはいない。それにもかかわらず、このシークエンスがフィルムの冒頭に臆すところ無く配置されているのは、その直前に次のように粗筋を説明する字幕が置かれているからだ。

本演劇の粗筋

鄭さんは広東人の大工でしたが今は果物売りの仕事をしています。鄭さんは祝医師の娘と果物を投げ合って気持ちを確かめあい、祝医師に結婚を認めてもらおうとします。祝医師が「診療所を儲けさせてくれたら娘を嫁にだしてもよい」というので、大工は一計の妙でもって祝医師の要求をかなえ、恋人と無事に結婚できたのでした。

わずか六十字余りで簡単にまとめられた梗概は、観劇に不可欠だった印刷メディア「説明書」としての役割を果たしている。伝統劇を見るときは物語の内容に習熟することが当時の観劇上の慣例であったが、『労働者の恋』の冒頭に置かれたこの説明は、このような観劇習慣を引き継いでいるといえよう。説明書があるからこそ、果物売りの登場シーンではかれの内面に迫る人物像を提示すること無しに、物語世界の外部においてあえてチャップリンのヴァナキュラーなギャグに撤することが可能となったのである（「説明書」については第二章第四節で詳述する）。

ギャグ・シーンが物語世界の外部に置かれるというこのような演出は、このフィルムの他のシーンにも比較的容易に見出される。ナイトクラブの騒音の場面では、本来であれば祝医師に結婚を認められなかった果物売りが失意に浸るべき場面であるが、実際には階上からの騒音によってそれが妨げられ、ギャグ化されている。患者が殺到する祝医師の治療シーンでは、この医者のいいかげんな診察一つ一つがギャグとして積み重ねられ一つの「幕」を構成する。こうしてみると短篇コメディ『労働者の恋』は、アメリカ製コメディの習作であるという性質もさることながら、他方ではいくつかの「幕」を持った「趣劇（滑稽劇）」としての特徴をより強く帯びているといえそうだ。

趣劇とは文明戯の上演前に演じられた前座的な喜劇を指す。それは上演時間を調整する役割を持っており「演じる役者には芝居を自由に伸縮させることのできる即興性が求められ、またお目当ての出し物が始まるのを待っている観客を相手にするのであるから、彼らの目を引くような、話の筋との関連性にあまり拘らない演出が自然と多くなった」という。[44] メインの演目に比べると相対的に地位が低かった趣劇は、『労働者の恋』が製作された一九二二年頃には一転して人気を博し、メイン演目の前座という地位を越え幕間のさまざまなステージ・パフォーマンスを担うようになった。[45]『労働者の恋』で祝医師を演じた鄭正秋は、一九一八年から一九二六年まで文明戯の劇場「笑舞台」の演出総監督を務めながら、自らも舞台に立っていた演劇人であり、[46]『労働者の恋』を製作した張石川とともに明星影片公司を興した立役者でもある。鄭と張は一九一〇年代半ばより文明戯を主題とした短篇劇映画を製作していたが、演劇と映画双方の観客の好みを知り尽くした両者の経験が、アメリカ風のコメディと趣劇風の演出との親和性を見出したといえるだろう。

『労働者の恋』で最も有名な階段を用いたスラップスティック・シーンは、演劇と映画との連続性というこのフィルムの持つ本質的な特徴をさらに強化するものだ。階段に細工を施し、そこを降りようとする人びとの足が乗ったとたんにすべり台よろしく転げ落ちてゆくというこのシーンは、明らかに当時舞台で流行していた機械仕掛けの背景「機関布景」を映画に応用したものである。[47]「海派」と称された上海の舞台演出において、「機関布景」には確立した方法論があった。このフィルムに見られるように、舞台装置そのものに仕掛けを施し、道具を伸縮させたり、折りたたんだり、変形させたりする種類の技法は「搬運門」と称されていた。[48] なお、初期映画における機械仕掛けの背景使用は珍らしくなく、『労働者の恋』と同じ年に上海影戯公司によって公開された『海誓』（但杜宇、一九二一―一九二二年）でも取り込まれていた。[49]

以上の考察により、中国の初期のコメディ映画が文明戯の演出を取り込み、外国製コメディを変奏させながら、スペキュタクラーな断片を鱗のように積み重ねて独自の様式をもつフィルム作品として再構築していった過程の一端を明らかにすることができたと思う。後に国産映画産業を担うこととなる文明戯従事者たちは、このような複合的な表現形式を打ち出すことによって、かれらの演劇の主要な観客である遊歩者たちのうつろいやすいアトラクションへの欲望に応えようとしたのである。

## 六　知的な映画空間——ヘテロトピアの誕生

上海において映画上映場所は、ニューヨークや東京と同様に[50]変化に富む性質を帯びていた。それは、ある時は娯楽であり、ある時は教室における教具であった。

光緒年間の最初期（一八七五年）、同治帝の「国喪」のために全ての劇場において演劇の上演が禁止された時、少なくない劇場主が注目したのが幻灯だった。その後、幻灯上映はにわかに流行することとなった[51]。幻灯上映を宣伝する劇場の広告では、その西洋由来の新奇性がとくに強調されたが、他方、映写技術の乏しさによって思わしくない結果の興行となることもしばしば起こった[52]。幻灯が福州路を中心に徐々に普及した二十年ほど後に、映画もまた西洋由来の科学として多いに受け入れられ、その科学としての目新しさ、希少性は教育文化の文脈において注目を集めた（この様子については第二章で詳述する）。実際、幻灯や映画を言い表した当時の言葉「影戯」の使用こそ、西洋由来の近代知としてのメディアの性格を如実に言い当てたものだった。もともと伝統芸能の影絵を意味した「影戯」という語は、幻灯伝来直後から「電光」、「活動」、「西洋」という修飾語を冠して使用されるようになった。いずれも新しい技術としての側面を強調する表現であることは言うまでも無いだろう。上海人にとっての映画の衝撃とは、影絵との類似性というよりも、全く新しいテクノロジーとしての性質にこそ引き起こされたのであり、これらの修飾語はまさに映画が媒介することとなる新しい思考様式の重要性を言い表したものに他ならなかった。映画は、文明的で近代的であり、光学を応用した最先端技術の産物だった。ここでいう光は、科学技術の象徴であるばかりか、文字通り「光を当てる＝enlightenment（啓蒙）」をも意味していた。したがって幻灯や映画は、近代的で、新しい、文明的な何らかの要素を必然的に帯びることとなったのだ。センセーショナリズムの一途を辿っていた上海の伝統芸能・見世物興行空間において、映画が娯楽文化史を画期するような重要な衝撃をもたらさなかったことはすでに述べた通りであるが、しかし他方で「啓蒙」の文脈においては、幻灯と映画は明らかに一つの時代を切り拓くこととなった。そうした例は、たとえば初期の映画鑑賞記に見ることができる。日記資料において映画鑑賞が特段驚愕に値する見世物としては認識されていなかった事とは対照的に、初期映画鑑賞記ではこの新しいテクノロジーによる光学現象——こうした鑑賞記では映画上映を娯楽的な見世物というよりも明らかに科学ショウとしてとらえていた——を目撃した人びとの吃驚や興奮が率直に表現されている[53]。そしてこのような言説によって、映画受容の新たなミリューが切り拓かれていったのである。映画伝来直後の上海の出版界において、映画鑑賞記が発表されることはごく稀なことだったことは注目すべきだろう。なにしろ、上海の日刊紙に掲載された演劇の劇評でさえ、一九一〇年代までは年間二〇本に満たなかったというのだ[54]。森平崇文は、観劇について書くという劇評が新聞メディアにおいて定着するのは一九一〇年代であると指摘するが、映画鑑賞記が、一つ一つの上映タイトルを網羅的に詳述するというスタイルを劇評の制度化以前に成立させたという点は、極めて重要であると言わざるを得ない。いずれの映画鑑賞記も、基本的には当時勃興しつつあった劇評の基本的な形式を踏襲しながらも、かれらが映写の現場で何を目撃したのかがほとんど強迫的に、驚くべき集中力でもって綴られているというスタイル上の共通点を有している。映画鑑賞記の書き手にとって、映画上映とは、自らの体験を言語化して伝達するという、知的行為に他ならなかった。この文脈においては、映画はまさに科学パフォーマンスとして受容されていたのである（「解説」というべきこの映画説明のスタイルについては第二章で詳述する）。

　商業劇場の他に、西洋式の学校や宗教団体の講堂もまた、最初期の幻灯・映画場の重要な場所であったことは、科学知識としての映画受容という観点からいえば必然だった。このような場所における幻灯・映画上映の観客たちは、幻灯・映画を見るという明らかな目的のもとに上映場所に集った。商業劇場と非劇場型の幻灯・映画上映空間は必ずしも互いに完全に独立していたわけではなく、時に交錯しあっていたが、後者において幻灯・映画は知識を伝播するメディアとして認識されていた。知的な映画上映空間において、観客たちは映画を文字通り「鑑賞」――「接触」ではなく――することそのものを目的としたのである。かれらは近代知を理解するために幻灯・映画上映場所に集ったのであり、映画興行が持つ新規な見世物性を期待してはいなかった。格致書院を始めとする西洋式学校や上海ＹＭＣＡは、このような知的な映画上映空間の主要な舞台となった。なかでも、上海ＹＭＣＡの果たした役割は極めて重要である。虹口からバンド近くへと会所を移転した一九〇七年以降、上海ＹＭＣＡが商業上映に匹敵するほどの規模・内容の映画上映を本格的に制度化していった過程は本書第四章で詳述するが、科学・公衆衛生知識の伝授、そして各種のレクリエーション行事と映画上映を組み合わせた上海ＹＭＣＡは、商業上映とは一線を画した「健康的で有益な娯楽」としての映画上映空間を創り上げた。そして、上海ＹＭＣＡの「健全」な映画上映文化の経験者のなかから、後の中国映画産業を代表する人物たち――商務印書館影片部の鮑慶甲、中国影戲研究社の陸潔や施彬元、北京大戲院などを経営した一大映画館チェーンの実質的なオーナー何挺然ら――が輩出されることとなったのである。

こうして遊歩習慣に根ざした劇場文化から乖離しながらもう一つの映画上映空間が成立したわけだが、このオルタナティヴな映画上映空間をミシェル・フーコーのいう「ヘテロトピア」の概念を用いて理論化することで本章をまとめることができるだろう。[55]フーコーのいうヘテロトピアとは、現実世界に存在しつつもそれとは異なる時空間軸や秩序を持つ空間を指すものであり、エッセイ「混在郷について」においては、美術館とともに映画館もまた典型的なヘテロトピアとして含められている。もちろん、フーコーが映画館をヘテロトピアのリストに加えたのは、映画館の暗闇の中で投影される仮想の物語世界とそれに没頭している観客の存在する空間が、映画館の外の日常の時空間と明らかに隔絶しているという意味においてである。しかしわたしは、映画伝来直後の上海において、新式学校や宗教団体を舞台に忠実に履行されていた着席と静謐を前提とする鑑賞習慣が、遊歩文化における散漫でうつろいやすい「猥雑」な映画的空間のまさに彼岸において、一定の自立性をもった空間を形成したという意味においても、この新しい空間がヘテロトピアを創りあげたと考えてみたい（ただし、本書が明らかにするように、両者は必ずしも完全に分け隔てられていたわけではなく、互いに重なり合う部分も往々にして存在していた）。上海ＹＭＣＡによって拓かれたヘテロトピアは、同時に江蘇省教育会、通俗教育研究会といった半官半民の教育団体における視覚メディア施策によっても拡大していった。また、後にヘテロトピアの映画上映空間が拡大してゆくと、遊歩的映画上映空間の風紀取締の動きが一層厳しさを増した。二〇世紀初頭に流行した娯楽施設である「夜花園」式の遊興場は、治安や衛生状態の悪さを理由にことごとく取締の対象となった(56)。

こうして映画上映は、一方では世俗と猥雑に彩られた遊歩的な娯楽文化において、他方では人びとの知的好奇心を満たしうる西洋由来の近代知が披露される空間において、重層的に受容されていった。両者は互いに交錯する連続体でありながらも、それぞれ固有の映画鑑賞の規範を形成していったのである。

# 第二章　「理解する」娯楽——映画説明成立史考

「香草美人」本事
——王阿大的供訴——

乾・白・

職員表

| | |
|---|---|
| 導演 | 陳鏗然 |
| 編劇 | 馬文源 |
| 攝影 | 周詩穆 |
| 佈景 | 劉晉三 |
| 副導演 | 陳少敏 |

演員表
—以出場先後爲次—

| | |
|---|---|
| 王阿大 | 謝雲卿 |
| 其女 | 夏佩珍 |
| 其弟 | 王徵信 |
| 管工廠職員 | 譚志遠 |
| 女工 | 顧蘭君 |
| 工廠經理 | 徐莘園 |
| 洋商代表 | 蕭英 |
| 董事 | 嚴工上 |

「我是一個木匠，本來在大中華香烟公司裏做工……

「當我知道了大中華香烟公司要設分廠，並且要添工人的時候，我就替我的妻子女兒和弟弟，向管工廠去登記……

「弟弟！我替你們找到生意了，我特地回來接你們的……

「他們都有了生意，我便化了五塊錢一個月，租了一所房子……

「想不到第二年，我們公司裏的生意，被那外國烟搶去了不少……

「在被侵略和被壓迫的情形之下，我們公司沒有法子，祗得跟外國商家講和……

「為了什麼條件苛刻，聽說我們公司的經理，竟為這件事氣壞了……

「我們公司終於屈服了——範圍一天天的縮小，工人也一天天的減少……

「可憐我們沒有工做，就沒有飯吃，所幸我的妻子雖是失了生意，我的女兒却爲一個洪先生替他設法又得做下去……

「誰知有一天晚上，我女兒哭了回來……

「原來那姓洪的對我女兒不懷好意，這一天竟對她……

「我兄弟當時非常的憤怒，要去和姓洪的理論……

「想不到洪姓的反而找出許多人來和我們爲難……

「總怪我兄弟年紀輕，不懂事，得罪了洪先生，請諸位多多原諒……

「到了第三個年頭，我的妻子女兒們都失業了……

「眼看一天天的虧本，聽說又要減工資了……

「爲了這減工資的事，我們弟兄倆意見不同，竟爭鬧了一次……

「不過，我兄弟的主張，我是不贊成，假使真弄到沒有生意做，又怎麼辦呢？……

「不幸的事果然發生了，我兄弟被判監禁二年，從此祇剩我一個人賺錢養家了……

「又過了一年，公司到底支持不住的停歇了，許多人都沒有事，可是房錢捐錢一個也不能少……

民国期上海の映画館では、たいていは無料で「映画説明書」が配られた。映画説明書にはキャストやスタッフ情報に加え、梗概なども掲載されていた。上海の映画観客にとって映画説明書を読むことは映画を理解するために不可欠のメディアだった。第二章扉の写真は一九三〇年代初頭の中央大戲院の映画説明書。明星影片公司のサイレント映画『香草美人』（陳鏗然、一九三三年）再上映時のものだが、梗概ではなく字幕の内容が掲載されている、当時の説明書としては珍しい形式のもの（筆者蔵）。

## 一　「理解する」という鑑賞の美学

中国現代文学史の起源を五四新文化運動に求めることに異論を挟む余地はないだろう。五四新文化運動が、「伝統」と「近代」を明確に分かち、「高尚」から「通俗」を切り離す価値観を通じて文芸ジャンル間にヒエラルキーを創出したことは、映画界にも大きな影響を与えた。この文脈において、文明戯や「鴛鴦蝴蝶派」文人らによる映画は「旧文学」へとカテゴライズされ、「新文学」に相対する通俗的なものとして周縁化させられた。その結果、一九三〇年代の左翼映画の隆盛を「「五四」精神の復活（『五四』精神的復甦）[1]」と称し黄金期と規定する映画史観が主流を占めるようになったことは衆目の一致するところだろう。こうした史観はしかし、最近二〇年ほどの間に蓄積されてきた映画史研究により徐々に修正を迫られてきた。とりわけチャン・チェンによる初期映画史の再読は特筆すべき重要性を持っている。ミリアム・B・ハンセンが提唱した「ヴァナキュラー・モダニズム」を中国映画史研究に援用したチャンは、中国の初期映画をハリウッドとの関係のみならず、五四新文化運動の中心だったハイ・カルチャーとの関係において読み直そうと試みた。チャンは、映画産業勃興期の一九二〇年代初頭、映画人たちが娯楽という名のもとに映画を用いた社会教育の遂行を企図していたことを看破した。チャンは、五四新文化運動の正統な作家たちが白話による「中国の書き直し」を図ることで高度な教育を受けた読者たちの「より高尚な文芸とイデオロギー知識の向上」を図ったのにたいし、映画興行者や制作者たちはよりヴァナキュラーな空間、すなわち茶園の常連客から学生までをも惹きつける映画館において同様の試みを行った、と主張した[2]。

「高尚か俗か」という二分法を越えるパースペクティヴの必要性を説くハンセン／チャンのスタンスは本章でも共有したい。しかし、「ヴァナキュラー・モダニズム」が、最終的には中心の脱中心化を示唆しているとはいえ、その前提として中心への参照を常に要請するものである以上、「高尚」と「俗」の対立を既成事実化しかねない危険を持つことには注意が必要だ。本章ではその隘路を切り拓くために、従来「興行」という単独の側面からとらえられてきた上海における映画受容史の系譜に、科学技術受容史、教育史、都市文化史の観点から複数の補助線を追加しようと思う。このような視座から改めて映画史全体を逆照射してみると、映画は「高尚」な近代科学が教授された教室から「通俗」的な見世物興行として上映された劇場まで、多種多様な文化・社会ミリューに対応しうる柔軟なメディアであったということが浮き彫りとなる。なかでもとくに注目したいのは、教養と遊興が交錯するこのような初期映画受容状況が、民国期上海を特徴づける鑑賞美学、すなわち映画フィルムを鑑賞するのみならず、説明書を読んだり、肉声による映画説明を聞くことを通じて「理解する」ことに重きを置いた鑑賞美学の萌芽を生み出したことだ。

「理解する」娯楽としての映画受容史を再現するために、本章ではまず清末の科学技術受容史が上海における映画受容の方向性を決定づけたことを議論する。具体的には「格致」と称された科学知識の新興中間層における受容状況と、新知識を説明するために誕生した解説や図説という新たな文体を明らかにする。そのうえで、幻灯や初期映画上映の多くが教養と遊興の交錯する科学パフォーマンスとして受容されており、理解することでもたらされる愉悦を享受する知的遊戯だったことを確認したい。さらに、映画の常設上映が盛んとなる時期に普及した「説明書」が、映画を理解するという美学を強化し、結果的に均質的で近代的な映画観客が創出されるに至った過程を素描したい。

## 二　「格致」という名の科学の受容——映画前史として

上海における映画受容史を科学技術受容史というパースペクティヴから再考するさい、当時「格致」と称されていた科学知識が比較的高い識字能力を持ち教養の吸収に旺盛だった新興中間層で大いに歓迎されたことは、かれらの多くが後に伝来することとなる映画の潜在的観客だったという点で注目に値する。同時に、「格致」という新知識を理解するにあたって主に科学雑誌を介して形成された解説という新しい形式の思考の枠組みにも注意を向ける必要がある。本章では、映画前史という観点から新興中間層における「格致」の受容を概観し、それが「理解する」という映画受容の土壌を作りあげた過程に焦点を当てたい。

## 「格致」の臨界——物理学から殭屍（キョンシー）まで

今日伝わるうち最も古い映画鑑賞記だとされる「味蒓園観影戯記（上編・続前稿）」[3]には、興味深い「矛盾」がある。そこでは、映画が、すでに上海で流行していた外国由来の曲芸パフォーマンスや奇術と同様の「西洋伝来の見世物芸（西来之奇技淫巧）」だと位置づけられる一方で、映画が正統な科学だとも説かれるのだ。しかし、「娯楽」と「科学」という一見すると相反する二つが併置されるというこの評価は決して矛盾ではなかった。何故なら、「格致」と称された近代科学は、まさに「西洋由来の見世物芸」をも射程に収める広範な概念だったからだ。

「格致」の多様性について知るためには、一九世紀末に誕生した大衆向け科学雑誌を繙くことが最も適切だろう。『格致彙編』（ジョン・フライヤー主編、格致書院発行、一八九六―九七年）[4]、『格致新報』（朱開甲主編、商務印書館発行、一八九八年）はいずれも広く大衆に向けて発行された科学雑誌だった。全国に読者を持ったこれらの雑誌には、物理や化学、数学、天文学、生物学といった基礎科学はもちろんのこと、地理学、医学、機械工学などの応用科学、水難救助法や養蜂の最新技術の紹介といった実学まで、あらゆる科学的領域を網羅する記事で埋め尽くされていた。図版の多用や読者からの質問欄、外国紙に掲載された科学記事の翻訳・紹介など、両誌を構成する項目には共通点も多く、主な読者層もともに一定の識字能力と教養を有する新興中間層だった。

初期の大衆向け科学雑誌において「格致」の多様性を示すもっとも分かりやすい項目は読者質問欄だ。『格致彙編』では「互相問答」、『格致新報』では「答問」と称されたこれらの欄は、日常生活で遭遇・見聞する諸科学現象にかんして読者から寄せられた素朴な質問にたいして編者が答える形式だった。質問の多くは科学の基礎知識の教示を請うものだったが、時として現在の一般的な科学の概念から逸脱するような質問も掲載された。たとえば、千分の一厘単位で計測可能な天秤を用いたら髪の毛の重さをも量ることができるなどというが自分は到底信じられぬ、もし事実だとすればどこで手に入るのか、また値段はいくらか（『格致彙編』第二年第四巻、一八七七年六月、「互相問答」第一百三十一）、溺死した男性はうつぶせに、女性は仰向けに浮かぶのは男女の陰陽に関係するというが自分は男女の身体構造の違いによるものだと思っている、実際はどうなのか（『格致新報』第一二冊、一八九八年六月二九日、「答問」第一百五十六問）、人が死んだ後数年間腐らなかったら殭屍（キョンシー）、すなわち生きる屍といわれる妖怪となるといわれているが、不爛の気が得られるのは生前か死後か、また西洋には殭死はいるか（『格致新報』第一五冊、一八九八年七月二九日、「答問」第二百零七問）などという具合である。歴史学者熊月之によれば、『格致彙編』の読者質問欄は応用化学、自然知識、基礎科学、そして「奇妙な質問とその他の質問」の四項目に分類できるといい、「奇妙な質問やその他の質問」の占める割合は一七・二％と最も少なかったという(5)。しかし、四割以上を占めた応用化学、二割を越す自然知識には及ばぬものの、第三のカテゴリーである基礎科学にかんする質問（一七・五％）と同程度を占めていたことに鑑みると(6)、「奇妙な質問やその他の質問」は「格致」の例外ではなくむしろその一部を成す要素だったとするのが妥当だろう。実際、雑誌編者は「奇妙な質問」を排除することなく、各々にたいして懇切丁寧に回答を与えていた。たとえば毛髪の重量までをも計測可能な天秤にかんする質問にたいしては、詳細な計測方法の紹介に加えその機器の値段が洋銀百余元程度であるとの回答が示された。溺死体の向きの男女差については、回答者は憶測で回答することは控えたいとしながらも「西洋の医学書ではそのようなことに言及しておらず、おそらく伝聞の過程で誤りが生じたものであろう(7)」との見解が添えられた。殭屍にかんする質問に至っては、世間に広く流布している殭屍の俗話を認めたうえで、西洋では死後に薬品を湿布することで死体を腐らせない方法があることや、感電死の場合死体が腐爛しないこともある、という事実を紹介している。いずれも、「奇妙な質問」を非科学的であると一蹴するのではなく、あらゆる可能性を考慮しながら科学的根拠を示しつつ丁寧に解説する姿勢が貫かれているのだ。

清末の科学雑誌における読者質問欄には、読者がさまざまな科学現象にたいして持っていた貪欲な知識欲に満ち溢れていると同時に、「格致」という概念が「通俗」と「教養」を未だ分化させていなかった様相が顕れている。「格致」とは、「西洋伝来の見世物芸」のような通俗性を一方の極に、基礎・応用化学の教養をもう一方の極に置いた連続体であり、両極の間はたとえば物理学の基礎知識から殭屍までをも包摂する多彩なスペクトルで埋められていたのである。

## 科学パフォーマンスと「格致」の文体

「格致」という概念を考察するさい、それが新知識の受容にさいして不可欠な文体をも創出したという点も看過してはならない。本節では引き続き『格致彙編』・『格致新報』の読者質問欄に焦点を当てながら、このささやかな項目を通じて、観察者のまなざしを介した新たな思考の枠組みが生み出され、新知識の理解を促すに至った過程を概観したい。

質量が可視的な物体ではなく、機械もまた一連の複合的な運動そのものに本質があるように、科学とは多くが現象的であり、それを理解するためには、まず現象を実際に体験するという過程が欠かせない。そのうえで、科学現象を記述するためには対象を客体化し観察するという行為を必然的に要することとなる。こうした意味からすれば、科学雑誌の読者質問欄は客観的な科学的観察記録のコーパスでもあった。ここで注目したいのは、科学体験を記述する質問者と回答者の文体の差異だ。すでに示した事例からも明らかなように、読者からの質問、とりわけ「奇妙な質問」に分類されるものは、科学現象を見聞した読者の率直な情感が直截的に記されており、論理よりも驚愕や混乱を、全体の構造よりも細部にたいする偏重した興味を優先させている。これに対し、回答者の文体はいずれも質問者の情動を論理と秩序の枠へ収め、俯瞰的な立場から観察し、科学現象全体を構造的に把握しようと努めてい

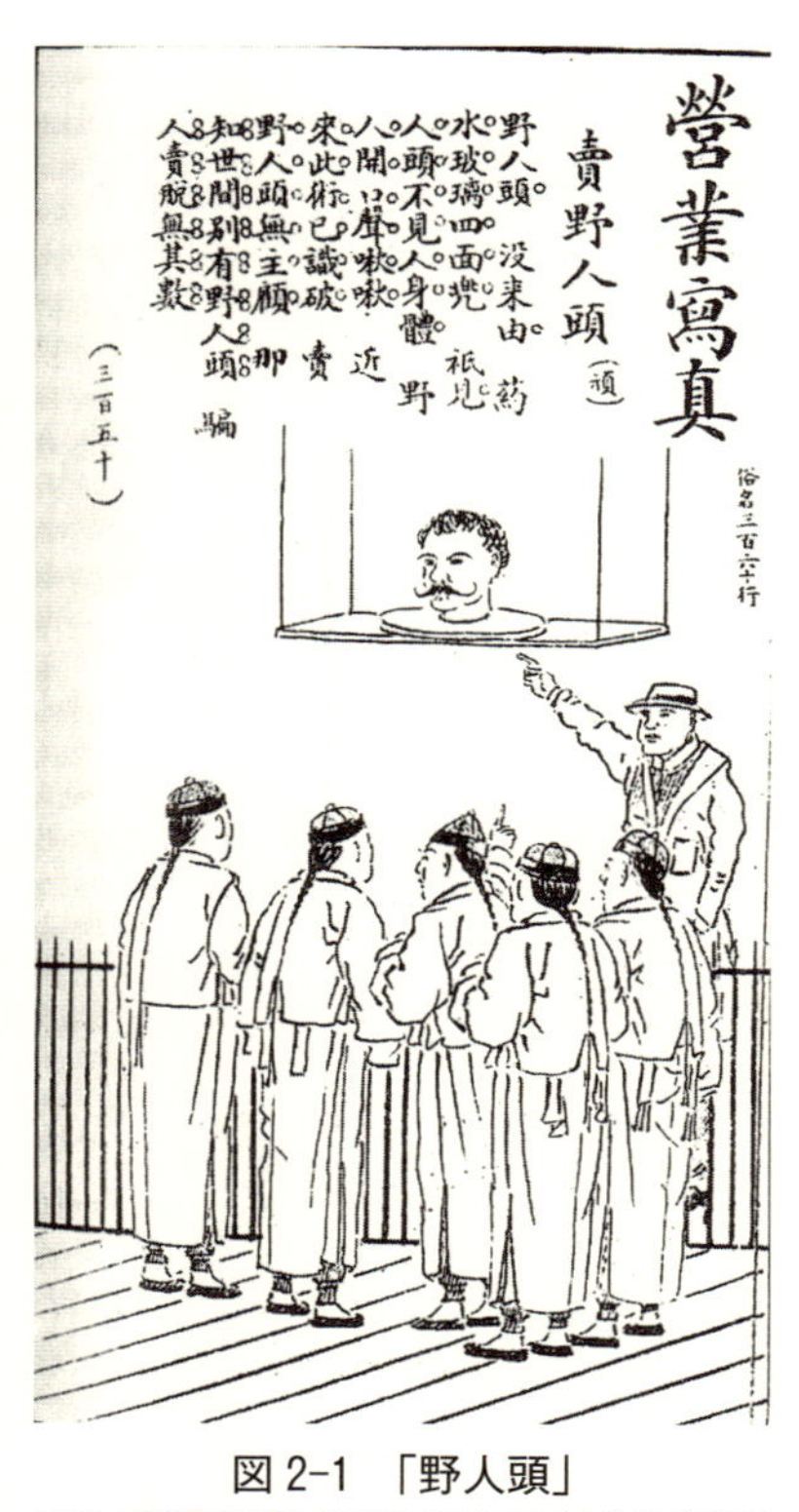


**図 2-1 「野人頭」**

出典：『図画日報』第175号第８頁（上海古籍出版社版，1999年，第四冊，296頁）.

た。解説ともいうべきこの文体は、現象としての科学が本来人びとに惹起させる多分に主観的な興味から対象を切り離し客体化したうえで、学術用語や概念を用いたり、場合によっては定量・計測可能な尺度へと還元し平準化したりすることで、いわば「格致」を文体として実体化したのだった。この意味で、『格致彙編』・『格致新報』の読者質問欄は、「格致」という文体を拡散するメディアでもあった。

ところで、「格致」の文体の普及を担ったのは大衆向け科学雑誌のみの功績ではない。絵入り新聞の普及もまた、観察し解説するという「格致」の文体を大いに補強した。よく知られているように、『点石斎画報』や『図画日報』といった絵入り新聞は、誇張した筆致と高い写実性が混在する独自のスタイルを基調とした図説でもって時事的話題や日常的逸話を取りあげ人気を博した。『点石斎画報』の絵師呉友如が主題の選定にさいして参照していた資料に『格致彙編』も含まれていたことはまことに興味深い。実際、科学現象がもたらす新奇性は、路傍や遊興場におけるパフォーマンス興行に相応しいものが少なくなかった。

たとえば、一九世紀末から二〇世紀初頭にかけて流行した「野人頭」を見てみよう。一見すると、卓上の皿に載せられた人頭はそれが連結されるべき胴体を失っているかに見えるが、実は卓の下には特定の角度で鏡が設置されており、本来そこにある胴体の代わりに虚空を映し出しているに過ぎない。大道芸として当時人気を博していたこの「野人頭」もまた、『格致彙編』においては読者の科学的興味の対象として取りあげられた。それによれば、「上海には、机上の盆に人頭が置かれ机下は空っぽという出し物が出現している。その頭は各地の言葉を話すことができ、たいそう珍しい」という。最近各地で散見されるようになり盛況を博しているというこの奇術興行にかんするこの読者の興味は、当然ながらその仕組みの教示を請うものだった。[8] この問いへの回答では、「野人頭」の由来が西洋であり、彼の地では子ども向けの芸として人口に膾炙していることに触れつつ、鏡像によって生じる錯覚を使った光学的トリックというその科学的仕組みの詳細が解説された。実は「野人頭」は『図画日報』の上海の代表的な職業を紹介する連載「営業写真」欄でも取りあげられている（図2-1）。この図では胴体を失いながらも目を見開き言葉を発する奇妙な「野人頭」に好奇の目を向ける野次馬を描きつつも、文字による解説部分では、すでに科学雑誌で明かされているトリックも記されている。この図は、単に見世物に興じる野次馬たちの驚愕だけでなく、この驚くべき奇術の図説としても機能しているのだ。同様の現象は、X線の普及をめぐる科学雑誌の読者質問欄や絵入り新聞による記事、見世物興行としてのX線身体透過芸の普及にも見られる。[9] いずれにしても、科学パフォーマンスを伝える絵入り新聞には二重の驚愕、すなわち科学パフォーマンスが本来的に持つ見世物性により引き起こされる驚きに加え、その科学的仕組みの解説によって惹起させられる知的驚愕までもが描き込まれていた。こうして、科学パフォーマンスは新聞メディアと連動しながら「理解する」ことに伴う知的刺激を遊興文化の空間へと拡張させたのである。

## 三　教養／遊興空間の創出——楽しい知識としての幻灯・映画

最初期の幻灯・映画上映は教養と遊興が交錯する科学パフォーマンスのなかでも最も大きな反響を引き起こしたものだった。ここでは、格致書院を中心として定着した幻灯講演会の実像を再現した後に、それが、上海における映画鑑賞美学の独自性、すなわち「理解する」という美学の萌芽となったことを確認したい。

上海で映画が受容されたのはいわゆる遊興的な文脈だけではなかった。遊興と教養が交錯する知的な空間もまた映画の受け皿となったが、この混淆的空間は、映画に先駆けて定着していた幻灯上映文化においてすでに生まれていた。幻灯上映により形成された遊興／教養が混在する知的な娯楽空間は、理解することを重視する上海の映画鑑賞美学の方向を決定づけたのである。

## 格致書院と幻灯上映

上海での幻灯上映は同治帝の「国喪」期間中に演劇の上演が禁止されたさいに劇場主らが導入したのがその鼻祖だといわれる[10]。上海では、同治末年（一八七四年）頃よりしばしば茶園で幻灯が上映されるようになった。この時期、経営困難に陥っていた多くの劇場が奇術など西洋由来の演目を取り込み始めていた[11]。さらには同治帝亡き後の「国喪」期間に演劇の上演が禁止されたために生じた演目の不足を埋めるべく、外国から取り寄せた幻灯が上演され始めたのである。一八九四年には京劇上映で有名だった丹桂茶園がイギリス人興行者ワーナー（瓦納）によるガス式幻灯の上映が行われた。六月一日から始まったこの幻灯興行は夜八時から開始され、一〇日が過ぎても日ごとに観客の数が増えるほどの盛況だった[12]。翌年三月一九日からは丹桂で再びイギリス人による幻灯興行が行われた他[13]、丹桂と同じく京劇専門上映館として名を馳せていた金桂茶園でも、同日（三月一九日）にフランス人マイス（麦西）による幻灯興行が始まった[14]。そして富春茶園ではアメリカ人ファーリン（発倫）による幻灯上映会が開かれた[15]。こうして、伝統劇の舞台での幻灯上映やそれに付随した奇術ショウは劇場プログラムの一つとしてしばしば上演されるようになった。劇場での幻灯上映開始からほぼ一〇年後の一八八五年、幻灯は学校教育の現場へと取り込まれた。幻灯の導入に積極的だったのは一八七四年に開学した格致書院だった。ここで注目したいのは一八八五年に行われた格致書院による大規模な幻灯講演会である。同年一一月、聖公会の幹部で教育者でもあった顔永京らにより企画・実施されたこの幻灯講演会は、幻灯の映像によって世界一周を疑似体験するという主旨の下、イギリス、ドイツ、フランス、アメリカ、そして日本の風景や名勝が映写された。後述するように、好評を博したこの会は数日後には書院の外の戯園街に設置された特設会場での延長公演へと展開する。この時上演された幻灯と会場の模様は一六幅一連の作品として『点石斎画報』に掲載された（図2-2）。ここで描かれているのは格致書院の講堂ではなく、茶園に設置された特設会場だと思われるが、写真でとらえたかのように細部に到る細かな描写の中には、自ら指し棒を手にして投影された幻灯に解説を加える顔永京と思しき解説者の姿も描き込まれている。一九世紀半ば以降、幻灯講演会はイギリスを中心に広く定着していたが、幻灯セットには必ず文字によるテキストが添えられ、上映時には説明者が登壇し、指し棒を持ちながら解説を読み上げるのが常であった[16]。この図を見る限り格致書院の幻灯講演会もイギリス本国のそのスタイルをほぼ忠実に踏襲していたといえそうだ。さらに、図2-2そのものが、観察者のまなざしから科学パフォーマンスをとらえ理解するための図説として機能している点も看過できない。直接的には会場での様子を詳細に描きつつ、解説部分では顔永京による幻灯説明にもとづいたと思われる文字説明が付されているこの一連の図説には、幻灯講演会が「理解する」ことを楽しむという科学パフォーマンスの性質を十分に発揮したものだったことが描かれているのだ。

**図2-2　「影戯同観」**

出典：『点石斎画報』（天一出版社，1987年），第一輯四（原己集），96頁，原己六，四八．

　それから一〇年後の一八九五年、格致書院ではその創立者の一人であるジョン・フライヤーによって幻灯講座が始められる。フライヤー自身の報告によれば、同院では一八九五年秋から書院の学生とその友人向けに開かれた幻灯講座が実施され、翌年には六つの主題に焦点を当てた講座が開催された。六つの主題とは「鉱山と鉱山作業」、「ブラッセイ女史のヨット世界周遊」、「生理学と解剖学」、「南京総督と南京の名所」、「シカゴ万国博覧会」、「動物学」で、それぞれの講演では余興として娯楽的な幻灯も併映された[17]。「科学」という語の現代的語感からやや乖離したトピックをも含んだ主題の選定にかんして、歴史研究者デヴィッド・ライトは「相当に奇妙な話題の選択範囲」と形容したうえで、これらの話題がフライヤー自身の個人的な興味によって選ばれた可能性を指摘する[18]。だが、「格致」とは「通俗」と「教養」を両極とした連続体であったという観点からいえば、フライヤーの作品選定の対象の広さは「奇妙」であるというより、当時における「格致」のスペクトルの多彩さを反映するものではないだろうか。実際、探検や外国事情は科学雑誌や絵入り新聞が好んで取りあげた話題だった。フライヤーの作品選定には市井に流布していた「格致」の実像が反映されていたのである。また、幻灯講座の合間には余興のための幻灯も上映されていたことから、幻灯を用いた教育とは、顔永京らの幻灯講演会同様「理解する」娯楽であり、教養と遊興が混淆する空間の創出と定着を大いに促したのだった。

ところで格致書院で使用されていたものと同種のものと思われる幻灯映写機は、書院を越えて福州路一帯の劇場にも普及していたようだ。企業広告を掲載していた『格致彙編』には、幻灯機具を含む光学機器を取り扱っていた英商福利洋行（Hall & Haltz Ltd.）の広告が頻繁に掲載されていたが、そこでは劇場や大講堂でも映写可能な幻灯映写機を販売している旨が謳われている[19]。このことは、科学雑誌の読者と演劇ファンの少なくとも一部が重複していたことを示唆している。科学雑誌の読者は、後に到来する映画の潜在的な観客でもあったのだ。幻灯が「理解する」娯楽という科学パフォーマンスとして受容されたことは、「理解する」ことを核とする上海の映画鑑賞美学を生み出す揺籃となったのである。

## 映画という「格致」——映画鑑賞と説明

ここで再び現存する最古の映画鑑賞記「味莼園観影戯記」（以下、「記」とする）を振り返ってみよう。この鑑賞記は、映画上映が行われたという史実を裏付ける記録以上の価値を秘めている。本章で注目したいのは、この記録が「中体西用」論の立場から映画を科学パフォーマンスとしてとらえ、それが国の繁栄に有用であると明確に位置づけているばかりか、記述のスタイルそのものが「格致」の文体を実践しているという点にある。

味莼園とは張園を指すが、張園での当該の映画興行はシネマトグラフからの派生装置「アニマトスコープ」を用いたもので、興行主ハリー・ウェルビー・クックによる一八九七年五月二二日のアスターハウス（礼査飯店）での興行が好評だったために行われた追加興行だった。「記」は、体裁としては当時徐々に増えつつあった伝統劇の劇評の形式を踏襲し、鑑賞のきっかけや当日の同伴者、会場までの交通手段や時間帯について書かれた序段から始まり、続けて会場での興行内容に触れ、末尾は鑑賞に連れ添った西洋写真に精通する友人との科学としての映画談義に費やされている。興味深いことに、同時期の『新聞報』には、「記」とほぼ同様の形式、文体によるサーカスや奇術の鑑賞記が第一面に掲載されている[20]。いずれもその高い娯楽性を称賛するものであるが、これら一連の鑑賞記は単に「西洋由来の見世物芸」の鑑賞価値に言及しているだけではない。同時期の『新聞報』のトップ記事をさらに俯瞰すれば、外国の経済状況や教育施策など外国事情の紹介、纏足禁止を訴える女性解放論、そして変法にかんする社説風の記事など、社会変革を主張する論調が濃厚であることがわかる。これらの記事とサーカスや映画、奇術といった見世物鑑賞記が同列に扱われているのは、「西洋伝来の見世物芸」も西洋の技術や制度と同様に「用」として有効だとの立場が示されているといえよう。実際、「記」の末尾では、映画は幻影であるが、その幻影は「真の技」となり得るものであり、そのようにして「道」に進み入ることができると結論づけられている[21]。「西洋由来の見世物芸」も「中体西用」の思想を大いに補強するものだととらえられていたのである。

以下具体的に「記」の文体に触れてみよう。この記録の著者は、上海で近年見られるようになった「西洋伝来の見世物芸」、具体的には外国人と思しき興行師「車里尼」によるサーカスや奇園で行われた洋画展、ライシャム(蘭心)大劇場での西洋アマチュア演劇などに触れ、これらの演目が新鮮で耳目を喜ばせるに足る「娯楽」であると評価する。ただし、「記」の書き手は映画が単なる娯楽に止まるものではないとも明言するのだ。特に続前稿においては、映画が本質的には科学パフォーマンスであり、その先端テクノロジーがもたらす幻影の妙にたいする驚愕を隠さぬ筆致で綴り、その実用的価値にまで踏み込んだ考察がまとめられている。「記」の書き手は「影戯」を共に鑑賞した友人との談義の中で、映画が発明王トマス・A・エジソンによって考案されたことに触れ[22]、当時の最先端技術であることを確認する。そうして、エジソンが発明したレコードの科学的仕組みに言及した後に、最新の高速撮影カメラやX線の紹介にまで話題を広げ、映画も含めたこれらの科学技術が将来的には医療などの現場で大いに貢献しうる可能性があることを予測するのである。

しかし、「記」が読み手を魅了するのは、後半に見える科学談義の先端性だけではない。上映された多数の短篇を微に入り細をうがつ筆致でとらえたうえで、それらを単純に羅列するのではなく、全体を連続した統一的な科学現象としてとらえたことこそがその最大の特徴なのだ。とくに上編では、午後九時に会場に到着してから、映写が始まるまでの間ひしめき合う観客の様子、幕の位置や形状、映写機の位置までもが記述され、映写技師の西洋人が登壇し、電気による光線が幕を照らして伴奏音楽が鳴り響き機械音が静かな会場に響くさまが書かれた後、映写された二〇ほどの短篇映画にかんする細部にまでゆきとどいた観察眼が披露される。試みに、最初の三作品にかんする記述を抜粋してみよう。

第一はにぎやかな通り。歩くもの、馬に乗るもの、籠を下げて物を背負うものが道を行き交いひしめき合っている様子。第二は教練。西洋の兵隊が銃を捧げ持ち直立している。にわかに魚貫のごとく列を成し、膝を曲げ弾薬を装填し、発砲する様子。第三は鉄道で、地面には軌道が敷かれ、その上は鉄柵で防護されており、駅員が旗を持って左を見守っていると、列車が続けざまに現れ、男女や子どもらが次々と下車する。知己に会って帽子を取るもの、出るとき出入口を閉めるもの。(23)

こうして全二〇作品全てについて詳細を究めた記録が続くのだが、この部分は「役者と演目が上演順に右から並んでいるだけで、配役や粗筋などは載っていない(24)」伝統劇の「戯単」の形式、とりわけ演目を時系列順に並べるという構成に類似している。しかし単なる番付ではなく、それぞれの作品の対象や動きの細部に踏み込んでいるうえに、その分量も概ね一二〇〇字近くある上篇のうち約六割を占めており、圧巻である。このように特色ある「記」の文体の淵源を辿るには、一九世紀末のジャーナリズムの担い手の一人だった「記」の筆者がどのような教育を通じて如何なる教養を身につけたかを探らねばならない。現時点でそれを実証することは叶わないが、当時の新聞ジャーナリズムの担い手たちの多くが、伝統的な書院や私塾で古典を修める一方で、西洋の新しい教養にも啓発される機会を得た人びとだったことに鑑みれば、「記」の書き手もまたそれと類似する教育を経験した人物だったと考えることはあながち間違いではなかろう。そのうえで本章では、「記」が俯瞰的なパースペクティヴからこの上映会を一連の連続した光学的現象としてとらえて構造化することを通して「格致」の欲望を露わにしている点に注目したい。「記」の筆者にとって映画のもたらす驚愕とは、それが電気という動力を用いて生命を吹き込んだように図像を動かすことに加え、この世のありとあらゆる事どもが次々と入れ替わりながら映し出されるという映写の「からくり」そのものに惹起されたものだった。つまり、投影された映像のリアリティそのものというよりも、リアリティあふれる映像が次から次へと変化してゆく映写という光学的仕組みこそが、「記」の書き手の知的好奇心を刺激したのである。作品紹介部分における膨大な情報量と抜かりのない緻密さに特徴づけられる「記」の文体は、変幻自在に現れては消えゆく光学的スペクタクルの観察記録なのだ。この意味で、雑文とも劇評とも明らかに異なる「記」の文体は、「格致」の文体であると評することができるだろう。

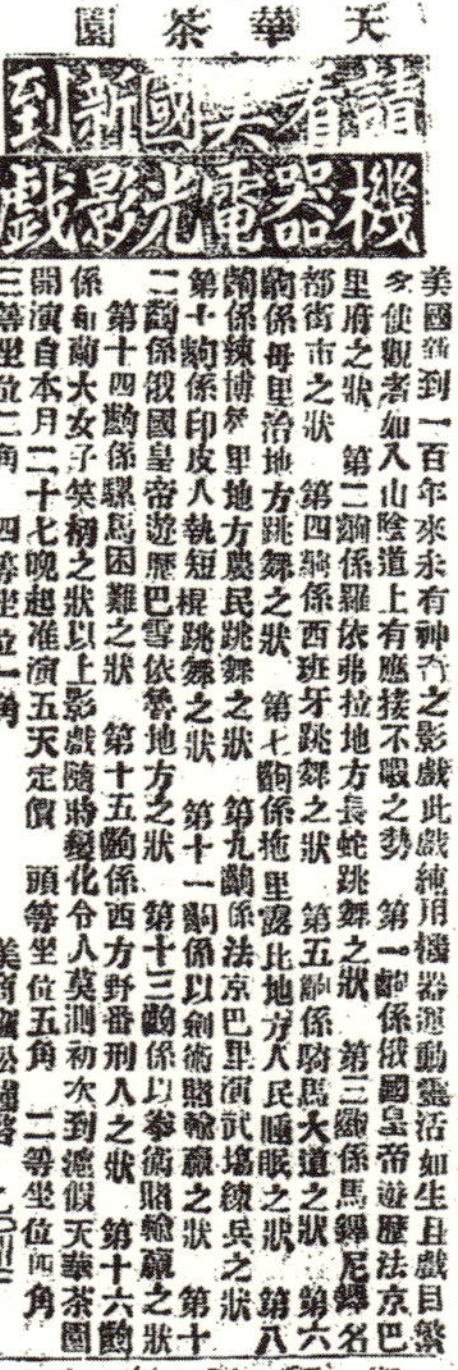

天華茶園

請看美國新到

機器電光影戲

美國新到一百年來未有神奇之影戲此戲純用機器運動靈活如生且戲目繁多使觀者如入山陰道上有應接不暇之勢　第一齣係俄國皇帝遊歷法京巴里府之狀　第二齣係羅依弗拉地方長蛇跳舞之狀　第三齣係馬鐸尼鐸名都街市之狀　第四齣係西班牙跳舞之狀　第五齣係騎馬大道之狀　第六齣係毎里治地方跳舞之狀　第七齣係拖里露比地方人民睡眠之狀　第八齣係辣博拏里地方農民跳舞之狀　第九齣係法京巴里演武場練兵之狀　第十齣係印度人執短棍跳舞之狀　第十一齣係以劍術賭輸贏之狀　第十二齣係俄國皇帝遊歷巴雪依勞地方之狀　第十三齣係以拳術賭輸贏之狀　第十四齣係騾馬困難之狀　第十五齣係西方野番刑人之狀　第十六齣係和蘭大女子笑柄之狀以上影戲隨時變化令人莫測初次到滬假天華茶園開演自本月二十七晚起准演五天定價　頭等坐位五角　二等坐位四角　三等坐位二角　四等坐位一角

美商滬松謹啓

図 2-3　天華茶園における映画興行広告

出典：『申報』1897年7月29日.

最初期の映画鑑賞記において「記」のように明示的に「格致」の様相をまとった文体のものは少ないが、いずれも映画上映という技術そのものの持つ新奇性に着目していることを強調しておきたい(25)。また、個々の映画作品にかんして番付を越える情報量を提供するという特徴は、分量の多寡は見られるもののほとんどの映画鑑賞記に含まれている。このような記述が、映画にまだ触れる機会を持たない読者にたいして、映画への理解を促す解説の役割を果たしていることは言うまでも無いだろう。

ここで、話し言葉による解説もまた映画伝来直後に登場していたことについて触れておこう。この興行は前述のアスターハウス・張園でのアニマトスコープ興行とは異なり、米国から香港での興行を皮切りに華北を巡って上海入りしたモリス・シャルベと米国人ジョンソンによるシネマトグラフ興行で、上海では一八九七年七月二六日に天華茶園から始まり、奇園、同慶茶園などを舞台に一〇月まで断続的に続いたものである(26)。天華茶園での興行で注目したいのは、「記」でも見られたように、後の「説明書」を彷彿とさせる詳細な情報を伴う上映作品一覧を広告として打ったことに加え（図2-3）、上映時に中国人の映画説明者を登壇させ、上映と平行して解説を加えさせたということだ(27)。広告による文字情報に加え、上映中の肉声による解説という双方向からの「ことば」による説明が施されたことは、映画興行の成功のためには映画を理解させることが肝要であるという興行主の思惑が現れている。映画上映の現場で解説を加えるというアイデアと、それに先がけて普及していた幻灯講演会との関連は今後の考察を待たねばならないが、劇場ひしめく上海の繁華街で天津出身の新参者の経営による天華茶園において映画という新奇な電気仕掛けの見世物興行を成功させるためには、観客への理解を周到に準備する必要があったのだろう[28]。映画鑑賞とは、文字や肉声による「ことば」を介して「理解する」という愉悦を体感する科学パフォーマンスであり、その意味で極めて知的な遊戯だったのである。

これまで見てきたように、光学的仕組みの解説に加え、上映された演目を詳述するというスタイルは、初期の幻灯・映画鑑賞記に広く共通していた。「解説」が介在することによって、科学パフォーマンスとしての映画上映は「理解する」娯楽がもたらす愉悦の強度を高めたのだった。また、映画鑑賞記や「説明書」風の映画広告が新聞メディアを通じて読まれることで、教養／遊興の両義的な性質を併せ持つ映画というメディアを理解するリテラシーが浸透し、映画の潜在的な観客を育んでいったのである。

## 四　映画説明書の誕生――知的遊戯の「教科書」

科学パフォーマンスによる教養／遊興空間は、二〇世紀を迎えると新式学校の普及にともなって活性化した学生の余暇活動へと包摂されてゆく。一九〇五年を迎える頃には、格致書院の他にも上海基督教青年会（ＹＭＣＡ）、中西書院といった学校・団体の他、民生中学のような実学教授のための新式学校において、演説、奇術、歌唱とともに幻灯や映画の上映が散見されるようになる。では、このような空間では、映画を理解するためにどのような工夫がなされたのだろうか。結論からいえば、新劇がすでに制度化していた「説明書」が映画上映でも取り入れられ、「理解する」という映画鑑賞美学がより強化されたのだった。

映画史研究者張偉によれば、いわゆる映画の説明書のルーツは西洋の映画パンフレットにあるという[29]。ただしここで指摘されているのは独立した印刷メディアとしての説明書に限定されていることに留意したい。実際、映画の「説明書」という言葉は多義的で、初期にはそれはまず映画の物語の粗筋を意味していた。また、場合によってはサイレント映画の字幕を指したり、映画の脚本そのものを意味することもあった。「説明書」が専らパンフレット体のメディアを指すようになるのは一九三〇年代のことである。

映画の説明書のルーツは、直截的には新劇の劇団が公演時に配布していた説明書に求めることができるだろう。一九一四年三月には上海基督教青年会の映画上映会で印刷された説明書が配布されていたが[30]、同会では少なくともその前年頃より新劇や英語劇を中心とした盛んな演劇活動が展開されており、会員の中には王鈍根のように後に文芸ジャーナリズムの中心人物となったり、新劇家になった者も少なくなかった[31]。同時期、文明戯の劇場ではすでに公演時に説明書を配布・販売していたことから[32]、同会での説明書の配布は新劇の観劇習慣を踏襲したものだと思われる。もともと新劇の説明書は「観客の理解を助け」るものだったが[33]、映画の説明書も新劇のそれと同様の役割を果たしていたものと考えられる。ここにおいて、一九世紀末の映画鑑賞記や映画上映広告が担っていた解説という役目は、「説明書」の名とともに定着したのであった。

興味深いのは、新劇や映画上映会での説明書の普及が、劇評の成立と隆盛にほぼ同期していることだ。劇評そのものは一九世紀末より主に新聞メディアを舞台として発展し、一九一〇年代には批評の一ジャンルとして定着するが、こうした劇評の多くはいわゆる「鴛鴦蝴蝶派」の文人たちが出版する新聞・雑誌メディアに掲載された[34]。映画の常設興行が盛んとなる一九一〇年代後半になると、それと同一の人的ネットワーク圏内で出版されていた新聞・雑誌メディアを舞台として映画の説明書が登場するようになる。初期文芸ジャーナリズムを担った「鴛鴦蝴蝶派」作家の多くは、初期の映画の重要な観客であり、映画の説明書あるいは後述の「映画小説」の書き手となって、雑誌読者たちの映画の理解に寄与したのである[35]。

中国における最初期の映画として亜細亜影戯公司の短篇映画群があるが、『新劇雑誌』第二期（一九一四年七月）に掲載された「中国最新活動影戯段落史」では、同公司による一六の短篇の「説明」として梗概が紹介されている。一九一七年には遊楽場が発行していた小報『大世界』や『新世界』でも「説明書」との名称でその日上映される映画の粗筋が掲載されるようになった。一九一九年になると、『新声』などの雑誌に外国映画の内容を連載小説として翻案する映画小説（影戯小説）が登場し、流行した。一九二〇年代に映画専門誌が登場すると、説明書や映画小説は文芸誌を離れ『影戯雑誌』や『電影雑誌』などへ舞台を移していく。一方、この時期には映画常設館の増加にともない冊子体、あるいは一枚の洋紙を二つ折りにしたタイプの印刷体の説明書を配布する映画館が散見されるようになる。前者は一部の資本力のある映画館で発行されていたが、実際に主流を占めたのは後者の形態だった。[36]

ところで、映画の説明書が登場した頃、市場に出回っていた多くの映画は言うまでも無く外国製だった。外国映画を理解するためにはサイレント映画の外国語字幕を解さねばならないが、映画館側にそのためのツールの用意が無いことを嘆いたり、説明書がある場合も内容が不十分だとの不満はしばしば新聞・雑誌メディアでも取りあげられていた。[37]また、外国語を解する観客が親切心から外国語字幕を中国語に訳して音読する行為が習慣となるのもこの時期のことである。一九二〇年代も半ばを過ぎるとこうした「お節介」な親切行為はマナー違反として糾弾されるようになるが、外国語字幕を訳して読み上げることは多くの観客にとって映画を理解するために不可欠だった。[38]これらの例は、外国映画の物語や、そこに映し出される未知なる異国の習慣や風習を理解するために、さまざまな手段による「ことば」の解説が不可欠だったことを示している。

しかし、説明書が必要とされたのは外国映画に限定されてはいなかった。上海の観客たちにとって映画を鑑賞するという行為は、外国映画か中国映画かを問わず、フィルムを見るだけでなく説明書を読むという行為が付随して初めて完結されるものだった。中国人観客たちが中国映画の物語を理解するためにどれほど説明書を必要としていたのかを知るためには、たとえば次のような逸話を見るのが最も適切だろう。一九三二年の日刊紙『影戯生活』に掲載されたあるエッセイの著者は、旧作中国映画の上映館だった万国戯院にたいする苦言を吐露している。もっぱら国産映画が好きだというこの筆者は、国産映画専門上映館であるはずの東海戯院に赴くと例外的に外国映画が上映されていたことに憤慨し、近隣の万国戯院へと目的地を変えた。ところが、チケットを買って説明書をもらおうとすると「説明書は無い」との意外な答えが返ってきたではないか。その日上映されていたのは友聯影片公司の武侠映画『火焼九曲楼』だったが、すでに上映開始から三〇分は経過していたということもあり、かれは「説明書がないので、映画を見ても少しも面白くない」と不平を露わにするのだ。どうやらかれにとって説明書とはたんなる付属品以上のものであるらしい。何故なら「説明書を読まないと、映画を見終わっても、結局はっきりと理解できない」というのだ[39]。このエッセイに明らかなように、説明書は映画を理解するための重要な工具として定着していたのだった。

また、説明書がどのように読まれて（あるいは使用されて）いたのかを記す同時期のエッセイ[40]によれば、説明書の観客への提供が定着した時期には、映画が始まるまでの時間つぶしとしてこれから鑑賞する映画の粗筋をあらかじめ読んでおくという慣例が生まれていた。さらに、映画ファンたちは説明書の蒐集を習慣としており、時折過去の説明書を読み返して映画の物語の記憶の定着を促したという。この記事はまた、「文字をあまり識らない観客」へ配慮するために説明書の文章は「簡潔」であるべきだと提言するほか、説明書は単なる梗概だけではなく、主演俳優の略歴などの情報も加えるべきだと主張する。この記事からもまた、上海の映画観客たちが映画を鑑賞するさいに説明書も併せて読むことで深く理解するというプロセスを重視していたことが分かるだろう。だからこそ、この記事では簡潔な文体や付加情報の提供を提言することで説明書の改善を求め、それが映画の深い理解へと誘う、いわば教本的な役目を担うように願っているのだ。説明書は、映画の深い理解の定着を促進する重要な媒体だった。外国映画であれ、中国映画であれ、上海の映画観客にとって映画鑑賞とは、フィルムを見ることのみならず、説明書を読み、蒐集し、繰り返し読み直して鑑賞の知的快楽を再現するという複合的な行為によって成り立っていたのである。

一九世紀末より普及した数々の科学パフォーマンスは、その科学的仕組みが解説・図説されることを介して「理解する」という愉悦を提供し、教養と遊興が混淆する知的な娯楽空間を生み出した。上海において、説明を介して「理解する」ことそのものを享受するという映画鑑賞が誕生したのは、まさにこの空間に由来があった。そして、映画説明は映画鑑賞に欠くことのできないものとして広く普及し、知的遊戯としての映画鑑賞のあり方を決定づけたのだった。

理解することを核とした映画鑑賞という視座はまた、一九二〇年代に産業化した国産映画制作業が、映画の社会教育への貢献を重視したという事実を大いに補強する。一九二〇年代の中国映画界は、かつては小市民階級の金儲けであると評され、近年はもっぱらモダンな都市文化における娯楽映画という観点から捉えられることが多いが、映画は実に多様な役割を担っていた。とりわけ社会教育という面からいえば、この時期の映画ジャーナリズムでは、非識字者のために映画の説明書の文体の簡素化や、映画の「字幕」の改善を叫ぶ声が途絶えることはなく、また社会教育に資するメディアたるべく映画を高級化、芸術化、学問化する言説も形成されていた。「高尚」と「通俗」の連続体としてあった映画受容空間が、両極を核に分化してゆくのはまさにこの時期であり、映画鑑賞マナー向上の社会的要請がそれに併走した。この分化の後に登場したのが、共通の映画鑑賞美学と映画鑑賞マナーを身につけた均質的で近代的な中産階級の観客という新たな社会集団だったのだ。

# 第三章　闇のなかの知的なささやき——肉声による映画説明

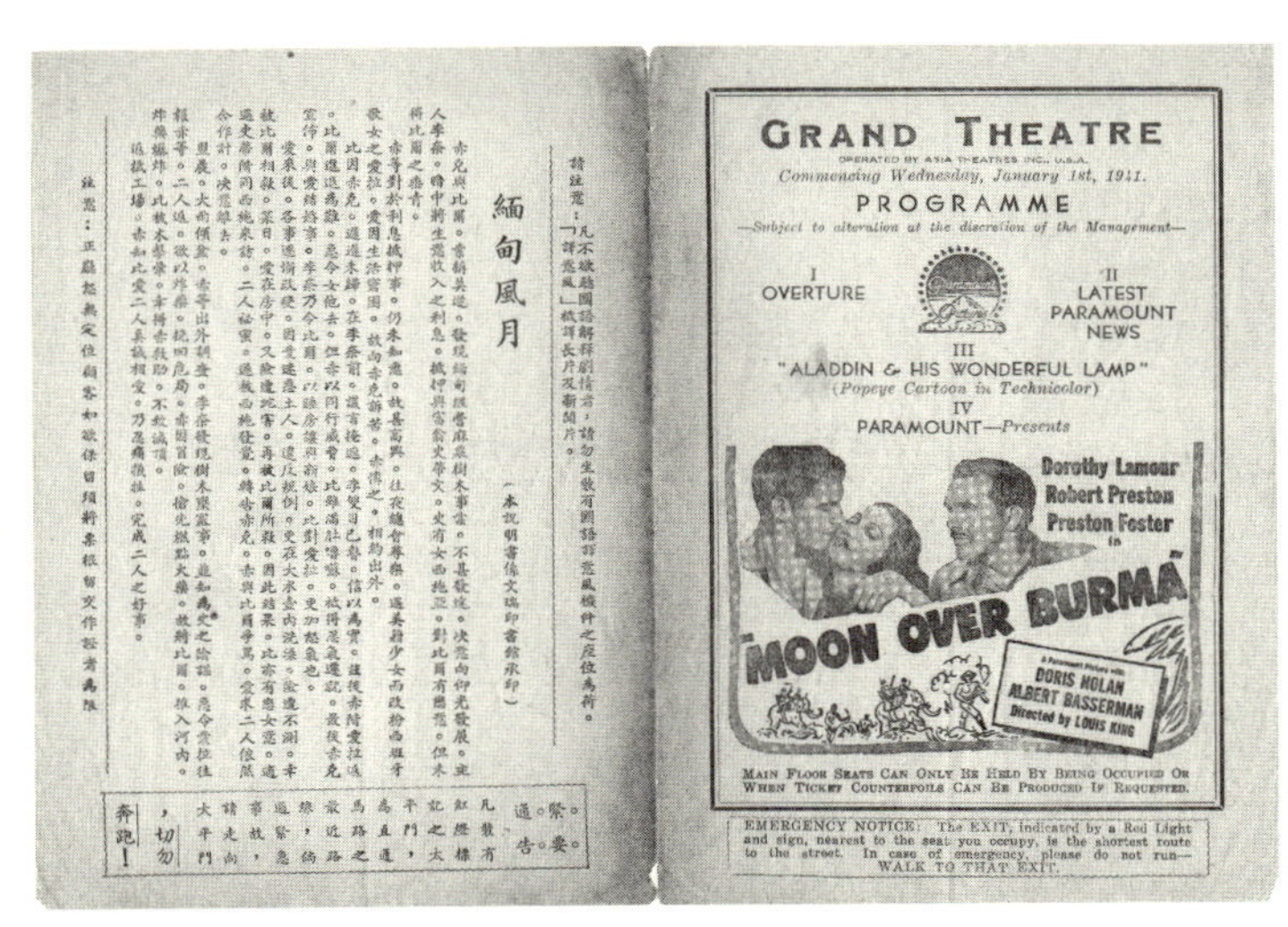

芝居を見ることは中国語で「芝居を聴く（聴戯）」という。これはもちろん伝統劇の歌唱を聞いて堪能するという観劇スタイルから派生した言い方だが、実はサイレント映画時代の上海でも、映画は「聴く」ものであった。興行者と観客の「映画を理解させたい／したい」という強い欲求は、映画を聴くためのさまざまな工夫を生み出した。一部の映画館の座席には「イヤフォン」なる同時通訳装置が備え付けられた。第三章扉の写真はグランド大戯院の映画説明書（一九四一年一月）。左側の中国語での解説には、イヤフォンの解説を聞きたくない観客はイヤフォン装置のある座席には座らないこと、短編映画にはイヤフォンによる同時通訳はつかないことが明記されている（筆者蔵）。

## 一　映画を「聞く」ということ

映画は「見る」ものであるということを疑わない現代の映画観客にとって、映画を「聞く」という表現はいささか奇怪に感じられるだろう。しかし、民国期の上海において映画を「見る」ことはしばしば映画を「聞く」ことと不可分だった。では、それはいったいどのような状況を指したのだろうか。

一九二七年のエッセイ「映画を見ることと聞くこと」を見てみよう。(1)「佩茜」名義によるこのエッセイでは、映画を「聞く」ことにかんするいくつかの事例が挙げられている。たとえば、筆者佩茜氏が「高級」な映画館で外国製の喜劇映画を鑑賞していた時のこと。隣に座っていた年配の——したがっておそらく外国語を解さぬであろう——観客が周囲から起こる笑い声のタイミングに合わせて笑声をあげていた。それを不思議に思ったこの老観客の同伴者が「何がおかしいのか」と訊ねると、かれは「ただ笑っているフリをしているだけだ」と答えたという。佩茜氏が出席したある映画試写会での出来事もまた、上映中の肉声が持っていた役割をよく示している。佩茜氏は試写会の最中に睡魔に襲われ迂闊にも眠りこけてしまったのだが、かれの隣席の同僚がプレス・シートに印刷された英語の梗概を訳しながら読み上げていた声が、うたた寝の朦朧とした意識の中にもかすかに残っていたというのだ。

最初の事例は、外国語を解する観客たちが上海において一定の社会・文化階級を作りあげており、外国語のリテラシーを持たない階層（佩茜氏はそのような観客を「田舎者（郷下人）」と称している）にとってはある種憧憬の対象であったこと、そして、外国語修得者が発する適切なタイミングにおける笑声は、「田舎者」の観客たちが、かれらの憧れである「外国製コメディ映画の笑いのポイントの理解」を実践する上で重要な標識として機能していたことがわかる。後者の例からは、外国語修得者である観客が、外国語を解さない周囲の観客のために、多くの場合は頼まれもしないのに自発的に外国語字幕や説明書の内容を訳して読み上げるという行為が普及していた当時の状況が垣間見える。つまり、映画上映中に発せられる外国語修得者たちの肉声は、いずれの場合においても他の観客たちが外国映画を理解することを多いに促進したのだ。

肉声による外国映画の説明行為は、実は上海への映画伝来直後より見られたパフォーマンスだった。場合によっては後述のように日本の「活弁」のような説明者によって解説がつけられることもあったが、上海では映画の画面の内容について淡々と解説するスタイルが主流だった。しかしその後諸々の環境、たとえば方言の多様性や静謐を是とする映画鑑賞マナーの確立、そして映画ジャーナリズムの深化にともない出現した文字媒体による映画説明の普及と多様化によって、肉声による映画説明は一時期表舞台から姿を消す。ところが興味深いことに、上海でもトーキーが主流を占め始めた一九三〇年代も半ばを過ぎると、ラジオ放送を用いた無線通信装置による同時通訳形式の音声説明システム「イヤフォン（訳意風 Sino-phones）」が登場し、肉声による映画説明は再び日の目を見ることとなる。こうして見ると、「マナー違反」であるとして糾弾された例はあるものの、肉声による外国映画の説明は映画伝来期以降一貫して外国映画を「正しく」、かつ深く理解するための方法としてさまざまな形をとりながら存続したといえる。

本章では、清末から民国期の上海に登場した肉声による映画説明によって、上海における映画鑑賞美学が「理解する」という知的行為と不可分のうちに形成されていった過程の一端を示したい。肉声による映画説明は大きく次の三つの時期に分けられる。第一に映画伝来直後の一九世紀末から映画上映が急速に普及し始める一九一〇年代まで、第二に長篇劇映画の上映頻度が増し静謐な鑑賞マナーの必要性が声高に叫ばれる一九三〇年前後まで、第三にトーキーが定着する一九三〇年代半ば以降戦後に吹き替え映画が登場するまでの時期。本章ではこの区分に沿いながら、各時期の肉声による映画説明の概要とその意義、さらにはそのような説明が映画鑑賞における「理解する」美学の登場に至ったプロセスを素描してみたい。

## 二　「文明」の翻訳者

すでに述べたように、映画伝来直後の上海では、遊歩という習慣が定着していた。急速な都市化によって上海の街頭にはさまざまな感覚的刺激が溢れていた。ガスの普及により繁華街では夜間でも明るい灯が通りをゆきかう人びとや繁華街を煌々と照らした。通りに軒を並べた茶園や劇場に足を踏み入れると、各地の方言が行き交う賑やかな場内には、物売りや説唱芸人たちの歌声が溢れていた。夏の間の夜間の夕涼みの習慣や旧正月などの機会に乗じて、あるいは時に月夜の美しさに誘われるがままに街頭の刺激を身体で感じながら遊歩することは、世紀転換期のこの国際都市において広く親しまれていた。遊歩とは、繁華街の周遊や観劇、暇つぶしといった複数の遊興行為からなる目的複合型の遊戯であり、庭園や茶園、劇場は上海の遊歩者たちが好んで訪れる場所だった。上海の最初期の映画興行がこうした場所に集中していたのは、それが遊歩という遊興習慣のなかで受容されたからである。この文脈において、映画とは鑑賞の「対象」というよりも遊歩の過程で通りすぎながら目に入っては消えてゆく「背景」であり、観客と映画との出会いは多分に偶発的だった。

映画上映を遊歩者の散漫なまなざしではなく、観察の対象として観客に意識させるためには、映画を「背景」ではなく「前景」へと押し出す動力が必要だった。上海における最初期の映画上映のうち、アメリカ人興行主ジョンソンとシャルベによるシネマトグラフの興行は、映画を観察の「対象」として充分に自覚していたものであった。かれらの上海での興行は、一八九七年初夏から秋にかけて、天華茶園、奇園、そして同慶茶園で断続的に行われたが、先陣を切った天華茶園における興行を記録した鑑賞記には、会場で観客にむけて映画の内容を解説する説明者がいたことが記されている。[2] シャルベはまずサンフランシスコから香港に入り、その後華北での興行を経て上海入りしたが、もしかすると上海に先行して行われた各地での映画興行経験により、上映時に同期的に映画説明を加えるというアイデアに到ったのかも知れない。あるいは、一八九五年よりすでに幻灯を用いた講座を実施し好評を博していた格致書院の幻灯講演会のように、先行する視覚メディア・パフォーマンスの影響を受けたものであったことも考えられよう。

残念ながらこの最初期の肉声による映画説明の実態は未だ不明な点が多いものの、ここでさしあたって注目しておかねばならないのは、この場合の肉声による映画説明はあらすじや字幕の外国語を訳出する行為とは根本的に異なる性質を持っていたということだ。この時期の映画には多くの場合字幕は附されてはおらず、ほとんどの作品はワンショットで完結する極めて単純な構造のものが主流だった。では、文字情報がほぼ皆無で本来ならば翻訳を必要としないはずの映画に、どうして口頭での説明が必要だったのだろうか。外国映画を理解するために求められる能力は、外国語能力だけでなく、外国文化にたいするリテラシーも含まれていた。時代は下るが、一九二〇年代半ばに映画興行が産業化した段階においてもなお、外国文化にたいするリテラシーの欠如が外国映画理解の障害となっているという指摘が見られる。「逸漚」名義によるエッセイ「中国人の一般的な外国映画の見方（国人対於国外影片之普通目光）」[3]では、中国人が外国映画を正確に理解できないという問題に触れ、その理由を言語の壁と習慣の差異の二つに求めている。最初期の映画上映で外国映画にたいする説明が必要であったのも、まさに習慣の違いによるものであろう。この意味で、初期映画上映における映画の説明者とは、「文明」の翻訳者と称することができよう。

「文明」の翻訳者としての映画説明を考えるさい無視できないのは、幻灯（後に映画）を教具として導入した格致書院、中西書院、そして上海ＹＭＣＡにおける視覚メディアの活用だ。静謐な環境のもと教具として幻灯や映画が上映され、その傍らで講師が解説を加えるという教育的ミリューにおける幻灯・映画説明の目的は、天華茶園における映画興行で行われた肉声による映画説明と環境こそ違えども「文明」の翻訳という点においては同じ目的を持っていたといえる。第四章で述べるように、とりわけ上海ＹＭＣＡでは一九一〇年代半ば以降、徳育講演会と称された社会教育活動において幻灯や映画が教具として使われた他、アメリカ領事館と協働しながら産業映画の中国における普及にも尽力していた。こうしたケースでも、肉声による映画説明は「文明」の受容を媒介した重要な役割を担ったのだった。また、一九〇六年に北京の宮廷内で行われた外国映画の上映のさいに通判が説明を行ったという事例も、肉声による映画説明が、見るものの「文明」への理解を促し知識を提供する役目を果したという意味で同様のケースだといえる。[4]

一九一〇年代も後半になると、商業上映空間においても肉声によるリアルタイムでの映画説明を専門に請け負う仕事が登場する。とくに、ヘレン（新愛倫）影戯院では専属の映画説明者「演講員」を雇い、英語を主とする外国映画の字幕を同時通訳のように翻訳して場内の観客に伝えるというスタイルによる映画説明を行っていた。一見すると日本の「活弁」に類似すると思われる「演講員」ではあるが、その実態は映画の字幕をかいつまんで簡単に説明する程度であったという。ヘレン影戯院における「演講員」は、まず広東語で説明を加えた後、北京官話または上海語で再び説明を加えなければならなかった。[5]同院の「演講員」募集広告には、英語を解することのみならず、広東語と上海語に通じることが条件として明記された。[6]福建や広東では日本の「活弁」のように情感豊かな語りや滑稽味のある映画説明が見られたとされるが、[7]上海のように多様な言語や方言が混在する大都市では一つの字幕を複数の方言へ訳出する必要があるため、時間の制約上情感豊かな説明は不可能だったものと思われる。さらには、肉声による解説を「演講」という言葉で表現している点もこの仕事が担った役割を示唆している。というのも、一九一〇年代、「演講」、つまり演説は青年たちの代表的な余暇として普及していたからだ。五四新文化運動時期の上海では、後に映画界に参入する任矜蘋らが幻灯を併用した演説を積極的に実践していたのだった。[8]したがって、ヘレン影戯院の「演講員」は、「活弁」のような表現者というよりも、映画にかんする知識を伝達する代理人と位置づけた方がその実像により近いだろう。[9]他方、ヘレン影戯院における「演講員」とは対照的に、虹口の比較的「低級」な映画館の中には、蘇州語と広東語を話す二人の「講解員」がスクリーン横の演台に陣取り、シーンのトーンに即した声色や人物などの動きに合わせた効果音を発し、さながら評書（講談）のように観客を楽しませたところもあった。映画監督王為一は、一〇歳（一九二二年）の頃より長兄に連れられ大世界や露天映画館などで映画を頻繁に鑑賞していたが、かれの回想録にはこの虹口の映画館での説明者の記憶について記されている[10]。ヘレン影戯院の「演講員」が、観客たちに映画を理解させるための説明者という役割に撤していたとすれば、後者の評書的映画説明は説明というよりも映画を利用した話芸のライヴ・パフォーマンスであったというのがより実態に近いだろう。いずれにしても、こうした逸話が示すのは、この時期の映画鑑賞習慣の多様性であることに違いない。このように、肉声による映画説明は映画伝来直後から映画上映が広く普及し始める一九一〇年代まで散見されるものの、総体的に見ればこれらの事例は限定的だったと言わざるを得ない。事実、ヘレン影戯院の「演講員」は一九二二年頃にはすでに過去のものとなっていた[11]。

## 三　お節介な啓蒙者——新興中間層と映画鑑賞マナー

冒頭でも紹介したように、一九二〇年代も半ばをすぎると、静座と静謐を是とする映画鑑賞がマナーとして定着する。それと平行して、映画ジャーナリズムにはそのような「近代」的で「文明」的なマナーを修得していない観客にたいするほとんど攻撃ともいえる諸言説が散見されるようになった。そこでかならず取りざたされるのがあの「お節介な声」、つまり外国語字幕をいちいち訳して読み上げるありがた迷惑な観客たちの自発的な映画説明だった。ここで、「お節介な声」が「進歩」的な観客にとってどれほど迷惑であるとされたのかを具体的に見てみよう。一九二七年、台湾出身で日本で教育を受けた後上海に渡り、新進気鋭の小説家として活動を始めていた劉吶鴎は、ある日中国映画を見たくなって中国映画専門館に入った。ところが、そこでかれは外国人が経営する映画館では受けないようなさまざまなストレスを感じたという。後列の観客の迷惑を顧みず帽子を被ったまま鑑賞する前列の観客、周囲の観客の雑談の声や子どもの騒ぎ声、物売りが歩き回る耐えがたい雑音、字幕を読み上げる声や種子・栗を割る不快な音が混じり合う場内では、本来映画に伴奏しているはずの音楽さえも不調和を来しているように聞こえる。「頭痛やめまいを起こさせる」ような場内のこの喧噪こそが、劉が感じたストレスの元凶だった。[12]

ただし、劉吶鴎のこの訴えは両義的であることを看過してはならない。実のところ、帽子が後列の観客の視界を遮るという問題や、字幕を朗読すること、おしゃべりに代表される場内の騒音をめぐる不満は一九二〇年半ばから一九三〇年代初頭にかけて幾度となくジャーナリズムで取りざたされた問題だった。したがって、劉吶鴎のエッセイはかれ自身が映画館で経験したものというよりも、映画鑑賞マナーについての先行する定型句的言説をパラフレーズしたものであると読むほうがより正確だ。するとこのエッセイの含意はただちに二重となる。そこには、まず鑑賞マナーを修得していない観客たちがどれほど「迷惑」な存在であるかを切実に訴えるとともに、そのような「迷惑」行為をつぶさに記録する書き手がこの「田舎者」たちとは異なる社会・文化階層に属していることを誇示し、みずからを差異化する意図が織り込まれているのだ。

ともあれ、このような「お節介」な観客たちは、知識階級とは異なるが、外国語も含めた識字能力が比較的高い新興中間層で、いわば大衆エリート層というべき階級に属するものたちだった。民国期上海において、映画は社会教育と極めて高い親和性をもっており、映画は「啓蒙」という高尚な文化行為への最初の一歩でもあった。雑誌『新銀星』に掲載されたあるエッセイでは、大衆エリート層の映画観客たちの当時の社会における立ち位置を明確に示している。

読者諸君よ、きみたちはこの『新銀星』誌を読むことができる、つまり中国語の識字能力を持つ者なのだ。きみたちが、自らが字が読めることに満足するだけでなく、字を識らない同胞たちに助けの手をさしのべたならば、われわれ中国の知識人はきみたちに大いに感激することだろう。[13]

興味深いことに、字幕音読行為は、外国語映画のみならず、中国映画のなかの中国語字幕においても必要とされていた。映画評論から映画製作まで幅広く活躍した沈誥は一九二八年のエッセイ(14)で、中国の観客には文盲が少なくないため同伴者が字幕を読み上げるという現象に触れ、その声が静謐を壊すため迷惑行為になるという意見を吐露している。これを踏まえたうえで、再び『新銀星』掲載の前掲エッセイへ話を戻そう。寄稿した洪炳（かれは映画鑑賞文化についての文章をさまざまな媒体に発表していた）が、映画ファンを「知識人」、「映画雑誌の読者」、「文盲」の三つにカテゴライズしたうえで、劉吶鴎のエッセイでも示唆されていたようにそれらをヒエラルキー化している点は極めて重要だ。洪炳による映画ファンの社会・文化階層の区分に従えば、「映画雑誌の読者」は映画館で字幕を読み上げる中間新興層と同一であり、「知識人」と「文盲」の間に置かれた大衆エリートだった。字幕を読み上げる「映画雑誌の読者」は、五四新文化運動を直接担うような社会的立場にはないものの、そのような「高尚」な文化への憧憬をもつ層であった。かれらは、さらに「下層」に置かれた「文盲」の映画観客たちが映画を理解できるよう手助けすることで、よりヴァナキュラーな領域で五四新文化運動の精神を実践したのだった。要するに、字幕を読み上げる「映画雑誌の読者」は、映画館の闇のなかの「お節介な啓蒙者」としての役割を担っていたのである。先に触れた王為一の回想でも、英語を解する王の長兄が幼い王のために外国語の字幕を音訳してくれたという微笑ましい逸話が紹介されている。この逸話は、かれの長兄もまた「お節介な啓蒙者」であったことを伝えるとともに、その役割がごく身近な人びとによって担われていたことをよく示していると思う。

ところが皮肉にも、静謐を維持し作品への高度な集中を要求する「近代」的映画鑑賞の定着は「お節介な啓蒙者」を次第に厄介払いするようになった。すでに確認したように、静謐な鑑賞マナーを要求する声がジャーナリズムで繰り返されるようになった一九二〇年代半ば以降、「お節介な啓蒙者」の声は他の「迷惑」な騒音と同類であるとの烙印を押された。同時期は外国映画上映時に幻灯を用いた字幕を投影する映画館や、ごく少数ではあるが中国語訳をスーパーインポーズでフィルムに焼き付ける、いわゆる「字幕スーパー」を用いる事例も現れるようになった。ただしすべての映画館に幻灯による字幕の投影システムが備えられているわけではなく、字幕スーパーに到っては甚だ希有であった[15]。そのせいか、中国語字幕の登場によって外国語字幕を訳して読み上げるという「お節介な啓蒙者」が映画館から去ることはなかったようだ。

一九三〇年代に入ると北京大戯院など一部の高級映画館は若い男女のデート・スポットとして人気を博すことになるが、ジャーナリズムでは映画館で男女が暗闇のなかでおおっぴらにささやきあう愛の声が新たな「マナー違反」として糾弾されるようになる。映画とは全く無関係に愛情を確かめ合うカップル同士の声に比べれば、字幕を読み上げる声などはまだいくぶんましであったということであろうか、あるいは中国語字幕投影が普及し、もはや字幕を音読する必要が消失したからだろうか、いずれにしてもこの時期になると字幕を読み上げる「お節介な啓蒙者」を糾弾する声は上海のジャーナリズムから急速に姿を消すこととなる。そして、トーキーの到来はそれを決定づけたのだった。

## 四　トーキー到来と映画説明の変容

上海の映画観客のなかには、トーキーの登場を歓迎すべき文明の進化というよりも、映画鑑賞というかれらの余暇活動を危ういものにする不安の到来として認識していた人びとが少なからず存在していた[16]。サイレント映画の字幕ならば、幻灯で投影された中国語字幕にしろ、「お節介な啓蒙者」による肉声にしろ、「理解する」ための方策はあったが、画面と音声が一致するトーキーにおいては、とくに「お節介な啓蒙者」に同時通訳の時間的余裕を与えない。トーキー登場によって上海の観客たちが感じた不安とは、要するに言語と翻訳の問題であり、この問題は上海の映画観客たちが作りあげてきた外国映画を「理解する」方法の有効性を大きく揺るがした。とはいえ、世界の映画界はすでにトーキー化の流れを止めることのできない段階を迎えていた。上海の映画市場では、トーキーという新技術が日ごとにシェアを高める一方、サイレント映画の需要も以前と変わらないという矛盾が生まれていた。

こうした動揺を解決するため、配給・興行会社はさまざまな工夫を凝らした興行方法を編み出した。なかでも、中国語字幕の改善はトーキー到来以降配給・興行会社において継続的に取り組まれた事業であった。当時は幻灯による字幕投影が主流を占めていたが、中国語への翻訳が粗雑であるという問題や、翻訳字幕を投影するタイミングのずれが観客の不満を引き起こしていた。このため、パラマウントは一九三一年より字幕スーパー付きフィルムの提供を行ったところ好評を博し[17]、MGMがそれに続いた[18]。ただし、字幕スーパーは採算が合わず、その普及は限定的だった。一九三三年三月、国民党政府によって外国語映画に必ず中国語字幕を附すことが義務づけられると[19]、幻灯投影による中国語字幕の整備は配給・興行会社にとって急務の課題となった。とはいえ、字幕投影設備が完備されていたのは比較的資金の潤沢な映画館に限定され、上海の映画興行界にくまなく普及していたとはいえなかった。一九四一年のある記事では、中国語字幕の幻灯投影を実施している映画館は同時通訳システム「イヤフォン」設備を持たない二番館であるとしたうえで、幻灯字幕投影設備を有する映画館として「金門」、「麗都」、「巴黎」、「杜美」、「明星」、「九星」の各映画館を挙げている。うち「金門」、「九星」は字幕翻訳の質や投影技術が高いと評されていた[20]。

アメリカ主導による急速なトーキー化に直面した時期、上海に限らず世界各地において言語の壁を解消するためのユニークな試みが現れた[21]。欧州や日本と同様、トーキー到来後も上海ではサイレント映画の需要が高かったことに加え、サウンド・システムを配備する映画館が限定されていたという設備面の問題もあいまって、とくに一九三〇年の一年間は「サイレント・プリント（無声拷貝）」と銘打たれたトーキー映画の別ヴァージョンが頻繁に上映された。それは、音楽や台詞などのサウンドを付帯することが売りであるはずのトーキー・フィルムからあえて音声を無くし、多くの場合は幻灯によって中国語字幕を投影しながら伴奏音楽を流して上映されたものだった。時にはトーキー版とは異なるシーンが挿入されることもあった[22]。上海では、フォックス上海支社が提供した『四人の悪魔』（F・W・ムルナウ、一九二八年、中国語タイトルは『四大天王』）がその先陣を切った。この作品のトーキー版は一九二九年九月にカールトン（卡爾登）大戯院で封切られた後、同年一二月に北京大戯院、翌年二月には上海大戯院で再上映された。しかし、トーキー版を鑑賞したことで「言語の壁を感じ、歌詞を理解できず後悔した観客」[23]がいたことからフォックス上海支社がサイレント・プリント版を巴黎大戯院へ提供することとなった。歌詞の翻訳には、かつて明星影片公司立ち上げに尽力し映画監督・映画会社経営者として辣腕を振るった任矜蘋が加わり、上映時には歌唱部分に合わせて中国語字幕が投影されるとともに伴奏音楽もつけられた。その効果の程は、上映二日目にしてすでに本来の興行収入目標を越えた[24]という映画館側の嬉しい悲鳴から推して知るべしだろう。管見の限り、一九三〇年に上映されたトーキー映画のサイレント・プリント版はアメリカ映画一〇本（うち六本がフォックス、二本がMGM、一本がユニヴァーサルで、残りは独立系プロダクション）、イギリス映画一本の合計一一本で、巴黎大戯院での上映は九本に上った。ところが、その上映頻度は翌年以降急速に逓減しほとんど見られなくなる。その要因の一つは、トーキー時代に合わせ映画興行界で大規模かつ急速な再編成が起こったことであろう。そもそも、歌唱シーンを見せ場とするスタイルが主流を占めたこの時期のトーキー作品から単純にサウンド部分を消去したところで歌唱における「言語の壁」を簡単に越えられるわけではないことは多言を要さない。したがって、トーキーのサイレント・プリント版がトーキー移行期にごく限定的に登場した現象に終わったことは必然的な帰結であった。

一九三九年、幻灯投影式字幕が主流になりつつあった映画説明のスタイルを覆す装置がグランド大戯院に導入される。「イヤフォン」の登場だ。当時グランドはキャセイ（国泰）大戯院、メトロポール（大上海）大戯院、南京大戯院という豪華映画館を擁する亜洲影院公司の傘下に置かれていた。この映画館チェーンは、上海映画興行界を代表する経営者何挺然によって建てられたアメリカ籍企業だった。何挺然の経営哲学については第四章に譲ることとして、さしあたってここでは何が「進歩」的な映画館文化創設に尽力した企業家であり篤志家だったことを簡単に確認しておきたい。何は一九一七年に虹口に開業した上海大戯院の劇場支配人として同院の近代化に取りくみ、一

**図 3-1　南京大戯院のチケット**

「イヤフォン（訳意風）」の文字が印字されている.
出典：筆者蔵.

九二六年に独立して当時一世を風靡したピクチャー・パレス風の北京大戯院を立ちあげて以降、上海映画興行界に長きに渡って君臨した人物で、香港に拠点を移した戦後も映画館経営者として活躍した人物である。企業としての採算性と映画による社会教育の両立を目指した何は、北京大戯院開業後いち早く中国語字幕投影を常設化した。トーキー普及後、何はイヤフォンを開発・導入し、上海の映画観客が外国映画を「理解する」新たな道を用意したのだった。その後、イヤフォンは亜洲影院公司傘下の各映画館の他、ロキシー（大華）大戯院でも「国語風」という名称で導入された（図3-1）[25]。

「イヤフォン」とは、文字通りイヤフォンを介した肉声による映画説明を指し、鉱石ラジオの仕組みを用い放送室から流される音声を特定の周波数に乗せて放送し観客側のレシーヴァー（イヤフォン）で受信するシステムだった。イヤフォンの利用を希望する観客は、鑑賞チケットを購入するさいイヤフォン使用のための追加料金を支払い、レシーヴァーを借りる。座席の「肩」の部分にはソケットがあり、観客はレシーヴァーを座席のソケットと接続させ、イヤフォン部分を耳にあてる。放送室には英語に堪能な「イヤフォン嬢（訳意風小姐）」が待機しており、台本にもとづきながら画面に合わせて必要な説明を放送する。イヤフォン嬢は交替制で、一日三回上映だったロキシーの場合は三名がそれぞれ一回ずつ放送を担当していた。イヤフォン嬢が欠勤するとイヤフォン放送なしで上映されたという[26]。

日本軍による上海占領後、ロキシーは日本映画上映館として運営されることなったが、管轄する中華電影は、虹口のいわゆる日本租界にあった日本式映画館を除き日本映画上映経験がほとんどなかった上海においてどのように日本映画を上映するか、頭を悩ませた。この状況を解決するために参考にされたのが、幻灯による中国語字幕の投影と、すでにロキシーでも導入されていたイヤフォンの二つだった。中華電影では『ハワイ・マレー沖海戦』や『新雪』の上海上映にあたってすでに字幕スーパー方式を採用し良好な反応を得ていたが、費用対効果が低いことから継続を断念し[27]、幻灯投影とイヤフォンのいずれかの導入を検討することになった。ところが、日本語を解するイヤフォン嬢が確保できないうえ、耳に装着することの煩わしさや映画の音声とイヤフォン説明の肉声が競合してしまうというイヤフォン特有の問題もあいまって、最終的にはスライド投影による中国語字幕が導入されたのだった。

ところで、イヤフォン嬢による映画説明は、かつての「演講員」による説明とはだいぶ異なっていたようだ。映画史家張偉によるイヤフォン嬢の史的考察によれば、イヤフォン嬢が単なる通訳を越え、時として言語ではなく視覚的に表現される微妙なニュアンスまでをも説明したり、登場人物の内面に深く迫ってそれに似合うトーンを選択的に発声したりするなど、ほとんど演技といえる水準の放送が求められた。そのため、イヤフォン嬢の求人条件も単に英語に堪能なだけでなく、頭脳明晰で言語による表現に長け、標準語が流暢であること、そして声のトーンが観客の耳に心地よく響くことまでもが要求されていたことから[28]、選ばれしもののみが就き得る職業だったといえるだろう。さらには劇中の人物の喜怒哀楽といった感情を伝え、また「冗長なシーンや台詞の無いモンタージュ・シーンでは説明を加える」など、映画言語にたいする高度なリテラシーも求められていた[29]。戦後アメリカに渡り女優となった元イヤフォン嬢の盧燕の回想によれば、観客にはイヤフォン嬢にたいする好みがあり、時にはプログラムに記載されたイヤフォン嬢の名前を見てからその映画を鑑賞するかどうかを決める客もいたという[30]。

映画を「理解する」ための新たな仕組み「イヤフォン」がなぜ「イヤフォン嬢」というジェンダー化された文化制度を生みだしたのかは今後さらに考察されねばならないが[31]、ここではひとまず、イヤフォンとは肉声による映画説明のもっとも「進化」した形であると同時に、戦後本格的に登場する吹き替え映画（訳製片）の前史として記憶すべき文化制度であることを確認しておきたい。

## 五　「理解する」鑑賞美学と肉声による映画説明

従来、映画を「見る」という行為のもとに遂行される今日的な手続きや目的は、映画史のどの時代にたいしてもほとんど無批判に適用されてきた。しかし、映画を「見る」ことは、文字通り「見る」という単独の行為で成立していたのではない。上海で映画、とりわけ外国映画を「見る」ことは、表層的には視覚的に認知されるスクリーン上の表象を、深層では個々の映画作品が体現する価値や世界観を、あるいはその映画が撮られた外国の文化概念といった不可視の抽象的事象を「理解する」必要があった。本章では、外国映画を「見る」＝「理解する」という行為が、新興中間層のさまざまなスタイルによる映画説明の肉声――「演講員」、「お節介な啓蒙者」による字幕読み上げ、そしてイヤフォン嬢による映画説明――を「聞く」という行為を触媒として成立した過程を素描した。すでに前章で見たように、上海において映画鑑賞とは「ことば」を介してその内容や文脈を深く理解することに重きを置く美学が形成されていた。一九二〇年代にもなると、一九一〇年代までに先行的に形成されていた「知的新興中間層」ともいうべき社会階層が、非識字層という別の社会階層を見出し、かれらを「文明」の名のもとに積極的に啓発してゆくようになる。非識字層の観客が「理解する」という映画鑑賞美学を達成するには、説明書のような書き言葉ではなく、肉声による説明が不可欠だった。字幕を読み上げるプライヴェートな肉声が、一九二〇年代にマナー違反であると糾弾されながらも、後に「イヤフォン」システムという文化制度に帰着したのは、まさに広い層に「理解する」美学を徹底するためであった。闇のなかに知的な声がささやかれたとき、映画館は「文明」の教室へと変容したのである。

# 第四章　「猥雑」の彼岸へ

## ——「健全」なる娯楽の誕生

殉道堂
THE CENTENARY MISSIONARY CONFERENCE
In the Martyrs' Memorial Hall of the Association Building.
此堂為紀念庚子拳變中西教會志士殉難而設

一九〇七年に落成した上海ＹＭＣＡの新しい会所には、七〇〇名ほどを収容できるホールが設計された。このホールで行われた映画上映は、静坐と静謐が保証され、換気や空調などの衛生環境も配慮されていた。そこは、市井の「猥雑な」映画鑑賞空間から隔離された、「健全」なヘテロトピアとしての映画上映空間の揺籃であった。第四章扉は、上海ＹＭＣＡの年次報告書（一九〇七年）付録の新会所紹介冊子より、ホール内部を写した写真（カウツ・ファミリーＹＭＣＡアーカイブズ所蔵）。

映画鑑賞が遊歩という目的複合型の遊興実践に組み込まれていた上海の映画上映空間は、一九一〇年代から一九二〇年代初頭にかけて現れたさまざまな映画上映の実践を通じて次第に遊興と教養の文脈が分化していく。一九二〇年代半ば頃に確立された映画鑑賞マナーの遵守という倫理観は、この分化にさらなる拍車をかけることとなった。本章では、遊興と教養の分化を準備したいくつかの映画上映実践の有り様に着目する。前半では、この分化のもっとも大きな契機を提供した上海ＹＭＣＡの幻灯・映画上映実践を通じて創造された、映画の教育的ミリューについて迫りたい。後半では、上海ＹＭＣＡによって拓かれた映画の教育的ミリューが、非商業上映から映画興行の領域にまで拡大していった様子を浮かび上がらせたい。具体的には、上海大戯院（一九一七年設立）と北京大戯院（一九二六年設立）、滬江影戯院（一九二三年設立）、孔雀東海大戯院（一九二八年）の経営と、それぞれで目指された「健全」なる映画にたいする施策について明らかにするつもりだ。

## 一　上海ＹＭＣＡの映画上映実践

### 「魔都」の「猥雑」な映画上映？

上海で映画の常設興行が始まるのは概ね一九〇〇年代後半のことであるが、大型火力発電所・楊樹浦発電廠の開業により電力の安定供給が実現した一九一三年以降、その流れは加速する。同時期、商業演劇界では、近代演劇の萌芽的形態と言われる「新劇（文明戯）」が数多く演じられ、流行の相を呈していた。また、旧式の遊興場に代わる「遊楽場」と総称されるヴォードヴィル式の娯楽施設が林立した。「大世界」や「新世界」は、上海を訪れた多くの日本人作家たちが印象を残していることでも知られる。これらの新興遊興空間も、映画の常設興行の場所を提供することとなった。

映画の上映場所の変遷は、映画の鑑賞マナーの変化をもたらした。映画興行が常設化を迎える以前に主な興行場所だった伝統的な劇場や遊興場では「観劇の最中に茶を飲み、木の実や飴を食べ、観客同士が雑談し、冗談を言い、笑い合う」ような、当時としてはごく当然の観劇習慣が映画鑑賞にも引き継がれた[1]。ところが映画常設館が開館し、映画にかんする記事や映画雑誌が発行されるようになるにつれ、映画ジャーナリズムにおいて鑑賞マナーや場内の衛生や治安についての「問題」が発見されるようになる。たとえば、上海における最初期の映画雑誌に寄せられたある記事では、私語の禁止や、前列シート下に足を滑り込ませない、座席を立つときは座面に手を添え静かに戻すといった立ち振る舞いの改善、殻つきの種の持込禁止や場内禁煙、鼻水や涙を座席シートで拭かないなどの衛生面での注意喚起が提唱されている[2]。また、初期の映画館では時に観客同士の喧嘩や乱闘があったという[3]。一九二〇年代半ばのある新聞記事は、規模の小さな映画館に入ると、男女のキス・シーンなどでわざと大声で「いいぞ！」と叫んだり、口笛を吹いたりする者がいると苦言を呈している[4]。治安は、映画館が抱える大きな「問題」の一つだった。とりわけ映画上映場所に集まる娼婦にかんする記録には枚挙にいとまが無い。一九一〇年代当時上海で唯一の日本映画封切館だった東和館周辺には、多くの娼婦が跋扈していた[5]。映画の常設上映を行っていた代表的遊楽場大世界は「野鶏」と呼ばれる娼婦の多さでも知られており、その数は「実に観客の夫々に割り当てられても十分と思はれる[6]」ほどだったと描写されている。そこは同時に「ふしだら」な男女の逢い引きの場所にもなっていることが、まことしやかに流布されてもいた[7]。上映される作品といえば、限りなく不正映画に近い、出所の不確かな古い映画の使い回しであったし[8]、第七章で触れるように、「上流」階層の観客が眉をひそめるような「不道徳」な作品が挿入され、取締当局を動かすほどの騒ぎを巻き起こすこともあった。一九二〇年には、ホワイトカラーの男性エリートによるスキャンダラスな妓女殺害事件が発生し、この事件の犯人が探偵映画の影響を受けているとの報道が上海の日刊紙の社会欄を飾った[9]。事件は中国初の長篇劇映画『閻瑞生』として映画化されるに至ったが、同様の事件はその後も続き、映画は社会治安上好ましくないとする言説が作り上げられていった[10]。上海における映画上映空間は、あたかも上海の異名「魔都」に相応しい「猥雑」に満ちあふれていたかのようであった。

しかし他方では、「猥雑」を完全に捨象した映画上映が、いくつかの学生団体や教育団体を中心に実践されるようにもなっていた。[11] これらの実践の大部分は単発的で継続性が伴わなかったが、本章が取りあげる上海ＹＭＣＡ（上海基督教青年会）の映画上映活動は唯一の例外であった。それは、映画の非商業上映の定期化を通じて「有益で健全なる娯楽」[12] としての映画鑑賞を創出しただけでなく、映画の社会教育上の有用性に極めて自覚的であったという点においても、中国映画史上無視できないものである。

映画と社会教育との結びつきを語る時、従来の中国映画史研究の定説に従うならば、一九一七年に設立された商務印書館影片部の短篇映画製作がその嚆矢として挙げられることになる。わたしがあえて上海ＹＭＣＡにおける非商業映画上映活動に注目するのは、それがまさに商務印書館影片部による中国映画製作の基礎を築いた揺籃であり、かれらの映画製作にたいする姿勢を方向付けたからに他ならない。鮑慶甲はじめとする商務印書館影片部のメンバーたちの多くは上海ＹＭＣＡの会員で、[13] 同会が押し進めた「健全」な娯楽としての映画鑑賞文化を実践すべく文化サークルを起こしていた。中国初の長篇劇映画を製作した「中国影戯研究社」の陸潔は、一九二〇年代半ばに専業映画監督となるまでは同会の幹部職員だった。さらに、上海ＹＭＣＡが「有益で健全なる娯楽」の名の下に押し進めた近代的映画上映空間の整備は、一九二〇年代におこった映画鑑賞態度の向上や劇場設備近代化の先駆的実践であったが、映画興行界で映画館文化向上を先導した何挺然もまた、上海ＹＭＣＡの熱心な会員だったのである。

このように、上海ＹＭＣＡの映画上映が後の中国映画史に与えた影響は少なくないものの、その意義は、一九二〇年代以降吹き荒れた反帝国主義ナショナリズムのなか省みられる機会を失ってしまった。本章では同会初期の映画上映活動について焦点を当て、極めて限定された一次資料に依拠しながら可能な限りその実態を明らかにし、その映画史上の意義を確認したい。

## 新興エリートの文化サロン――上海ＹＭＣＡの成立

アヘン戦争以降開港した上海で最初に繁華な町並みが整ったのは、上海を南北に横切る黄浦江沿いの船着き場周辺だった。バンド（外灘）と称されるこの地区には共同租界のさまざまな行政機関の他、大銀行や商社のビルディングが建ち並んでいた。そこから北に目を向けるとほどなく蘇州河にかかるガーデン・ブリッジ（外白渡橋）が見え、橋を渡った対岸が虹口（ホンキュウ）と呼ばれる一帯だった。一九〇〇年、アメリカ人宣教師ロバート・Ｅ・ルイスと曹雪賡らによって設立された上海ＹＭＣＡの初期の活動は、虹口のブロードウェイ路（現大名路）にあったルイス邸に会員が集い、祈祷会や聖書の読書会を開催するといった、ささやかなものだった。「贅沢な上海の風俗文化におぼれた青年たち」へ、「徳」、「智」、「体」の「三育」を「植え付ける」[14]ことを理念としたこの会は、成立当初は三五名[15]のこぢんまりとした集まりだった。その後活動場所の数度の移転の後に拠点がバンド（外灘）の中心部へ移るにつれて急速に会員数を伸ばし、一九〇二年までのたった二年間で六五〇名を越える会員を獲得するに至った。[16]

同会は一九〇七年、バンドにほど近い一等地（四川路一二〇号、現四川中路）に「会所」と称される活動拠点を建設する（図4-1）。四階建ての近代的なデザインの会所の一階には本格的なスポーツ設備が整った体育館、二階北側には閲覧室と図書室が配された。夏季には電気扇風機が回され、飲み物が用意されていた[17]この図書室では、当時の青年エリートたちが好んで読んでいた数々の雑誌――商務印書館発行の総合雑誌『東方雑誌』、『婦女雑誌』、『教育雑誌』、教養としての科学知識の普及に貢献した中国科学社による『科学』など――の最新号が常に閲覧でき[18]、利用者は日に数百人を下らなかった。[19] 二階西側には約七〇〇人を収容する大ホールが配された。義和団事件の「殉難者」を記念するために「殉道堂 The Martyrs' Hall」と命名されたこのホール前方にはステージが置かれ、アメリカを代表する家具の街ミネソタ州グランドラピッズから取り寄せた劇場用シートが設置された。[20] 一九一五年夏にはこのホールに電気扇風機が取り付けられ「外がうだるような暑さでも隅々まで涼しい」ことが宣伝された。[21] この他

**図 4-1　旧四川路の上海 YMCA 会所跡地**（現光浦中学）
2016年２月，筆者撮影．

会所には、中国料理と西洋料理の双方を供するレストランや、オーケストラの演奏会を開催するための円形広間が設計されるなど(22)、設備の充実度は他に類を見ないものであった。

充実したスポーツ施設の整備も、多くの青年を魅了した。ジムやグラウンドの他、中国初のプールも上海ＹＭＣＡが開いたものであった。通年利用が可能なこの屋内プールの利用者は、一九一五年の開設後一年間で二万七〇〇〇人を数えた(23)。職業夜学校や中学校、海外留学の斡旋といった教育サーヴィスの充実も、同会の利用者数を急増させた。一九一八年には、急増する自動車需要を背景に自動車学校までもが付設されている。同会が「交通の便、学問の研究、余暇娯楽、衛生と教養、道徳の追求」において上海では並ぶものが無い(24)という大きな自負を抱いていたことに、さしあたって疑念を抱く必要はなかろう。科挙制度が廃止されて以降、上海のような大都市では、かつての士大夫的知識人に代わり、新しいタイプのエリートたちが活躍を始めていた。英語に堪能で、鍛えられた健康的な肉体を持ち、社会改良を強く志向しながらも同時に商業的な成功に価値を置くというこれらの新興エリート層にとって、上海ＹＭＣＡは格好の文化サロンであった。事実、ここに集った多くの青年たちは、信仰心よりも「英語の会話を学ばんとしスポーツに興味を懐く青年乃至成年」であり、かれらにとってそこは「偉大な魅力たらざるを得なかった」[25]のだった。実際、同会会員には、後に上海の政財界で活躍することになる人物が多数存在し、上海の文壇や演劇、映画界などに目をむけても、少なくない関係者が名を連ねていた。[26]同会と上海文芸界、とくに映画界との繋がりだけでも、すでに述べた鮑慶甲（商務印書館影片部）、何挺然（映画館主）のほか、陸潔と施彬元（中国影戯研究社）、唐季珊（聯華影業公司）も会員名簿に名を連ねていた。映画界のみならず演劇界でも活躍し、文筆家でもあった王鈍根も熱心な会員であった。明星影片公司の董事を務めた実業家袁履登をはじめ、その経営に携わった方椒伯、卞毓英などは熱心な会員であった。[27]同じく明星公司の立役者任矜蘋は、同会会員であったわけではないものの、同会会員と極めて緊密な関係にあった。

上海ＹＭＣＡの活動でもう一つ特筆すべきは、誰もが参加できるレクリエーション行事を定期開催していた点である。ここで重要なのは、同会のレクリエーション行事が、奇術、新劇、歌唱、ダンスというような、当時流行していた学生レクリエーション行事における典型的遊戯の他に、幻灯や映画といった新しいメディアを非常に早い段階から組み込んでいたことにある。同会はレクリエーションを、会員やその家族が「最も良質な娯楽を享受」する機会であると捉え、その中核に音楽会、朗読会、奇術、視覚教材を用いた講演会や映画を置いていた。[28]こうしたレクリエーション行事への参画は、社会におけるコミュニケーション・スキルの修得に有効であると考えられていた。[29]レクリエーション行事はさらに、年齢も職業も異なる者同士が一堂に会し、相互に切磋琢磨する絶好の場であるとも位置づけられていた。[30]青年たちが、地縁や血縁を中心に形成されたギルド的な伝統的集団秩序を越えて、ともに集い、学び、交流する機会を提供したという点において、ＹＭＣＡのレクリエーション活動は極めて重要だった。[31]それは、一九一〇年代に盛んとなった社会教化、社会改良の動きを草の芽において支えた人物たちの自己啓発や教養の醸成に大きく影響したのである。[32]

**表 4-1　上海 YMCA における映画上映の諸形態（1910年代）**

| 上映形態 | 管轄部局 | 上映目的 | 上映頻度* | 主なジャンル |
|---|---|---|---|---|
| （一）レクリエーション行事における映画上映 | 交際部 | 娯楽 | 概ね<br>週一回 | 劇映画（連続活劇，長篇）<br>風景映画<br>ニュース映画　等 |
| （二）講演会の補助資料としての幻灯・映画上映 | 交際部<br>徳育部 | 娯楽<br>社会教育 | 概ね<br>週一～二回 | 産業映画<br>教育映画　等 |
| （三）学校行事や臨時イヴェント等での映画上映 | 各部局 | 余興 | 不定期 | 劇映画<br>ニュース映画　等 |

注：＊（二）は，毎回視覚教材を用いていたとは限らない．
出典：『上海青年』各号，『申報』報道による筆者の整理．

## 「有益で健全なる」娯楽――上海ＹＭＣＡの幻灯・映画上映

上海ＹＭＣＡが一九一〇年代に行った映画の非商業上映は、表4-1のように三つの形態に大別できる。中でも（一）レクリエーション行事における映画上映と、（二）講演会の補助資料としての幻灯・映画上映は中核を成しており、映画鑑賞という行為の目的を、「健全」な娯楽や社会教化、職業教育という全く新しい価値観の下に実践したという点において特に重視すべきである。本章では特に（一）と（二）について、新聞報道や同会機関誌掲載記事などの一次資料にもとづき、実像を浮き彫りにしていきたい。[33]

### レクリエーション行事における映画上映

上海ＹＭＣＡの映画上映にかんする最も早い時期の新聞報道としては一九〇七年九月のものがあるが、[34]当時は商業上映においても映画上映といえばほとんどが一回性の非常設上映であり、さらに記録の不確かさも相まって、同会の映画上映の影響力の大きさは判断し難い。映画上映活動の頻度が飛躍的に高まるのは概ね一九一〇年代初頭、会員同志の相互交流を趣旨とした同楽会 Gran Entertainment や交誼会 Member's Entertainment と称されたレクリエーション行事が盛んになってからのことである。一九〇七年にこれらの行事が創始された直後は教養が重視され、読書会などの形態で開催されていたが、二年後に娯楽重視へと方針が転換されると、英語劇やゲーム、奇術など多彩なプログラムで構成されるようになる。[35]とりわけ映画上映は人気が高く、一九一三年には、夏季、冬季の休暇期間以外はほぼ月に一度の割合で映画の定期上映が実践され

**表 4-2　1910年代上海における映画興行施設の比較**（座席数，入場料）

| 上映形態 | | 施設名 | 設立年 | 座席数* | 入場料（最高）** | 入場料（最低）** |
|---|---|---|---|---|---|---|
| 興行（外国人興行主） | | アポロ（愛普盧） | 1910 | 700 | ［1元5角］ | ［1元］ |
| | | オリンピック（夏令配克） | 1914 | 850 | ［1元5角］ | ［1元］ |
| | | ヘレン（新愛倫） | 1913 | 500 | 3角 | 1角 |
| 興行（中国人興行主） | 映画館 | 上海 | 1917 | 1,000 | 5角 | 1角 |
| | | 共和 | 1915 | 400 | 2角 | 1角 |
| | 遊楽場 | 新世界 | 1915 | [600] | 3角（門票） | |
| | | 大世界 | 1917 | [600] | 2角（門票） | |
| 非商業上映 | | 上海 YMCA | 1900 | [800] | 2角（非会員） | 1角（会員） |

注：＊座席数は『中華影業年鑑』（1927年）によるが，［　］内は *Trade Information Bulletin*（No. 467，1927）を参照した．なお，一部施設の1919年の座席数は次の通り．アポロ508席，オリンピック916席，ヘレン649席（上海市档案館 U1-3-27）．

＊＊『申報』1918年1月掲載の広告にもとづく．ただし［　］内は『影戲雜誌』第二号掲載広告に拠る．なお，上海 YMCA の映画上映では毎回入場料が課せられていたわけではなく，会員証の提示でもって入場できるケースも多々あった．

出典：上記各資料による．

るようになった。同楽会の週一回の定期開催が決定した一九一五年以降、映画上映はさらに頻繁に取り込まれ、一九一七年二月には週に一度、土曜日の午後八時からという上映スタイルが定着した[36]。

上海ＹＭＣＡの映画の定期上映は、入場料や観客収容数などのハード面、作品選定というソフト面の双方において、一般の映画興行に優る特長を有していた。表４-２は、一九一〇年代の上海で代表的な映画興行施設を一覧したものであるが、ここからは、上海ＹＭＣＡの映画上映の入場料が、商業上映の最も安い施設の入場料並みに廉価だったにもかかわらず[37]、観客収容能力は外国人が経営するような「一流」と称された映画館に匹敵するほどの規模だったという事実を読み取ることができる[38]。また、一九一〇年代後半における同楽会は平均して概ね年二十七回程度開催され、一回の参加者数は三〇〇人強であった[39]。当時の一般的な中小映画館の座席数は四〇〇～五〇〇席程度であったから、同会の集客力は決して劣ってはいなかったと考えられる。以上の数量的考察は、上海ＹＭＣＡの映画上映の規模が、当時の商業上映のそれと比較しても決して劣ってはいなかったことを示している。

映画上映をめぐる慣例においても、上海ＹＭＣＡは市井の映画興行を先取りする所が多かった。たとえば、同会で毎月一回の映画上映が定着した一九一三年には早くも映画チケットの前売り制が敷かれ、座席も指定制だった。[40]また、上海の映画興行界では一九二〇年代に定着した「説明書」の発行も、同会では早くも一九一四年に開始している。[41]

上海ＹＭＣＡにおける映画の定期上映は、入場料が課されることはあったものの、採算性を第一の目的とした一般的な映画興行とは異なり、[42]レクリエーション行事の趣旨に沿った目的を大義名分としていた。上映会の盛況はひとえに、同会の行事が、英語や商学などの実学的素養や、公衆衛生やスポーツなどの新しい価値観にかんする知識と実践を持つ都市部の新興エリート青年が理想とする、「有益で健全なる娯楽」が享受される場所として受容されていたことを示している。[43]

同会が目指した「有益」さや「健全」さとは、まずもって上映される映画の持つ質の高さや教養の度合いがその指標とされていた。それは新聞や雑誌に掲載された会主催の映画上映行事の広告や記事などに顕著に表れている。そこでは、会の選定した作品が「学識や道徳的観点から選ばれ[44]」、安価であるにもかかわらず、高尚で鑑賞者の心身ともに益する所があり、かつ娯楽としても楽しめるものだ、[45]との文言が繰り返し唱えられた。このようにして形成された言説は、上海ＹＭＣＡの映画上映空間を、他の商業娯楽施設における映画興行と明確に分け隔てることとなった。

では実際にそこではどんな映画が上映されたのだろうか。新聞記事や広告、上海ＹＭＣＡ機関誌のいずれにおいても、詳細なタイトルが不明である場合が多く、また中国語タイトルのみが明記され、外国語の原タイトルが示されないケースも多数あるが、大まかな方針としては「心身共に益する」内容の映画、具体的には産業、風景、教育、コメディ、科学などの主題を扱った作品を選定することが決められていた。[46]ここで、タイトルが判別できる限られたケースにもとづき大まかに分類してみると、その中心となっていたのは劇映画であることが浮かび上がる。教養の高さを売りにしていたとはいえ、その映画上映の主たる趣旨が会員やその家族などの相互交流を第一の目的としていたレクリエーション行事における定期上映では、それ相応の娯楽的要素が求められたのであろう。中でも、連続活劇やスペクタクル性の高い歴史ものや文芸ものはもっとも頻繁に上映されていた。一九一〇年代の半ば頃までは、フランス製の作品が比較的多く見られ、『噫無情』（アルベール・カペラーニ、一九一二年、同会では一九一三年五月に上映）、ヴィクトラン・ジャッセによる『ジゴマ』（一九一一年）、あるいはその後続作のいずれかと思われる作品[47]（同会では一九一三年九月に上映）、ルイ・フイヤードが一九一三―一九一四年に手がけた『ファントマ』シリーズ（同会では一九一四年三―一一月にかけて断続的に上映）などのタイトルが並ぶ。この他、第一次世界大戦を主題としたドキュメンタリー映画の上映も、同会が他の興行施設に先駆けて行った（タイトル不詳、一九一四年九月上映）。週一回土曜日の定期上映が定着する一九一〇年代後半になると、アメリカ製映画が多数を占めるようになる。劇映画ではシェイクスピア原作小説を映画化した『ジュリアス・シーザー』（監督、製作年不詳、一九一六年一一月上映）などの文芸ものや第一次世界大戦を主題としたものの頻度が高く、連続活劇では『*The Strange Case of Mary Page*』（J・C・ハイドン、一九一六年、一九一七年三月に四話分を上映）、『グラフト』（リチャード・スタントン、一九一六年、同年四―六月にかけて六回上映）、長篇映画では『真夜中の頃』（フランク・ライシャー、一九一六年、同年一一月に上映）など、いずれも犯罪もののタイトルが数多く観られる。これらの劇映画は上海初公開を謳ったものが多く希少性が高かったうえ、一般的には短篇映画の興行が主流だったこの時期において積極的に長篇映画を上映したということも、この会の映画選定上の特長だった。[48]

劇映画以外では、時事的話題に乗じたノンフィクション映画、ニュース映画の上映も比較的高い頻度で見られ、特に第一次世界大戦のドキュメンタリーは繰り返し上映された。[49]この他、上海ＹＭＣＡの会員が外遊した際に自ら撮影した私製記録映像や、外国の風景映画も比較的頻繁に上映されている。その対象のほとんどはアメリカであった。

上海ＹＭＣＡの映画上映がもつ「有益」さ、「健全」さの今一つの指標は、すなわち映画上映空間の風紀である。本章冒頭で示したように、当時の商業娯楽施設における映画上映は「猥雑」の中にあり、「不謹慎」な客による喧噪が満ちあふれている場所も少なくなかった。これとは対照的に、同会の映画上映空間は「静粛で阿片を吸う者も無く、秩序が整然としている」[50]場内で行われたうえ、キリスト教信仰の下に結束を深め、社会改良を志す同質的な青年観客で構成されていた。当然ながら、かれらにとって好ましくない輩の入り込む余地は無かったのである。[51]

### 講演会における幻灯、映画上映

上海ＹＭＣＡでは早くも一九〇三年に幻灯を教材として用いることの有効性を確認していたが[52]、それが本格的に導入されたのは一九一一年だった。この年、工学博士号を持つ宣教師クラレンス・ホヴィ・ロバートソンを中心とした科学講演会が実施され、幻灯の積極的利用が始められた。ロバートソンなどの科学講演会は、一九一一年からの四年間、科学的専門知識にかんする五つの演題が用意され、上海ではのべ七八回の講演が実施された。毎回の平均参加はじつに三〇〇人をゆうに越える規模だった。[53]一九一三年、伝染病が蔓延する中国の状況を改善すべく公衆衛生講演会が開始されると、科学講演会で成功した視覚教材の利用を更に促進すべく、視覚教材企画、製作が制度化された。当時北京に滞在していた医療宣教師ウィリアム・ウェズリー・ピーター博士を招聘した同会は、講演会を取り仕切っていた徳育部の下に健康課を創設し、幻灯と映画を積極的に利用した講演会の企画、運営を開始する。翌年には視覚教材課が設立され、視覚教材の企画、製作、購入を専門的に担うこととなった。

この時期、上海では通俗教育研究会や江蘇省教育会などの有力な教育団体が幻灯を用いた社会教育に関心を抱き始めていた。一九一四年一月、商務印書館が社会教育の補助教材として幻灯販売を開始したことは、このような社会的要請に応えるためであったと思われるが、注目すべきは、その販売に先立つ試写会会場として上海ＹＭＣＡが選ばれていたことだ。[54]このことは、同会に集う青年たちの目が、視覚メディアを通じた教育の質を評価するだけの確かな素地を有していたということを示していると同時に、上海ＹＭＣＡと商務印書館の極めて密接な関係をも示

**図 4-2　幻灯講演会の様子**

幻灯には丁寧に鮮やかな彩色がほどこされている.
出典：カウツ・ファミリー YMCA アーカイブズ．Y. USA. 47, Box 5.

唆している。この時期、上海ＹＭＣＡは講演会時に使用する幻灯を米国から取り寄せるのではなく、上海で自主製作することを決定した。そして、その幻灯製作業務の委託先が商務印書館であったのである。[55]これを契機として上海ＹＭＣＡ会員であり商務印書館に勤務していた一部の青年たちが中国における教育映画の先駆けである商務印書館影片部を設立することとなったのだ。

さて、すでに触れたように、視覚教材を用いた講演会は、上海ＹＭＣＡが提唱する「良質」な娯楽の一つであった（図4-2）。年次報告書によれば、週に一度、水曜夜八時から開催されていた講演会の参加者は毎回一〇〇名から二五〇名程度に上った。[56]一九一七年からは新たに徳育講演会の名称によるものも不定期開催され、平均で八〇名から一〇〇名の参加者を獲得していた。[57]一九一〇年代を通じて幻灯の使用は主流を占めたが、一九一〇年代も後半になると映画フィルム使用の比重が急速に増した。表4-3は、一九一七年に同会で開催された講演会のうち、幻灯や映画が補助教材として使用された主要な例の一覧である。宗教的主題を除くと、この会の講演会が好んで取りあげた主題の傾向として、すでに述べた社会教化や公衆衛生の他に、職業

**表 4-3　上海 YMCA における視覚教材を用いた講演会（1917年の主要なもの）**

| 開催日 | 主題 | 講師 | 教材の形態 |
|---|---|---|---|
| 3月28日 | 精神衛生 | 兪鳳賓（医師） | 映画 |
| 4月8日 | 再生と復活 | 郭秉鈞（商務印書館、上海 YMCA 会員） | 映画 |
| 6月27日 | 視覚障害児童教育 | 溥歩蘭（上海盲学校校長） | 幻灯・映画 |
| 7月6日 | 米国の生糸産業 | D. E. ダウティ（米国絹業協会絹業視察派遣員） | 映画 |
| 9月9日 | 基督教は社会の風俗を変えられる | 馮剣光（牧師） | 映画 |
| 11月14日 | 衛生原理 | 胡宣明（米国ジョンズ・ホプキンズ大学卒の医学博士） | 映画 |
| 12月28日 | 米国における畜産業と農業 | 張天才（米国コーネル大学卒） | 映画 |

出典：『上海青年』各号及び『申報』掲載記事にもとづき筆者が作成.

上の技術習得にも強い関心が注がれていたことがわかる[58]（図4-3は物語仕立てで公衆衛生について分かりやすく説いた幻灯の一例である）。映画の上海伝来前後に幻灯や映画を教育目的で使用したり、その可能性について論じた記事は散見されたが、映画興行につきものだった「猥雑」さによって、映画の教育における活用という道は長らく閉ざされてきた。こうした経緯からいえば、同会が、視覚メディアを遊興文化から引きはがし、教育という新たな価値と遭遇させる機会を提供していたことは、改めて注目に値する。事実、表4-3に掲げた米国絹業協会絹業視察派遣員ダウティの講演会は、上海ＹＭＣＡが積極的に業務委託を受諾したばかりか、同様の活動の更なる推進の必要性も確認されている[59]。

産業映画の振興という側面についてはアメリカ商務省駐上海オフィスの役割も無視できない。中国各地の領事館に付設された商務省内外通商局管轄下の事務所で長年商務官を務めたジュリアン・アーノルドは、早くより中国における社会教育ツールとしての映画利用に高い関心を抱いていた[60]。時折しも第一次世界大戦の開戦直後であり、アメリカの極東進出はにわかに勢いを増していた。一九一八年の年末には、在華アメリカ人協会の主催による、大規模なアメリカ製産業映画上映会が開催された[61]。上海の政財界、ジャーナリズム界を代表する名だたる紳士が一千名余り招待されたこの上映会で、アーノルドが主賓の扱いだったのは、アメリカ総領事館や内外通商局が産業映画推進に高い関心を持っていたことを

**図 4-3　物語仕立ての幻灯教材**

野外のきれいな空気を楽しむブラザー・リーン（左）と，不健康な室内の空気に浸るブラザー・ファット（右）の二人の対照的な生活を通じて衛生教育を説く．
出典：カウツ・ファミリー YMCA アーカイブズ．Y. USA. 47, Box 5.

何よりも示している。[62] もともと上海ＹＭＣＡと駐上海アメリカ総領事館は密接な関係にあったが[63]、産業映画普及という側面においても両者は協働関係にあった。同会における産業映画上映は、米国が抱いていた中国市場への関心を、現地において拡散し、その進出基盤の形成の一翼を担ったのだった。

もっとも、この時期に映画と教育との結びつきを強化したのは、上海ＹＭＣＡの映画上映に限定されない。五四新文化運動以来、「科学」は「民主」とともに中国における近代的文化建設の支柱として、知識人たちに常に参照されてきた。一九一〇年代半ば、啓蒙的総合雑誌である『東方雑誌』や『婦女雑誌』などに陸続と科学欄が創設され、さまざまな科学知識、実用技術が一定の専門性を維持しつつ一般向けにわかりやすく紹介され始めるようになると、映画は先端的科学技術の一つとして取りあげられ、その仕組みが詳細に解説された。著名な科学教養雑誌『科学』でも映画かんする記事が散見されるが、これも同様の文脈においてとらえられるべきだろう。いずれにせよ、一九一〇年代の上海において、映画は教育という新たな価値観との明確な接点を見出したのであった。そして、それを仲介した有力な触媒の一つが、上海ＹＭＣＡだったのである。

### 映画産業の濫觴として

中国映画史において、ＹＭＣＡの映画上映活動の痕跡は、ほとんど忘却されてしまったに等しい。この背景には、一九二四年に最高潮に達した反キリスト教学生運動と、それを後押しした反帝国主義ナショナリズムの全国的な展開があった[64]。さらに、一九二〇年代には上海の映画興行が急増し、また多様化したことで、同会の映画上映活動が有していた質の高さや希少性といった価値が薄れていったことも、その一因となったであろう。

しかし、上海ＹＭＣＡの映画上映活動が、後の中国映画界、とくに映画を社会教育の工具として捉える動きに遺した影響は決して看過できない。繰り返すように、商務印書館影片部の設立過程は、同会との関係性において改めて再考される必要があるだろう。一九一七年に開始された同館の映画製作は、定説がいうように、同館職員とアメリカ人キャメラマンが出会い機材を接収したといういささか偶発的な出来事のみに収斂されるべきではない。同館影片部設立の最大の立役者鮑慶甲を始めとして、その職員の多くは上海ＹＭＣＡの会員だった。また、同館の有志により一九一三年春に結成された青年励志会は「智徳体の三育をはぐくむ」という上海ＹＭＣＡの理念をそのまま踏襲し「優良な労働者を養成する」ことを目標に掲げており[65]、鮑慶甲はこの会の中心的メンバーでもあった。そして、幻灯教材の製作を開始した直後から、初期の短篇映画製作時に至るまでの時期、商務印書館は同会と強固な関係を保持しつつ、時にはそのノウハウを吸収しながら視覚教材開発を推進したのである。先に触れた様に、商務印書館による幻灯製作・販売の契機は上海ＹＭＣＡの教材製作の委託を受けたことであった。また、同館の初期の作品である第六回極東運動会のニュース映画製作時にもやはり同会の視覚教材製作を主導していたウィリアム・ウェズリー・ピーター博士の監修を仰いでいたのだった[66]。

上海ＹＭＣＡ少年部が一九一四年に落成した会所別館の屋上庭園からは、国際都市上海の全貌が三六〇度の視野で臨むことができた。遠く南西側には、星のように燦爛と輝く遊楽場「大世界」のネオン・サインに彩取られた夜景を堪能できたという[67]。同会の会員たちは、夏の夜には避暑を兼ねてレクレーション行事の会場をこの屋上庭園へと移し、「健全で有益な娯楽」を享受していた。これは、上海ＹＭＣＡの娯楽空間が名実ともにヘテロトピアとして立ち現れた瞬間であると同時に、地理的にもその「彼岸」にあった市井の映画興行を「猥雑」で「前近代」的なものとして規定した瞬間でもあった。こうして、映画観客の「誕生」が映画の「発展」史の文脈に組み込まれていったのであった。

## 二　ヘテロトピアの映画館――ＹＭＣＡとその周辺

民国初期の中国における映画鑑賞マナーを俯瞰する先駆的な研究を記したシャオ・チーウェイ（蕭知緯）は、「映画館のマナー向上は、伝統的劇場からの転換を目指した近代的エリートによって意図的、意識的に先導されたものである」[68]としているが、そうしたエリートの範疇には、いわゆる知識人のみならず、企業家として利益を追求しながらも社会改良に貢献しようとした民族資本家が含まれるべきだろう。上海大戯院の曽煥堂、滬江影戯院の盧寿聯、外資系映画館チェーンの孔雀電影公司系列映画館オーナーとなった程樹仁、そして一九二〇年代から二〇年近く上海の映画興行界で活躍した何挺然ら映画館主は、いずれもその先駆者として特記しておくべきであろう。この節では、一九一〇年代に学校や教育諸団体、そして上海ＹＭＣＡなどによる非商業上映を通じて形成された「近代」的映画鑑賞が、その継承者たちによって徐々に商業映画上映の領域へと拡大していった過程を素描したい。

### 曽煥堂と上海大戯院・何挺然と北京大戯院

一九一七年にオープンした上海（アイシス）大戯院は、映画館にまつわる負のイメージを払拭し、上海ＹＭＣＡが目指した映画上映空間の「近代化」を継承した。晩年の魯迅が足繁く通ったことでも知られるこの映画館の創始者曽煥堂は、薬品業で財を成し、新舞台や大世界、新世界といった著名な劇場・遊楽場を開いた黄楚九を岳父とする広東省出身の商人だった[69]。上海大戯院はもともと劇場だった中華大戯院を改修してオープンした映画館だった[70]。新式の劇場だった中華大戯院は虹口の中心のやや北側、虬江路と四川路との交差点に位置しており、交通の便は良好だった。上海大戯院へのリニューアルにあたっては黄楚九の子息・黄鍾甫と曽煥堂が合わせて一万元を出資して全面的に改修し、座席数も一〇〇〇席へと増やしたという。中華大戯院はもともと同慶茶園として営業していたが、(71)ここは上海で最も早い時期の映画興行の舞台の一つとなった場所でもあった。同慶の経営者は広東人だったというから、(72)中華大戯院の出資者の一人、鄧子羲や曽煥堂と同郷・同業者ということになる。

一九一七年当時、上海ではすでにいくつかの映画常設館が営業していた。ラモスによる虹口大戯院とヴィクトリア影戯院に続き、一九一四年には系列館としてオリンピック（夏令配克）大戯院がオープンしていた。同じく虹口の海寧路にはハーツバーグによるアポロ（愛普盧）影戯院も営業を始めていた（一九一〇年開業）、一方、中国人街である南市には一九一五年にスペイン人ゴールデンバーグが共和影戯院を開いていた。いわば映画常設館ラッシュの中で曽煥堂の取った経営路線は、他とは明らかに一線を画するものだった。開業直前に日刊各紙に掲載された同院

図 4-4　上海大戯院の開幕広告

出典：『申報』1917年 5 月16日.

広告（図4-4）では、映画は「娯楽の中に学びがある」という点で最も優れているとし、上海では外国人向けの映画館は建物や設備の質は良いが鑑賞料が高すぎ、逆に中国人向けの映画館は鑑賞料こそ安いものの場内は狭隘で設備も行き届いていない、と上海の映画館事情にたいする憂慮が示されている。そして、上海大戯院が荘厳な概観、快適で広々とした座席、換気や冷暖房設備の完備を謳い「中国最大の劇場」であると高らかに宣言したのである。広告に箇条書きで記されたこの劇場の優れた点を挙げてみよう。まず（一）欧米の建築様式を取り入れた荘厳な建物であること、（二）トロリーバス、自動車、馬車いずれの交通手段でもダイレクトに正門ま

で到着できるという交通の利便性が強調されるのだが、こうした利点にもかかわらず（三）鑑賞料は中国式に安価であるという点が挙げられている。さらに上映作品については（四）欧米の著名スタジオの作品の上映権を独占的に有しているので姉妹館であるヘレン（新愛倫）影戯院以外にここでしか見られないという希少性を謳い、そして（五）ヨーロッパ製映写機を導入し十分な光量による映写が可能であるため、映像の細部にわたって明晰に投影できるという技術面においてもアドヴァンテージがあることが謳われている。上海大戯院が既存の映画館と異なる点を高らかに謳うこの言説で繰り返し使われる「欧米」や「ヨーロッパ」という固有名詞は、一方では「先進」という意味を持ちつつも、西洋由来のものを無批判に受け入れるというような立場を表明しているものでもないことには注意が必要だろう。（二）や（三）から分かるように、広告主曽煥堂は上海大戯院における映画鑑賞が伝統的な遊歩文化や伝統劇鑑賞文化の行動範囲や価格帯を逸脱せずに享受できることを明示しているのである[73]。上海大戯院の最大の利点は、映画上映を従来通りの遊歩的文脈に位置づけつつ、他方では「健全」な教育的ミリューにおいて享受できるということだった。上海大戯院は、映画が「啓蒙のアトラクション」であることを自覚した初めての映画館だったといえる。

曽煥堂の理念は、上海で映画プロダクションが乱立し始める一九二四年に黄楚九らとともに設立した中華電影公司、それに併設された中華電影学校の開校へと展開していった。中華電影公司の講師陣には映画界の第一線で活躍する多くの映画人たちが迎えられた。「映画編集」の科目はアメリカ留学帰りでの後商務印書館へ勤務し、映画評論家や映画館支配人としても活躍した沈誥が、講義科目「映画芸術の撮影」はフランス留学中にフランス映画界で経験を積んだ汪煦昌が担当した。教員、雑誌編集、作家として幅広く活躍した陸澹安（本書第六章で詳述）は「映画の題材とその構造」と称されたシナリオ執筆の講座を受け持ち、教学主任だった洪深が「映画演技の芸術」を講じた。最初の受験では新聞広告を見た受講希望者六千人余が殺到したという[74]。中華電影学校からは後のスター女優胡蝶など多くの人材を輩出し、中国映画産業の基礎固めに大きく貢献した。

上海大戯院のこのような斬新な経営方針に少なからぬ影響を持ったと目される人物が、オープン当初より支配人を務めた何挺然である（図4-5）。映画館改革の声を最初に挙げた映画館支配人の中でも、何挺然は長きに渡り上海の映画興行界に大きな影響力を持ったという点で重要だ。一九三〇年代以降は自らの映画館会社をあえてアメリカ籍会社として登記したことで一部のジャーナリズムからの批判の矢面に立たされたものの、何は外国籍会社が享受できる治外法権という特権を利用しつつ、外国の映画会社と対等な権利を主張し、同時に外国映画の壟断から中国映画市場を守るという明確な経営方針を持っていた。何挺然の実践は、上海の娯楽文化を普遍的な意味において近代化するという明確な目標があったが、そしてそのモデルとなったのが、何挺然自らも熱心な会員だった上海YMCAの娯楽実践だった。

何挺然は一八九二年に広州で生まれ、上海で教育を受けた。セント・ジョンズ大学に在学中に上海YMCAに入会し、大学卒業後はYMCAが運営する学校で英語を教える職を得たが、一九一七年にはオープンしたばかりの「上海大戯院」で支配人となる。何は館内衛生や設備の拡充、選定する映画の「質」の維持や観客向けパンフレットの充実化など、数々の映画館改革を遂行していった。一九二六年に独立した何は、その後一大興行網を作り上げ、上海の映画興行界に長きに渡り君臨し、一貫して良質な映画上映空間の維持に尽力したのだった。

**図4-5　何挺然**
出典：『中華影業年鑑』.

何挺然の映画館改革の詳細は別稿で詳述したが[75]、その方針は総じていえば映画館を公共空間として相応しい場所へと「改良」することだった。一九二二年には香港の劇場主盧根の経営する映画館を視察した何は、その後上海大戯院を全面的に変革する。劇場が大型化する時代の流れとは逆に、場内の混雑による混乱を避けるためにあえて座席数を減らしたり、最新式の映写機を導入したりと、映画館の近代化に努

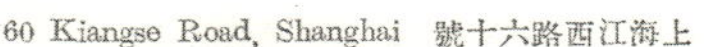

**図4-6　北京大戯院**

出典：『中華影業年鑑』.

めたのだった。そして一九二六年には自らが劇場主となり北京大戯院をオープンさせる（図4-6）。オープン時に発行された同院の雑誌『電影周刊』創刊号では、最新の防火対策を施したコンクリート製の建築で安全性を提供する同院が、通路における非常灯の完備、換気や空調による快適さといった衛生でも優れているうえに、ヨーロッパ式の壮麗な内部装飾がほどこされた場内には高低差がつけられ、前列の観客が後列の観客の鑑賞の妨げとならないよう配慮して座席が設計されており、最新式の映写機によって「高尚で清らかな」映画を廉価で鑑賞できる、「極東における劇場の王（遠東戯院之冠）」であることを高らかに宣言している[76]。「高尚」な映画を「廉価」で提供するという理念は、まさに上海ＹＭＣＡが早くより提唱していた映画鑑賞のモットーであった。同会の映画上映広告の定型句は次のようなものであったことを改めて確認してみよう――「最も高尚で、最も安価で、肉体と精神にたいしてともに有益で、最も興味深く、最も価値のある映画をみたいなら、土曜の夜は上海ＹＭＣＡへ[77]」。

その後何挺然はさらに大きな映画館チェーンを展開するが、その拠点となった上海南怡怡公司の設立者のうち、何挺然を含む少なくとも三名が上海ＹＭＣＡの会員であり、その他は何と同様セント・ジョンズ大学の同窓生であった[78]。こうしたことからも、何挺然が長年にわたって上海ＹＭＣＡで築いた人脈や文化活動の理念を継承していたことがわかるだろう。こうして上海での映画興行界で絶大な影響を持つに至った何挺然は、一九三〇年代になると自社をアメリカの会社法「中国貿易法」の下に組み替え、ハリウッド映画を中心とした外国映画による中国映画市場の壟断を制御し中国映画市場を確保した。何は、企業経営という方法でナショナリストとしての使命を果たそうとしたのであった(79)。

**盧寿聯と滬江影戯院**

上海大戯院は映画興行という領域において映画の教育的ミリューを創造しヘテロトピアを築いた最初の例であるが、曽が映画興行から映画製作へとその理念と事業を拡大させていった時期に、その理念を共有した人物がいた。一九二一年八月にオープンした滬江影戯院(80)のオーナー、盧寿聯である。アメリカ留学から帰国した盧寿聯は、わずか二十代半ばにして「健全」なる映画上映空間の構築を志すと同時に、映画製作においても映画による社会改良を目指した青年実業家だった(81)。滬江影戯院は、映画常設館が陸続と姿を現しつつあった虹口地区、武昌路と乍浦路の交差点に位置していたが、他館とは異なる映画館文化を目指していた。その姿勢は、同院オープンを報じる新聞記事に見ることができる。オープンを報じる新聞広告（図4-7）では「映画を、絶妙なロケーションで、高級な座席で、高級な作品を、最も安く観ることができるのはどこでしょう――虹口武昌路四号の滬江影戯院」をキャッチコピーとして打ち出した。同時に「完全華商」の四文字を全面に出すことで同院が民族資本による映画館だということが強調された。オープン初日の来客は外国人だけでなく中国人もおり、院内に入ると接待係が座席まで誘導するシステムが採用された(82)。中国の伝統劇場の場内案内係「案目」を彷彿とさせるこのシステムは、初期の他の映画館に複数認められる(83)。こうした点は映画鑑賞文化が劇場文化と連続性を保っていたことを示唆しているが、滬江影戯院は全体としてはむしろ「進歩」的な映画館文化を志向していた。このことは、同院と上海ＹＭＣＡとの人脈から説明可能だ。

請看新影戲活動影戲
院的新影戲
滬江影戲
院　虹口武昌路四號
陽曆八月四
日即陰曆七
月初一日開
幕
完全華商

在何處有
極好的地位
上等的座位
上等的片子
最廉的價目
在
虹口武昌路
四號
滬江影戲院
陽曆八月四日
即陰曆七月初
一日開幕

請諸君早記
華商　此日有最動
滬　目的情節戲
、最好笑的滑
江　稽片、
成3080
陽曆八月四日
影　開　幕
戲　陰曆七月初一日
每日晚七點一刻至九點半▲每日晚九點半至十一點半▲逢星期六星期日有日戲至二點至六點
院

図 4-7　滬江大戯院開幕広告
出典：『申報』1921年７月28日.

たとえばオープン時の上映にさいして行われた中国語と英語による映画説明を担当した人物は、後に著名な翻訳家・編集者として活躍する謝福生だった。この頃中華書局や世界書局で英文雑誌編集に従事していた謝は、上海YMCAでも英語を教授していた。[84]また、盧は同院の経営は掌握していたものの、映画作品の選定そのものには関与していなかった。同院の当初の支配人は盧が抜擢した美漢中学教員の梅墅であったが、その後任者として映画選定を担当したのは、中国初期映画史の中でも最重要人物の一人、顧肯夫だった（『陸潔日記・摘存』一九二二年一〇月九日の記述による）。顧は中学教員として教鞭を執りつつも、五四新文化運動に傾倒し、上海で結成された上海学生聯合会を通じて知己を得た周剣雲や陸潔らとともに「科学」と「民主」を文芸という領域において実践しようと試みた。それは、かれが徐欣夫らとともに中国影戯研究社を結成し、中国初の長篇劇映画『閻瑞生』の製作をプロデュースしたことで実現した。また顧は、上海学生聯合会の構成員として名を連ねた周剣雲や、施済羣が発行していた文芸雑誌『新声』や『解放画報』などの常連寄稿者でもあり、自らも盟友陸潔とともに中国影戯研究社の名目で映画雑誌『影戯雑誌』を発行していた。陸潔は当時上海YMCAの職員として勤務していたが、第六章でみるように、この頃の陸潔は顧肯夫とともに頻繁に映画を鑑賞し、また週末には上海YMCAの映画上映会へ参加していた。顧肯夫の映画観の形成には、上海YMCAが中心となって実践していた視覚メディアの教育的利用が大きく影響していたといえる。こうしたことから、滬江影戯院もまた、上海大戯院と同様、上海YMCAの「健全」な娯楽としての映画上映実践から派生した映画館だったといえるだろう。滬江影戯院のキャッチコピー、映画上映スタイル、映画選定方針、いずれもが、まさに生成されつつあったヘテロトピアとしての映画館の教育的ミリューを強化するものであった。

オープン後わずか一年足らずで、滬江影戯院は映画製作会社設立へ向けて前進することとなった。盧寿聯は実業界の大物張謇らの経済的援助をとりつけ、一九二二年六月に中国影片製造公司を設立する。[85]事務所が上海ではなく南通だったのは張謇の意向で、南通に映画スタジオを建設する構想を実現させるためだった。この映画会社が映画の教育的ミリューの形成という点においていかに重要であったかは、その設立に先立って実施された映画脚本コンクールの実施によく表れている。当時、国産映画の製作現場では一般的には脚本は用いられず、筋書きとおおまかな台詞だけが書かれた幕表を頼りに映画製作が行われていた[86]。そのような中、映画で中国の国家としての風格（国風）を体現することを目的としたこの映画脚本コンクールの審査員には、翻訳家で当時は商務印書館小説主任に就いていた惲鉄樵や大東南大学で西洋文学を教えていた比較文学者・詩人の呉宓、アメリカ留学中ハーバード大学演劇科で演劇研究者ジョージ・ピース・ベイカーの演劇学講座初の中国人受講生となり、帰国後に演劇・映画界で活躍した洪深らが名を連ねた。幕表を徹底的に批判し演劇・映画の近代化を推進しようとしていた洪深を起用したのは、盧寿聯が洪深の理念に共感していたからではないだろうか。このことは、脚本コンクールの投稿規定にも明示されている。そこには、脚本の趣旨は教育の普及で以って国の威信を高めるものであること、その基準として（甲）嘘偽りを誘発するもの、（乙）盗みを誘発するもの、（丙）人間の負の側面のみを描くもの、（丁）我が国を悪く描くもの、（戊）外国の物語を描くもの、（己）古い思想を描くもの、（庚）人間性を描かないもの、（辛）神仙や妖怪（神怪）を描くものの各項目に抵触するものは一律採用しないことが明言された[87]。中国影片製造公司の設立はそれからさらに二か月後の同年八月のことであったが、会社設立時の『申報』には「中国の映画事業改良の先鞭」として同公司設立の詳報が掲載され、外国映画で描かれる中国人描写が屈辱的であることにたいする厳しい批判とともに、中国人自らがメガフォンを採り「正しい」中国像を発信し、国光を発揚することがこの新会社の使命であることが報じられた[88]。中国影片製造公司のこのような主張は、前述の顧肯夫らによって結成された中国影戯研究社が一九二一年に『春声日報』に発表していた映画論とほぼ完全に一致している[89]。中国影片製造公司の設立によって、映画興行では滬江影戯院、雑誌ジャーナリズムでは『影戯雑誌』との連動が可能となり、小規模ながらもメディア・コングロマリット的な企業形態を成していた。視覚メディアと教育・社会教化施策との融合を図ろうとしたのは滬江影戯院や中国影片製造公司だけではなかった。一九一〇年代後半には、すでに商務印書館が幻灯・映画、そ

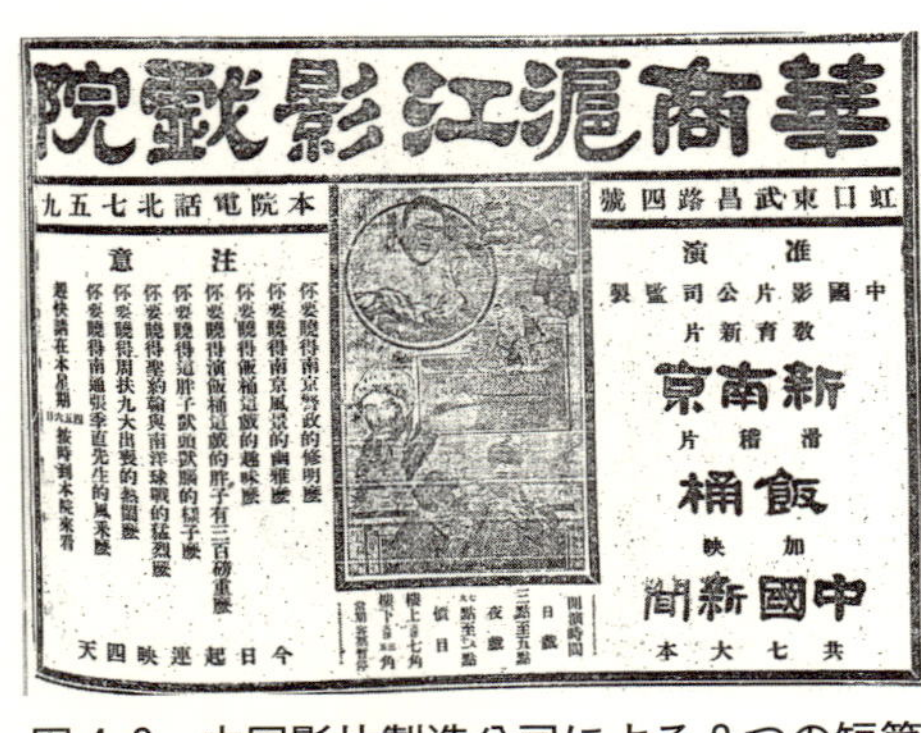


図4-8　中国影片製造公司による3つの短篇封切時の広告

出典：『申報』1923年3月15日.

して通俗教育画といった視覚メディアの製作と販売に力を入れていた。中国影片製造公司とほぼ同時期に設立をみた明星影片公司もまた、雑誌ジャーナリズムと視覚メディア・コンテンツ制作、そして後に映画興行へとその事業を拡大させていった[90]。

滬江影戯院、そして中国影片製造公司は、一九世紀末以来の幻灯・映画の非商業上映空間の教育的ミリューと、映画興行という遊興的興行が融合して興された新たな映画空間の揺籃だった。社会改良という高い志を頂き設立されたこの小さなメディア・コングロマリットはしかし、一九二二年四月に起こった第一次奉直戦争後の混乱のために北京における資金調達が失敗したことを受け、頓挫してしまう。すでに大々的に広告を打ち新映画会社設立の宣伝をした手前上、後に引けなくなった盧寿聯は、私費を投じて短篇コメディ『飯桶』、ドキュメンタリー映画『新南京』と『中国新聞』を製作、翌一九二三年三月一五日に滬江影戯院にて封切られた（図4-8）。マチネ上映もふくめ一日三回上映が敢行されたこの興行は、まず張謇の倭子墳参拝、南通の風景、大富豪・周扶九の葬儀、セント・ジョンズ大学と南洋大学のサッカーの試合などが収められた二リールの『中国新聞』が上映され、続いて南京のさまざまな風景や場所をキャメラの修めた三リールの『新南京』が上映された。メインの作品として、主人公「ふとっちょ」が眠っている最中に思う存分飯を食らう夢を見る様子を二重焼きで表現したコメディ『飯桶』が上映された。封切翌日の『申報』一面掲載の広告では、その演技の滑稽みを当時のアメリカの喜劇俳優ロスコー・アーバックルやハロルド・ロイドの名前を出して形容している。また、上映の最後には日刊紙『申報』の求人募集広告が（おそらく幻灯で）投影されたという[91]。大々的な上映広告や試写会に参加した『申報』記者による批評記事を新聞で大きく取りあげさせるなどの広告戦略が功を奏し、同プログラムはその後も滬江影戯院で再上映を重ね、そのたびに上映の反響を伝える記事が『申報』に掲載され続けた。なかには、映画にインスピレーションを得て詩作を行った観客からその詩文が送られてきたという逸話を報じるもの[92]や、南京警察庁の王固磐がウィーンで開催される万国警務会議参加のために出国するさいに、中国の「国光の発揚を宣伝する」目的で『新南京』を国外に持ち出すことを報じるもの[93]、また同プログラムが北京や天津でも上映されることを報じるもの[94]もあった。こうした報道の過熱ぶりにもかかわらず、その後多額の負債を被った盧寿聯は映画産業から手を引き、滬江影戯院も中国影片製造公司も自然消滅してしまった。しかし、この時盧寿聯とともに映画による社会改良を志した面々は、後に各々が映画界を背負って立つ重要な役割を担い、萌芽期にあった国産映画産業の立役者となったのだった。

### 程樹仁と孔雀電影公司

映画館経営者程樹仁（図4-9）もまた、前節でみたような映画製作から興行、映画ジャーナリズムを横断的に連結させながら小規模ながらもメディア・コングロマリットを形成するという一九二〇年代の映画業界における典型的な経営方法をほぼそのまま踏襲した。同時に、盧寿聯が財界要人の後ろ盾を得て事業拡大を図ったように、程樹仁もまた政財界の要人の権威と資金を借りながら教育や社会改良の良き工具としての映画活用を志したのであった[95]。

図 4-9 程樹仁
出典：*The China Press.* 27th January, 1929.

程樹仁は一九一九年、義和団事件の賠償金の一部で設立され中国人向けに米国留学準備のための教育を施していた清華学堂（後の清華大学）を卒業後、アメリカへ留学した。この時、程と同じくアメリカへ渡った同窓生には、後に劇作家・映画監督となった洪深や、中華電影学校で教鞭を執った沈誥がいた。清華学堂在学中に偶然見たハリウッド映画に強く刺戟され、毎週のように映画館へ通うようになった程は、一九一七年日本で開催された「第三回極東運動会」参加のために来日したさい多くの日本映画を鑑賞し、日本において映画はある種の「教育的機能」があることに感慨するとともに、「活弁」という独自の翻訳システムにも大いに注目した。そして弁士が外国映画を日本語で解説するように、中国映画にも字幕をつけるという考えを抱き始めたという。(96) 程は一九一九年、ウィスコンシン州のローレンス大学教育学部へ編入、翌一九二〇年六月に卒業後、一旦はシカゴ大学大学院の修士課程へ入学するもすぐに退学し、その後改めてコロンビア大学大学院へ進学した。(97) コロンビア大学を選択したのは、すでに学士を取得した教育学についての知見を深めるとともに、勉学の合間にニューヨーク写真学校(New York Institute of Photography)へ通うためだった。(98) 一九二二年に教育学の修士号を取得した程は、政治家から実業家へと転身をはかりつつあった当時の北京政府の要人周自斉がニューヨークを来訪したさいに偶然に知己を得た。映画事業を興す心づもりのあった周と程は意気投合し、孔雀電影公司設立にむけて実務レヴェルでの調整を急ピッチですすめていった。(99) 一九二三年二月に周自斉がメディアに語ったところによれば、孔雀電影公司は中国営業合資公司が百万元で設立し、目下アメリカ映画の中国への輸入業務を専門的に行っているが、将来的には映画製作にも乗り出す計画であった。またその主旨も、滬江影戯院や中国影片製造公司のそれと同様に、アメリカ映画における「ゆがんだ」中国人像を矯正すべく、「正しい」中国を撮影しアメリカに知らしめる為であることとされた。これに先立ち、周は米国滞在中にアメリカ映画製作配給者協会(Motion Picture Producers and Distributors of America, MPPDA)のウィル・ヘイズと面談し、中国における映画会社設立にたいする賛同を得ていた。(100)『ウィル・ヘイズ・ペーパー』に残された記録によれば、面談は一九二二年、中国、タイ、ジャワ、スマトラ、マラヤ連邦、フィリピンにおけるアメリカ映画の配給という主題のもとに三回に渡って行われた。その結果、J・A・トマスら中米合資会社として設立された孔雀電影公司のアメリカ側の設立者たち六名に加え、周自斉を始めとする中国の政財界の代表者八名によって業務を請け負う会社を運営し、中国政府との協働の下「中国の教育制度の補助に効果を及ぼす」ことが確認された[101]。この会社こそが、孔雀影片公司であったのだ。

孔雀影片公司は、中国政財界の大きな後ろ盾を得たという事に加え、壮大な事業計画を持っていた。まず、一九二三年三月、社長のF・V・チェンバリンが『ノース・チャイナ・デイリー・ニューズ』紙の記者に対して六〇〇を越えるタイトルの映画を輸入候補として検討していることが発表される[102]。それらは、コメディや悲劇の他、大量の衛生、教育映画が含まれていたが、ユニークなのは、社会風化に悪影響を及ぼすような映画を自らの手で中国輸出の対象から除外していることだった。結局、最終的には八〇タイトルほどが選定され、上海では滬江影戯院や上海大戯院といった「ヘテロトピア」の性格が強い映画館で公開された。同社が導入した映画のうち最初の劇映画は一九二三年五月六日、上海大戯院で封切られた『*Hearts Aflame*』（レジナルド・ベイカー、一九二二年、中国語タイトル『熱血鴛鴦』）だった。以降、上海大戯院では孔雀電影公司の配給作品が陸続と公開された。

孔雀電影公司はまた、将来的には中国全土に二〇〇〇館もの映画館を建設することも発表し、話題を呼んだ[103]。ただし、孔雀電影公司が実際に系列館を開業するのは一九二七年一月のことであった。その七カ月ほど前にオープンしレストランやルーフ・ガーデン、ダンス・ホールを併設して人気を博した東華（パレス・オリエンタル）大戯院を受け継いだ時だった[104]。東華大戯院ではオープン当初から北京大戯院で成功していた何挺然が映画部部長に就任し、映画の選定も担当していた。東華が孔雀電影公司に接収された後に何の役目を引き継いだのが、程樹仁だったということになる。孔雀電影公司は映画製作にも乗り出し、程樹仁自身も『孔雀東南飛』（一九二六年）を監督したが、この作品は外国映画の封切館だった何挺然の北京大戯院で上映された（同年一二月五日封切、図4-10）。ハ

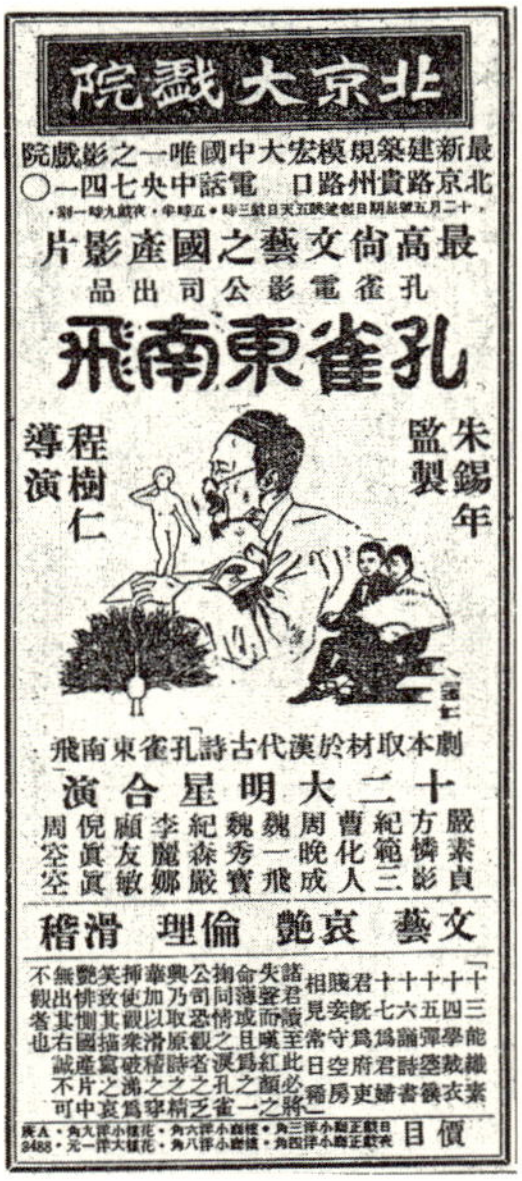

図 4-10　『孔雀東南飛』封切時の広告
出典：『申報』1926年12月4日.

リウッド映画の封切上映との併映という形ではあったものの、当時を代表する外国映画専門上映館での中国映画の封切りは特例であったが、それが実現したのは、東華大戯院の実質的な運営を任されていた何挺然が、孔雀電影公司とその後も良好な関係にあったことが大きく影響していたと考えられる。しかし、何挺然と程樹仁との接点は映画館経営という文脈だけではなかった。程樹仁は、YMCAの関連団体であるワイズメンズクラブの幹部職員という肩書きも持っていた[105]。上海の英字新聞『チャイナ・プレス』に掲載された程樹仁のプロフィールには、程が中国人で初めてアメリカで映画を学んだ人物であることが紹介されている[106]。実際、程の映画観はYMCAの理念と合致するところが多い。程が新聞に発表した論文によれば、中国では過去十数年にわたって「賎しく劣悪な映画」が全土で上映され、アメリカ映画といえば「キス」や「脚の露出」といったイメージに毒されていることを憂い、孔雀電影公司は映画を精査することで「教育産業、道徳、及び娯楽価値の高い映画を世の中に提供」し、「言葉で表現できない楽しみと安らぎ」を与えること、そして孔雀電影公司が「世界と人類の真実にかんして正確な情報を与えるとともに、新思想や新知識、そして近代的な物事の進め方（近世処業）を中国人民に紹介し、繁栄して便利になった生活における大きな希望を引き起こす」という目的があることが宣言された。さらに、孔雀電影公司が全国各地に映画館を開くことで、「老若男女、強者と弱者の区別なく、みな気軽に映画館へ入ることが可能」となるので、「孔雀電影公司が世界でもっとも健全で最も平民主義の機関」となることを目指すのだ、という姿勢が明らかにされた[107]。程のこの論文ではまた、孔雀電影公司の方針が商務印書館の視覚メディア事業を意識したものであることに触れている。ここに、程が上海YMCAの実践によって拓かれた「健全」なるヘテロトピアの拡大を企図していたことは容易に見出せるだろう。

しかし、大規模映画館チェーンの構築は一九二三年一〇月に周自斉が逝去したことに加え、一九二五年に勃発した五三〇事件で引き起こされた全国的な反帝国主義ナショナリズムの気運の影響を受け批判の対象となり、実現することはなかった。代わりに、六合影片営業公司や新人影片公司、天一影片公司などが南洋を中心とした上海映画配給網を確立していく中で、ナショナリズムを映画産業の重要な柱に位置づけ、映画を「通俗」から「政治」工具へと「格上げ」する基礎を作りあげていったのだった。

上海ＹＭＣＡによって始められた「健全」なる映画上映実践は、その後継者たちによって着実に上海の映画興行界へと浸透していった。市場原理が最優先されるこの業界において、かれらによって選ばれ上映された映画作品が果たして「健全」さを貫徹できたかどうか、と問われれば、答えは否である。かれらの映画館で主に上映されたのは、時の流行に乗じたものが多くを占めており、時には映画ジャーナリズムから糾弾されたような裸体を売りにした映画やアトラクションが実演されることもあった。しかし、そのような姿勢は、政治・経済的に過度の制約と競争が展開されていた上海という近代都市に生きる職業人として、あまりにまっとうな選択だったのではないだろうか（他方で、かれらはそのような「猥雑」な興行を、「健康美」という概念を用いて正統的なモダニズムの実践へと昇華させたのであった。このことは本書第七章で詳述する）。かれらのようなごく普通の職業人にかんする考察を阻むのは、かれらが知識人とは違い、多くを語らず、多くの文章や記録も残していないという点に尽きる。それでも、断片的な資料を丹念につなぎ合わせてみれば、かれらが企業家として商行為を実践する一方で、社会改良や民族主義の使命をも担おうとしていた姿が見えてくる。[108] ここでは映画興行と社会改良が表裏一体となって展開していったという新しい枠組みの提示を通じて中国初期映画史の再考が迫られているという課題を確認すると同時に、映画鑑賞のまさにこの側面が本来多様であった観客の映画の受容の有り様を一元化し、映画鑑賞を文化規律として成立させることになったという問題を提起することで章を閉じたい。

# 第五章　刺激の近代——『閻瑞生』の変奏

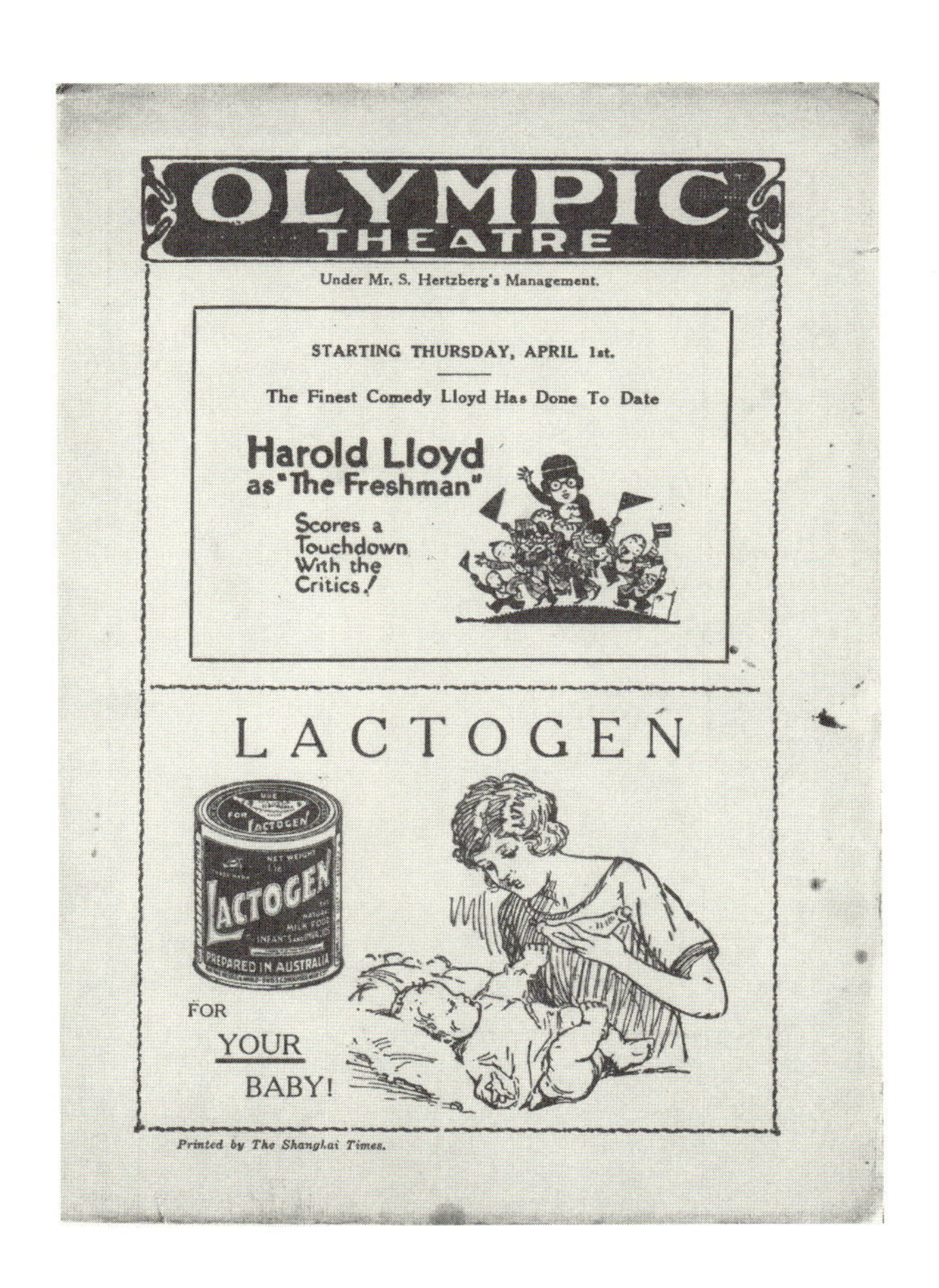
OLYMPIC
THEATRE
Under Mr. S. Hertzberg's Management.
STARTING THURSDAY, APRIL 1st.
The Finest Comedy Lloyd Has Done To Date
Harold Lloyd
as "The Freshman"
Scores a Touchdown With the Critics!
LACTOGEN
LACTOGEN
PREPARED IN AUSTRALIA
FOR YOUR BABY!
Printed by The Shanghai Times.

中国で初めて製作された長篇劇映画『閻瑞生』は、外国製の犯罪映画を模倣したとも言われるほどにセンセーショナルな内容を売りとしていた。『閻瑞生』登場の背景には、新聞の三面記事、実録風小説、演劇における時事もの、そして写真の流行などの結果生み出された、メディア文化における極度のセンセーショナリズムが上海を覆っていたという事実があった。当然ながら、それは同時に映画の取締強化をもたらす結果を招くことにもなった。第五章扉の図版は『閻瑞生』の封切館オリンピック大戯院のプログラムの表紙（一九二六年四月、改組により同院がハーツバーグの手に渡った直後のもの、筆者蔵）。

## 一　「刺激の近代」と長篇劇映画の誕生

一九八〇年代に隆盛した初期映画研究は、映画とそれに先行／併存した視覚表現形式との関連に着目することで、先に映画ありきの観点からなされてきた映画史研究のパースペクティヴを大いに揺るがした。とくに、初期映画の有り様を観客が経験した感覚的ショックという点から捉え直した「アトラクションの映画」がトム・ガニングによって提唱されると、これに触発された多くの優れた研究が後続した。たとえば、ヴァネッサ・シュワルツは一九世紀末のパリで流行したモルグ（死体安置所）、パノラマや蝋人形展の観客たちがシネマトグラフの潜在的観客であったことを見出した。(1) シュワルツによれば、映画に先行して流行したこれらの娯楽を通じて追求された極度のリアリティ志向は、新聞や雑誌などの活字ジャーナリズムによる文字情報と互いに補完し合いながら、「公衆 public」のリアリティへの、そして刺激への欲求を満たしていったという。新聞や雑誌によって「書かれた報道というものが公衆（パブリック）を全面的に満足させることはない」(2)。そのため、パノラマや蝋人形といった見世物の持つ迫真性が――ときにその迫真性は「リアリティのセンセーショナル化された在り様(3)」さえをもたらすことになるのだが――その満足の穴を埋める役割を担ったのだった。他方、ベン・シンガーはジンメルやクラカウアー、そしてベンヤミンといった社会思想家を参照しながら、モダニティを「刺激の殺到」という身体感覚の観点から再定義した。一九世紀末から二〇世紀初頭の西欧社会における大衆ジャーナリズムや演劇、映画などに見られた過剰なセンセーショナリズム、シンガーが称するところの「ハイパー刺激 hyperstimulus」は大衆の感覚を麻痺させ、さらに過激な刺激を生み出していった。シンガーは、都市の刺激を介して受ける身体的ショック経験それ自体がまさに近代を遂行することに他ならなかったことを証明したのである。(4)

大衆娯楽におけるリアリティ志向が表現のアトラクション化を促し、そこから生じる刺激によってさらに扇情的な表現が生みだされるというエコノミーは、世紀転換期を迎えた欧米社会に限定された現象ではない。若干のタイムラグの後に大衆ジャーナリズムと都市娯楽文化の成熟を迎えた東アジアにおいてもまた、さまざまな形式による「刺激の近代」が経験された。一九二〇年代以降東アジアの諸都市に花開いたモダニズム文化の隆盛は、まさに「刺激の近代」の到来とそれを忠実に遂行した人びとの存在を反映しているのではないだろうか。

われわれがアジアの近代を語るとき、あらゆる領域において見出される西洋との不均衡な政治的力学関係を無視することはできない。しかし他方で、テクノロジーや商業文化の発展と密接に連動していた大衆娯楽の領域では、往々にして「西洋対東洋」の二分法に回収することのできない複雑で多様な事例に溢れていたということもまた事実であった。科学技術や社会的インフラストラクチュアの整備、労働人口の大量流入、そして余暇の発達といった近代都市を成立させる諸条件は、時空を越えた共時性をもたらした。シー・シューメイ（史書美）は新感覚派小説における女性の身体描写が極度にフェティッシュ化されていたことにかんする論考において、上海における消費文化、とりわけ視覚的イメージのフェティッシュな「繁栄」とは、実態的・地理的な意味における「場所」としての上海から「空間」としての上海を切り離し、後者を西洋帝国主義がもたらした近代的なテクノロジーや制度で置き換えるという半植民地状況によってもたらされた、極めて幻影（ファンタスマゴリック）的なものであったと指摘した。[5] わたしがここで試みたいことは、中国初の長篇劇映画『閻瑞生（えんずいせい）』の登場を、観客の存在しない空間としての娯楽文化において近代的なテクノロジーとしての映画により生みだされた幻影としてとらえたさいにこぼれ落ちてしまう現象に注目することだ。その代わりに、ここではこのフィルムを多義的で流動的であった当時のアクチュアルな文化の実景へと還元してみたい。民国期上海の映画市場がアメリカ製映画の氾濫という形で経済上の帝国主義的支配を被る一方で、日々の日常生活の実践において人びとは視覚的「刺激」という近代的身体感覚へと否応なしに、そして時には自ら主体的に「順応」することを選択もしたし、また別の時にはその刺激を警戒して退けるために映画の統制を企図するに至った。いずれにしても、実存としての観客たちが近代の刺激にそれぞれのやり方で対応したわけであるが、それは可変的で流動的な半植民地下の近代都市という環境を生き抜くために実践されたヴァナキュラー・モダニズムのそれぞれの有り様だったといえる。この点について、本章では、『閻瑞生』が世に送り出されるまでの過程を通じて素描してみたい。

## 二　『閻瑞生』の物語の成立──ジャーナリズム、演劇、映画

映画『閻瑞生』は、一九二〇年初夏に上海郊外で発生した殺人事件に取材した「物語」である。事件発生から一九二一年七月の映画版の封切りまでの間、この閻瑞生をめぐる「物語」はジャーナリズムと演劇界において繰り返し主題化されつづけていた。ここではまず、映画『閻瑞生』に到るまでの数々の『閻瑞生』の変奏を検証し、当初は時事性の強かったこの演目に、徐々に暴露趣味と扇情的演出が施されていった過程を確認したい。

### 事件の経過と報道

外資系企業に勤める青年閻瑞生とその仲間が、金目的のために人気妓女・蓮英を殺害した事件の第一報が伝えられたのは、一九二〇年六月一六日のことだった。報道によれば、徐家匯郊外の住民保宗迪が麦畑で女の死体を発見し、上海地方検察庁へ通報したことが事の発端だったという。死体は齢四十余り、縦縞の木綿の衣服を身にまとい、靴は履いておらず、状況から察するにおそらく別の場所で殺害された後、麦畑へ運ばれたものだと推察された。(6)ところが翌日の上海各紙に掲載されたこの女性の遺体の検死結果にもとづく新たな事実によって、遺体の身元は次のように上書きされた。「死体の年齢は二十前後、絹の上下衣服を着用し、纏足ではない自然の足で、靴は履いていなかった。見た感じは遊郭の人のようである(7)」。さらに、死因はひも状のものによって頸部を圧迫されたことに起因する絞殺であり、凶器も犯人も発見されていないという。そして同一八日の第三報において、ついにこの事件の

被害者が明るみに出た。死体の主は妓女・蓮英であり、かの女が働いていた裕福里の妓院主の証言により、事件の夜の蓮英の足跡が詳細にたどられた。蓮英が殺害された旧暦四月二三日（西暦六月九日）の晩、蓮英は閻瑞生を客にとっていた。蓮英は絹の衣服とフィラメントの足袋を着用しており、身につけていた宝飾品は銀の腕輪と腕時計を一組ずつ、大きなダイヤモンドの指輪を二つ、それらの総額は五〇〇〇元にも上らんとするものだった。二人はその夜中に車で出かけたきり、戻ってこなかったという。主人の証言は、蓮英殺害の犯人が閻瑞生であることを暗に示唆するものだった(8)。

初期の事件報道では、被害者蓮英の家族の動向も事細かに報じられた。たとえば、蓮英の父親が『新聞報』の事件第一報を読み、報じられた死体の服装が娘の蓮英のものに似ていることから、上海地方検察庁へ身元確認のために訪れ遺体の返却を直訴したことや(9)、犯人の行方を追って聞き込みの努力を重ねていることなどが伝えられている(10)。さらに、一家の大黒柱だった蓮英がいなくなり生活費が入らず困窮しているため、この報道を読んだ蓮英の客で枕金を未払いの者がいれば早くに払ってほしい、と懇願する母親の訴えも取りあげられた(11)。肉親の動向にかんするこのような情緒的な報道は、事件に対し三面記事にふさわしい扇情性を付与した。

容疑者が絞られた後の報道は、この閻瑞生なる「凶悪犯」がいかなる生い立ちなのか、何故貧しい一家を懸命に支える若い妓女を殺害するに至ったかに関心が集中した。同一九日の『新聞報』は、閻をよく知る者の証言だと称する記事を掲載している。閻瑞生は外資系企業に勤める会社員で、父親は某通りにて不動産管理業を営んでいた。曰く、閻は以前父親に代わって回収した家賃四〇〇―五〇〇元をすべて使い込んでしまったことがあったという。この「証人」はまた、閻は日頃より映画館でスリルあふれる探偵映画を鑑賞することを好み、何日も遊びふけることも多かったので、今回の犯行も金目当てであろうと続けた(12)。この後の各紙の報道では、閻の実家は裕福なのだから、金目当ての殺人ではなく、殺害そのものを楽しんだのではないかとの憶測が流れ(13)、犯行の動機はますます謎めいてくる。二三日の『申報』では、「妓女蓮英を殺害した閻瑞生の肖像」とのキャプションつきで、閻瑞生の微笑みをたたえた品の良さそうな顔写真が、被害者蓮英の写真とともに掲載された（図5-1）。後に閻の自伝の表紙の原型となったこの写真は、容疑者の出自の良さと堕落との落差に——各紙の地元ニュース欄を連日占拠していたこの事件の報道の最大の関心は、まさにこの点だった——明確な視覚的イメージを与え、事件報道をさらに扇情化した。

他方、閻瑞生の華麗なる逃走劇もまた、読者たちの興味を大いに引きつけた。六月二八日には関係者の証言として、閻の潜伏先は別居中の妻の実家であるかもしれないこと、また閻はキリスト教徒であり、事件を起こした後、佘山のある教会に潜伏していたとの情報が報じられた。閻はその後実にひと月以上も逃亡を続け、同年八月初旬、ついに江蘇省徐州で逮捕された。取り調べが始まると、閻本人の口からその逃亡生活の全貌が生々しく語られ始めた。事件後、閻はまず三馬路のとある洋館の屋根に身を潜め警察の追跡をかわした。その後、上海郊外の青浦県朱家角にある妻の実家へ逃げ、義母の助けを借りて麻の半袖半ズボンに着替え地元民風に変装し潜伏した。ところが潜伏に嫌気を覚え、気晴らしに地元の茶館で茶を飲んでいたところ、これを怪しんだ者が上海まで通報しにやってきたのだが、この時は結局閻を捕らえることはできなかった。その後閻は義母に頼んで船を準備し逃亡を企てたのだが、この動きを察知した地元の探偵が自家用高速船で追ってきた。追っ手に気づいた閻は河へ飛び込み得意の泳ぎで逃げおおせ、隴海線沿いに河南へ抜けようと試みた[14]。その途中、徐州まで辿り着いた閻は沈慈英との仮名を使い隴海鉄路公司で働いていたところ——おそらくメディアに掲載された閻の写真に見覚えがあったのだろ

**図5-1　閻瑞生と蓮英の肖像**

出典：『申報』1920年6月23日.

う——地元の警察に見破られ、逮捕されたのだった。徐州から閻の護送にあたった探偵黄潤甫によれば、上海到着後、留置所での取り調べの最中、閻の口腔内には価格にして一千二百元余りのダイヤモンド一粒が隠されていたのを発見したという。黄探偵の尋問の後、閻は英公廨第一刑事法廷でさらなる取り調べを受けた。出廷のさい、閻が身につけていたのは麻の半袖、半ズボン姿で、裸足に布靴を履いており、かつてのエリート会社員の雰囲気は微塵も感じられなかった。当日はこれを一目みようと多くの野次馬が集まり、第一刑事法廷前には黒山の人だかりができたという。(15) また、閻の逮捕の数日後、供述により共犯者呉春芳の存在が明らかにされ、呉は潜伏先の宝山路黄徳昌茶葉店上階で逮捕された。(16) 事件の容疑者が次々と逮捕され事件の詳細が報じられると、被害者蓮英の父は、「凶悪犯」閻瑞生を早く法廷で裁き、法律に則り厳罰に処してほしい旨、公共公堂へ二度に渡り直訴した。(17) この案件の管轄が上海地方検察庁から松滬護軍使署に移されると、九月一三日から法廷での審議が始まった。審議では、閻と蓮英との出会いから犯行の詳細、逃走の径路などについて生々しい証言が相次ぎ、逐一報道された。そして、同年一一月、主犯二人に対し、刑法第三七六条の共同強盗殺人罪、および懲盗匪法第三条にもとづき、銃殺刑に処されることが決定した。一一月二三日の『新聞報』では、その日の午後三時より龍華死刑執行場にて閻瑞生と呉春芳の銃殺刑が執行されると報じられた。最期の日、懺悔を済ませ十字架をかけた閻瑞生と呉春芳は人力車に乗せられ、龍華の処刑場へ向かった。道中には、刑場へ向かう妓女や閻の友人らが乗った数十台もの車が列を成していた。龍華橋を通過するとき、閻は目を閉じ、呉は「このきたない淫売め！」と叫んだあと、皮黄調に乗せて心情を朗々と歌ったという。(18)

事件の第一報から死刑執行までの約五カ月余り続いた一連の報道は、まるで探偵小説の連載のごとくスリリングな内容であった。探偵による閻のダイナミックな追跡劇や、変装を続けての逃走劇は、上海でも上映されたフランス製探偵映画『ジゴマ』（一九一一年）シリーズにおける、探偵ニック・カーターと怪盗ジゴマとのそれを彷彿とさせる。このように、事件報道そのものに付加されたセンセーショナリズムこそが、後に、この事件をもとにした演劇、映画が創作される源流となったのだった。

事件報道が扇情化した背景として、この頃上海の新聞で誕生した社会ニュース欄の存在を指摘することができるだろう。一九一二年に直長式印刷が導入され、一面六段組のレイアウトが定着すると、日刊紙の紙面に掲載される記事は急増した。[19] 政治、国際、教育、経済、本市（本埠）、社会といった専門欄が現れるようになったのも、六段組で版が組まれ始めてから定着したものだ。[20]『申報』や『新聞報』に「本市のニュース（本埠新聞）」欄が登場すると、街のあちこちで起こった事件、事故、公判の記録、娯楽場や劇場の広告や催しの告知など、ありとあらゆる雑多なニュースが紙面に溢れるようになった。中国における新聞学の泰斗で新聞記者でもあった戈公振は、「本市のニュース」欄の編集とは「都市を編集すること」に等しいと言い、編集者は地形に通じ取材経験豊富で、どんなに些末なことでも読者の立場に立って遺漏無く伝えることが求められるとしている。[21] 増え続ける社会ニュースに対応するため、『申報』では一九二四年より「本市のニュースの増刊（本埠増刊）」欄が新設された。

著名な出版人張静盧は、「ニュースがあってから人を取材するのでは良い記者とはいえない。人からニュースをひねり出してこそ良い記者なのである」[22]として、外回り記者のあるべき姿を表現しているが、このような取材姿勢はしばしばニュース記事を扇情化させることになったといえる。張静盧はさらに、記事の叙述は、出来事がいつ、どこで発生し、誰が関わったのか、現場の状況がどうであったかといった客観的な事実のみならず、それに関わった人びとの喜怒哀楽といった心理までを微細に記述することで、「次の日にニュースを読んだ数十万人もの読者たちが感慨し感動するような情緒を引き起こし、あたかもその現場にいたかのような感覚を感じさせることができるのだ」と説く。[23] 蓮英殺害事件にかんする一連の報道は、犯人と被害者、そして関係者の生い立ちや人間性、心情、行動の一つ一つにまで入り込んだ細部への執着によって、「三面記事」にふさわしい臨場性と扇情性を醸成したのだった。

こうした側面からいえば、「三面記事」の登場が、一九一七年の『時事新報』の文芸欄を嚆矢とするいわゆる黒親和性を持っていたのである。そして閻瑞生による事件は、その格好の主題となったのだった。

幕小説の登場と同じ地平に起こったことは、偶然ではなかった。扇情化する事件報道は、本質的に黒幕小説と高い[24]

## 黒幕小説

『新聞報』、『申報』といった上海の主要な日刊紙が連日事件を報道していたまさにその最中、事件の犯人閻瑞生とその被害者蓮英をめぐる黒幕小説が出版される。閻がまだ逃走中だった一九二〇年七月には早くも『花柳界の総理・蓮英殺害記（花国総理蓮英被害記）』[25]、そして『蓮英惨史』と『閻瑞生密史』[26]が出版され、その後も陸続と関連する黒幕小説が世に出された。付録として犯人閻瑞生や被害者蓮英の幻灯がつけられているものが多いことから当時は幻灯が一般にも普及していたことがわかるのだが、同時にこの事件の衝撃が、文字情報に加え被害者であるエリート会社と被害者である「美女」の娼妓の視覚イメージによって補強されていた様子もまたうかがえる。この他、公判の最中には閻瑞生みずからの手によると宣伝された『閻瑞生自述史』[27]が出版された。

これらの黒幕小説は未見ではあるものの、新聞広告に列挙された目次を見ると、いずれの書籍も事件の経過にかかわる客観的事実を記述するというより、関係者の人間性や意外な真実の暴露といったスクープ性に重点が置かれていることは明白だ。たとえば、『花国総理蓮英被害史』の目次には「蓮英妓女へと堕落する」、「蓮英の商売術」、「蓮英の報酬」など遊郭での商売術の他、親孝行や破綻した結婚など、事件とは関連の薄い話題が並ぶ。『蓮英惨史』の場合、実地取材を行ったと謳うだけあっていくらかは事件の客観的事実を伝えると思われるトピックが見られるが、「蓮英が身につけていた高価な宝飾品」、「蓮英の検死状況」、「蓮英が残した乳飲み子」という具合に暴露趣味的傾向が強い。これらの黒幕小説は、閻瑞生にしても蓮英にしても、もともとは家柄もよく立派な人物だったのが次第に堕落して、最後には殺人事件の犯人と被害者というところまで落ちていくという筋書きで一致している。こうしてみると、新聞報道と黒幕小説は、同じコインの表と裏の関係にあるようだ。すなわち、新聞報道は黒幕小説が欠いている速報性、時系列、客観性を補完し、逆に黒幕小説は新聞報道が内包していた扇情的要素をさらに過激化することで、フィクションともノンフィクションとも言いがたい『閻瑞生』の「物語」を創造していったのだった。

リアリズムと扇情に彩られたこの「物語」は、次に演劇へと舞台を移していく。清末に起こった京劇の時装新戯や、時事的な話題を盛り込んだ即興演説を披露する文明戯の言論老生に見られるように、近代以降時事ニュースは頻繁に演劇へ取り込まれていた。このように迫真性を呼び物とする清末民初の上海演劇界の土壌にあって、閻瑞生による蓮英殺害事件は容易に取り込まれうるニュースであったことは想像に難くない。上海を代表する劇場が競うように上演した『閻瑞生』の「物語」は、その扇情化にさらなる拍車をかけることとなる。(28)

### 演劇における『閻瑞生』

演劇版『閻瑞生』は、閻瑞生と呉春芳の銃殺刑執行の二日後には早くも舞台で演じられたが、各劇場は早くよりこの「物語」の舞台化を新聞広告で予告していた。たとえば、大世界乾坤大劇場は同年九月一三日に『蓮英劫』の上演広告を新聞に掲載し、同一四日、一五日の上演を宣伝していたが、結局この時は上演に到らなかった。前述のように、閻瑞生の法廷での審議は九月一三日より始まっている。『蓮英劫』の初演はまさにこの審議に合わせて計画されたものだろう。しかし、何らかの理由によって上演には至らなかったようだ。この例のみならず、他の劇場の上演広告からも『閻瑞生』の上演スケジュールが法廷での審議や死刑執行のような事件の経過と密接に連動していた様子が窺える。時事ものの芝居を鑑賞することは「劇場でニュースを見る（到戯館看新聞）」と表現されることがあったが、(29)『閻瑞生』という演目の公演もまさに、時事ものの生命線である速報性が重視されていたのだった。

『閻瑞生』関連演目は、大世界乾坤大劇場と笑舞台では一九二〇年一一月二五日より、大舞台では一一月二七日より上演された。翌年一月一日からは共舞台が、一月二一日からは新舞台がそれぞれ開演した。表5-1は閻瑞生

表 5-1 『閻瑞生』関連演目が上演された日数

（単位：日）

| 劇場名 | 大世界乾坤大劇場 | 笑舞台 | 大舞台 | 共舞台 | 新舞台 |
|---|---|---|---|---|---|
| 形態 | 文明戯 | 文明戯 | 京劇（時装戯） | 京劇（時装戯） | 海派新戯 |
| 公演開始 | 1920年11月25日 | 同左 | 1920年11月27日 | 1921年1月1日 | 1921年2月21日 |
| 1920年11月 | 6 | 5 | 3 | 0 | 0 |
| 1920年12月 | 4 | 27 | 24 | 0 | 0 |
| 1921年1月 | 5 | 19 | 11 | 12 | 0 |
| 1921年2月 | 0 | 9 | 9 | 12 | 8 |
| 1921年3月 | 2 | 17 | 10 | 15 | 28 |
| 1921年4月 | 0 | 2 | 10 | 17 | 30 |
| 1921年5月 | 0 | 3 | 4 | 13 | 31 |
| 1921年6月 | 0 | 3 | 11 | 13 | 30 |
| *1921年7月 | 2 | 3 | 5 | 12 | 18 |
| 1921年8月 | 0 | 0 | 1 | 3 | 16 |
| 1921年9月 | 0 | 0 | 2 | 0 | 1 |
| **1921年10月 | 0 | 0 | 0 | 3 | 9 |
| 1921年11月 | 0 | 0 | 0 | 0 | 0 |

注：『申報』を用い，各舞台の広告掲載日数をカウントした．
　＊7月1日から7日までは映画『閻瑞生』の封切り上映期間．
　＊＊9月28日から10月4日まで，映画『閻瑞生』再上映．
出典：『申報』掲載の各舞台の広告による．

関連演目の上演日数の一覧である。『閻瑞生』関連演目は、各劇場が独自の演出をほどこしながら長期に渡り上演され続け、「『閻瑞生』を見ない者は生粋の上海人（老上海）ではない」とまで言われるほど流行した(30)。時が経つにつれ、各劇場の演出が次第に扇情の度合いを強めていくのだが、ここでは『申報』に掲載された劇場広告や劇評を中心に、演出傾向の推移を概観してみたい。

【大世界乾坤大劇場】

上述の通り、最も早くに閻瑞生関連演目を準備した劇場である。三本からなる『蓮英劫』の頭本初演は一一月二五日から三日間行われた。その後同二八日より第二本『閻瑞生統殺される（閻瑞生槍斃）』が、同年一二月に入ると第三本『蓮英秘密を告げる（蓮英告陰状）』が演じられた。公演の大義名分は「社会の悪を微する」

ためであり、この事件を新聞各紙の報道に取材し「真相にすこぶる迫った」内容をめざしたという(31)。

【笑舞台】

笑舞台の『蓮英惨劇記・財産目当ての閻瑞生に命を奪われる（蓮英被難記・閻瑞生謀財害命）』は著名な演劇家・映画作家である鄭正秋によって脚本が編まれた。三本から構成され、一晩で一本分を上演する形式だった(32)。頭本では事件までの経過を、第二本では蓮英の殺人から閻瑞生の逃亡と蓮英の夢を見て改心するまでを、そして第三本では裁判での公判が扱われた。笑舞台の公演は大世界乾坤大劇場の『蓮英劫』と同じ日に上演が始まり、一九二一年七月の映画版『閻瑞生』の封切り直後まで断続的に上演された(33)。笑舞台は、その新聞広告の文言に工夫が凝らされていることで知られていたが(34)、『蓮英惨劇記』の広告も、他のどの劇場広告よりも読みどころの多いユニークな形式のもので、長期に渡り新聞各紙に掲載された（図5-2）。

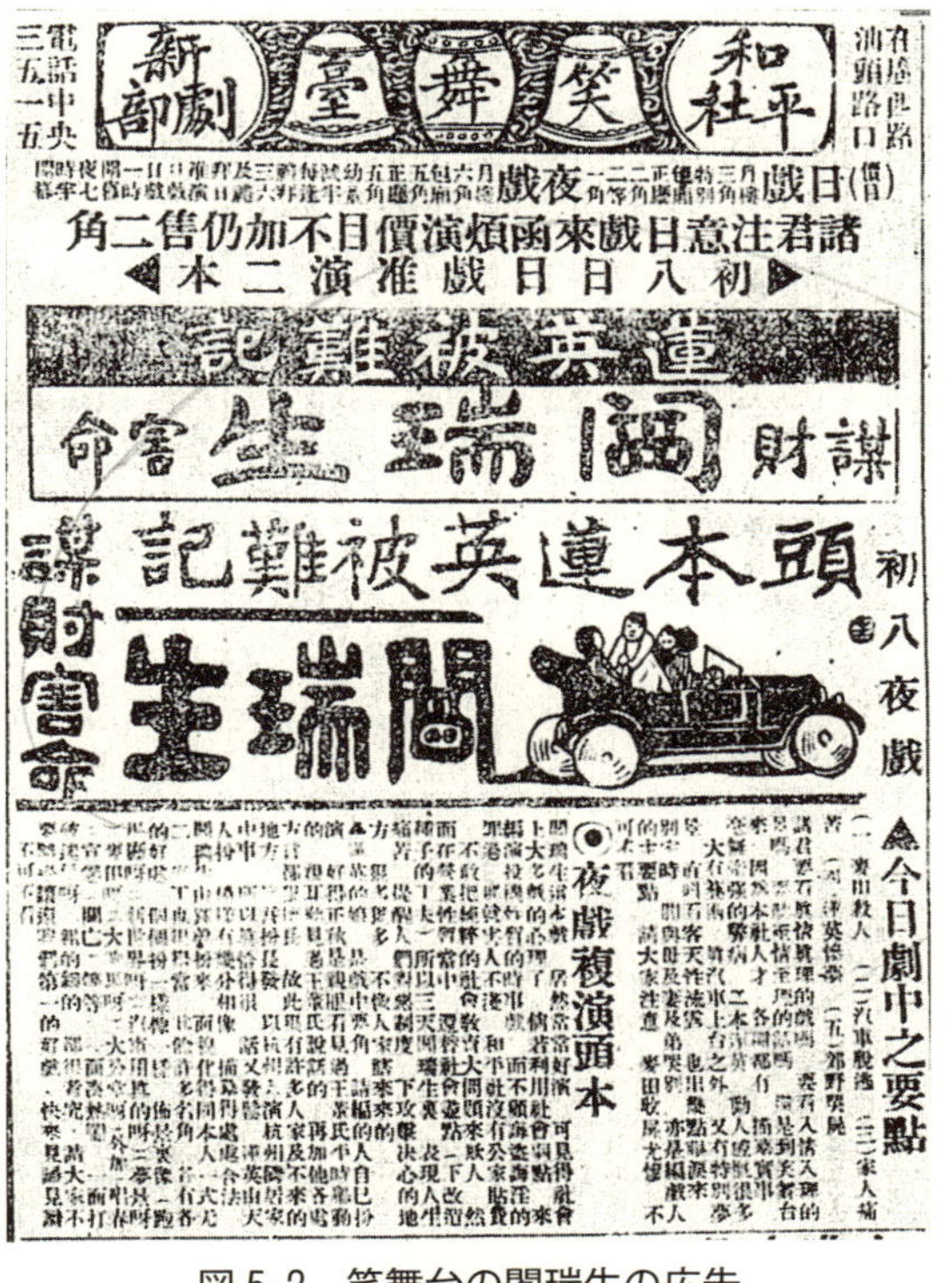


図5-2　笑舞台の閻瑞生の広告

出典：『申報』1921年1月16日.

笑舞台の公演の最大の特徴も、やはり当初は迫真性であった。劇を編むにあたって鄭正秋は「裁判や処刑のあるたびに、現場へ人を派遣して調査」し、自らも事件現場を訪れたり、蓮英の家族に取材したり、事実の把握に努めた[35]。上演広告ではこの他にも、事実の割合は全体の八割程度で、巷に流行する「虚偽の噂話を作りあげるような小説（造謡小説）」のようないいかげんな筋とは異なること、そして演技する俳優の表情も作りものではないことなど、真に迫っていることが繰り返し強調された[36]。また、閻瑞生を演じた張鐘声の顔立ちが閻瑞生本人にすこぶる似ていることも見所の一つだとして繰り返し宣伝された[37]。舞台装置にかんしても、背景に本物の自動車を用いたり[38]、競馬場や遊楽場の新世界、麦畑などの多様な背景が使用された[39]。

笑舞台での『蓮英惨劇記』では本物志向の徹底が強調される一方で、演出におけるセンセーショナリズムも同様の強度を持っていた。初日の上演広告では、閻瑞生が引き起こした事件は終わったものの社会の悪は尽きることが無く、この事件のような惨事はいつ自分の身に降りかかるか分からない、「危ない！　気をつけろ！」と読み手を煽った[40]。この芝居は全体として、起伏のあるストーリーを重視し、人物の喜怒哀楽も明快であることを好んだ鄭正秋らしい特徴が強かった[41]。たとえば、無理に真実に迫るような形では良い演出を施すことが難しい、との理由により人物の心情を盛り込んだ歌が挿入されたり[42]、蓮英の母親が娘の夢を見て苦悩する場面や、閻瑞生が蓮英の幽霊を見て悔い改める場面が挿入されるなど、三面記事で書き立てられたような犯人や関係者の心情を描く筋が強調された[43]。ただし、公演を重ねるうちに、こうした演出にも若干の変化が見られるようになる。初演から四カ月後の一九二一年三月には、「笑いのある所も自然で、観客に益する所が多く、単なる遊び半分の内容ではない」方向へと転換された。ここには、各劇場が長きに渡り延々と『閻瑞生』関連演目の上演を継続していた中で演出が次第に扇情化していった様子が見られる。笑舞台における演出の変化もまた、『閻瑞生』が生み出したリアリティ志向とセンセーショナリズムの循環の中で生じたものであるといえよう。

【大舞台】

閻瑞生による蓮英殺害事件を京劇の時装戯として最初に演じたのは大舞台だった。二本から構成された『閻瑞生』の頭本「蓮英の殺害（謀害蓮英）」は一九二〇年一一月二七日に初演され、翌二八日には第二本閻瑞生の統殺（閻瑞生・槍斃閻瑞生）』からなる大舞台の上演は、毛韻珂が蓮英、趙如泉が閻瑞生を務め、翌一九二一年八月までは概ね月に数回コンスタントに演じられた(44)。

大舞台の演出は、笑舞台と同様背景の豊富さを売りにしており、洋館、書斎、旅館、停車場、競馬場、遊楽場、麦畑など多彩な背景が使用された。ある劇評家は、閻瑞生が車から降りて蓮英を殺害する場面では、閻瑞生に扮した俳優・趙如泉の表情が凶悪で観客に身震いを起こさせるほどであったと記したという(45)。

【共舞台】

共舞台では、一九二一年一月一日より『閻瑞生、蓮英を殺害する（閻瑞生謀害蓮英）』の頭本が、同二二日よりその第二本『閻瑞生統殺される（槍斃閻瑞生）』が初演され、同年秋まで断続的に上演された。蓮英は、当時「文艶親王」との異名を取った人気女優・張文艶によって演じられた。張は平素より上海の高級妓女と交遊があったため、蓮英の身のこなしに近い演技ができたという(46)。また、この人気女優がいわゆる娘盛りの年齢を越え、年齢を重ねつつあるものの、未だに観客をとりこにする強い魅力は健在であり、その妖艶さが演技に現れていると皮肉を交えて評するものもあった(47)。この他、林樹森、呂月樵、露蘭春といった共舞台を代表する俳優たちも主要人物を演じた(48)。

共舞台の『閻瑞生』の演出で最も際立った特徴は、被害者蓮英の妹・王玉英を劇中においても蓮英の妹役として登場させた点である(49)。すでに先行上演されていた他の劇場では、俳優がいかに本人に似ているか、あるいは真実にいかに忠実かが重視されたが、それとは一線を画する目論見があったのだろう。共舞台の演出は、実際の被害者遺族を劇中に登場させ現実と劇との境界を揺るがすことで、この演目に「黒幕」ものの味わいを添え、アトラクシヨン的な色彩を強めたといえる。このためだろうか、共舞台の客の入りは極めて良好だった(50)。
共舞台の俳優たちによる歌唱は、レコードとしても売り出された。露蘭春と厳琦蘭の『夢での忠告（警夢）』はパテ（百代）とヴィクター（勝利）から、林樹森による『統殺（槍斃）』はパテから出品され、いずれも売れ行きは好調だったとされる(51)。

【新舞台】

新舞台の頭本『閻瑞生』の初演は一九二一年二月二一日から、二本目は頭本初演から三カ月余り後の六月六日から上演された。『閻瑞生』ブームにもっとも遅れて参入したのが新舞台であったが、最も長く上演され、人気があったのもまた新舞台の『閻瑞生』であった。頭本の初演から同年七月初旬まで、四カ月以上公演が継続したことからも、受けの良さを垣間見ることができよう(52)。その後も同年一〇月までは間欠的に上演が続いた。趙君来が蓮英を、汪優游が閻瑞生を演じた他、粉菊花、夏月珊、夏月潤など新舞台の俳優が顔を連ねた(53)。

新舞台が「遅れ来た者が先を越す（「後来居上」）(54)」ことができたのは、他劇場との差異化をうまく図ったためだった。新舞台の『閻瑞生』は、何より斬新な舞台装置と真相を暴露する扇情性にその演出の最大の特徴があった。たとえば、俳優たちは本物の車を運転して登場し、演じ終わった後も車に乗ったまま劇場を出て、出口や路上で待ち受けていた観客や野次馬に挨拶して去ったという(55)。また、閻瑞生が追っ手から逃れるために河を泳いで渡る場面では、主演俳優の汪優游が、舞台に設置された大水槽の中に飛び込んで泳ぐというド派手なパフォーマンスを披露し、話題を呼んだ(56)。閻瑞生が幽霊に遭遇する場面や、椅子ががたがた音をたてる場面、葬式に使う人型の紙人形が動く場面では機械仕掛けの背景（機関布景）が使われた(57)。他方、物語面においては、他の劇場では演じられていない事件の数々の真相が、新しいプロットとして挿入された。閻瑞生が逃亡時に隠れていた洋館からどのように脱出したか、逃亡中の閻瑞生が探偵にどうやって捕獲されたか、そして閻瑞生の逃走を帮助した妻の実家から追っ手を振り切りどうやって脱出したのか、いかに変装を繰り返したのか、など他劇場の同演目では見られなかったプロットが多数あることが宣伝された[58]。さらには、一九二一年三月中旬から劇の進行とは関連性の薄い滑稽的要素が挿入されるようになった。上演広告に依れば「ふとっちょ花嫁とムコ殿の結婚式（胖新娘与小郎行結婚礼）」が挿入されることで「可笑しい！可笑しい！実に可笑しい！（「好笑！好笑！実在好笑！」）」できばえとなり[59]、その後も「寧波からの客、妓女を買う（寧波客人打野鶏）」や「山東男、熊と戯れる（山東朋友耍狗熊）」[60]などが挿入された。

もっとも、満員御礼続きの新舞台の興行を支えたこれらの演出に対して厳しい意見をつきつけた批評も少なくなかった。なにより、当初新舞台で主役閻瑞生を演じた汪優游自身、筆名である陸明悔の名義で、過剰に見世物化した演出を批判した。汪は、事実にもとづいたプロットの中に、金儲け目的で、幽霊が出るだの、機械仕掛けの背景を使うだのといった荒唐無稽な演出が見られると一蹴し、唯一事実にもとづいて演出された閻瑞生の公判場面のみを高く評価した[61]。

演劇『閻瑞生』の演出はいずれもリアリズムを標榜してはいたものの、時間の経過とともにその基調は時事性から扇情性へと変遷していった。芝居そのものにたいする評価はすでにみたように芳しくはなく、劇評家・厳芙蓀は一連の『閻瑞生』公演が「半分は売春宿の猥雑なこぼれ話、残りの半分は強盗殺人を写実的に演出したものであり、ただ「淫を悔い盗を悔ゆ（悔淫悔盗）」の四字だけで事足りるものである」と切り捨て、「社会改良を自らの任務だと称しているはずの劇場主は、あろうことかこの類の芝居で金儲けをしているのである」と、劇場側の方針に対しても厳しい意見を残したが[62]、劇場での興行は良好であった。

一連のブームは一九二一年七月一日の映画版『閻瑞生』の封切りでクライマックスを迎えることとなる。事件からすでに一年以上が経過した後に登場した映画版にはもとよりニュース性は期待されてはいなかっただろうが、『閻瑞生』の演劇興行の成功の「鍵」であったリアリティ志向と扇情的演出という二つの要素をもっとも巧みに表現するために、映画はこの上なく適切なメディウムであった。

### 映画『閻瑞生』の登場――リアリズムと扇情

『閻瑞生』上演ブームの最中の一九二一年四月、代表的日刊紙『申報』は、「中国影戯研究社」なる団体が閻瑞生事件を映画化するという記事を伝えた[63]。記事によれば、映画はすでにクランクインしており、事件にかかわる全てのプロットがロケーション撮影中で、俳優たちも映画の経験が豊富であるという[64]。制作費は五万元、一万フィート余の長篇に仕上げられる予定だというこの作品は、近日中に公開され、また海外へ輸出する計画もあることも伝えられた。閻瑞生役は中国影戯研究社のメンバーである陳寿芝が、共犯者・呉春芳を同じく同社メンバーの邵鵬が演じ、蓮英役には妓女出身の王彩雲が抜擢された[65]。六月下旬には、新聞各紙に中国影戯研究社による映画『閻瑞生』の上映広告が掲載された。そこでは、演劇版『閻瑞生』との違いと、映画『閻瑞生』の見所についての同社の見解が示された[66]。曰く、連続劇である演劇版『閻瑞生』は、「二、三日がまん（功夫）してやっと完結するので、長いこと座らされて観客は腰が痛くなるし脚も麻痺してしまう」。しかし、映画版の時間は演劇版の半分よりもさらに短く、「最も経済的な方法でこの演劇を実現した」ため、観客は「一回きりのがまんで見終わることができる」という[67]。撮影では、六カ月かけて数千万元の予算が投入され（この数字は四月の報道と矛盾している）、百人余りのスタッフの心血が注がれた。また閻瑞生と蓮英を演じる主演の二人は、顔立ちが本人に瓜二つであると強調された。

映画『閻瑞生』は、ロケーション撮影という方法で徹底的に現実らしさを追求したことを呼び物としていた。撮影が行われたのは、妓院のあった福裕里、共犯者呉春芳が潜伏していた王徳昌茶葉店、閻瑞生が遊んだ競馬場や高級料理店一品香、蓮英の遺体が遺棄された麦畑、閻瑞生が潜伏した佘山、逮捕劇が繰り広げられた徐州駅、そして取り調べが行われた上海地方検察庁と龍華護軍使署など多数に及んだ。これらのロケ撮影により、演劇の舞台にあるような「絵画で描いた偽の背景とは異なる」映画ならではの迫真性が強調された[68]。

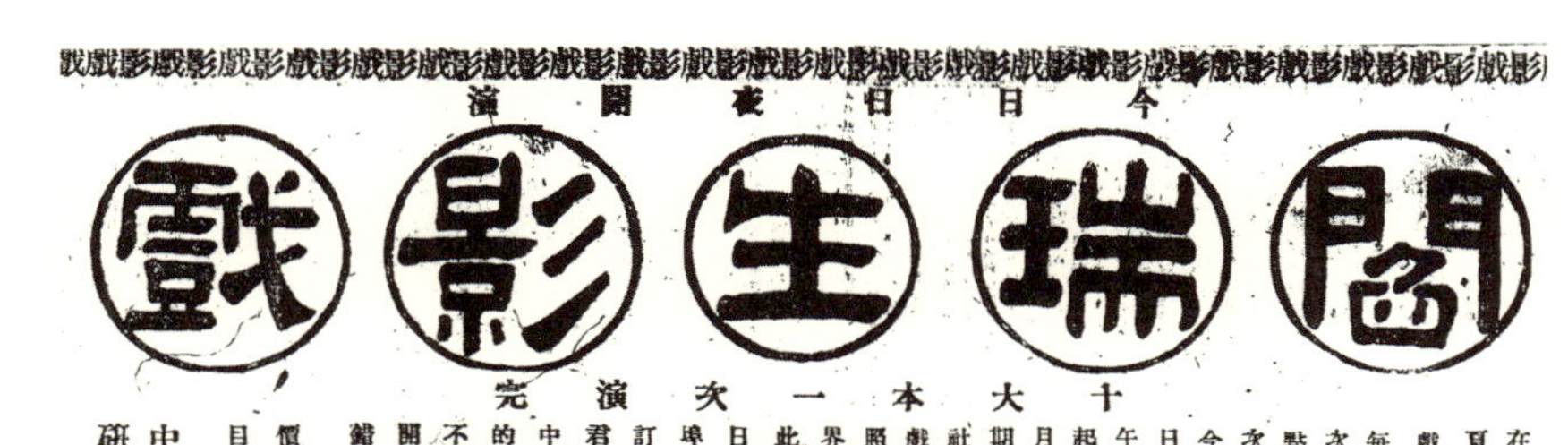


図 5-3　映画『閻瑞生』封切時の広告

出典：『新聞報』1921年7月1日.

こうして完成した映画『閻瑞生』は七月一日、当時の代表的な映画館オリンピック（夏令配克）大戯院において封切られ（図5-3）、七日間の興行は空前の成績を収めた。ところが、ジャーナリズムからは、その内容について厳しい意見が突きつけられたのだった。演劇家・徐卓呆による映画評では、プロットの矛盾から演技の間違い、衣裳や小道具の不適切さから、果ては説明書の内容にいたるまで、事細かに問題が指摘された。[69] また、沁簃は「この種の映画のみが公開後に社会の歓迎を受けるとは、その社会の程度が分かるというものだ」と、映画内容のみならずそれに歓喜する観客をも批判した。[70] 沁簃のいう「この種の映画」とは、どのような傾向を指すのだろうか。程歩高は回想録の中で、映画『閻瑞生』の「モダンで起伏に富んだストーリー」や、高級妓女とプレイボーイの洋行職員という華やかな登場人物、そして「コメディあり、殺人あり、追跡ありで、最後は悪党が逮捕されるというすっきりした結末」だったことが観客受けした要因だと指摘している。[71] 殺人シーンは相当残忍だったと伝えられているが、それがまた観客たちの興味を引き観客を呼び寄せ、上海のあちこちで再上映が続いた。この事態を受け、内務、教育両省はこの映画が「社会教育上破滅的な影響を与える」と懸念し、上映差し止めを画策したほどであった。[72] ところが『閻瑞生』の人気は止まる所を知らず、漢口、広東、北京、蘇州、天津などの地方の主要都市でも上映されるに至った。[73]

ここで、すでにフィルムが失われてしまったとされる映画『閻瑞生』の演出の本質を探るため、「遊歩」という視点を導入して再考してみたい。映画『閻瑞生』の登場までの過程を見ると、それが一連の『閻瑞生』の「物語」の系譜の延長上に生まれたことは明らかであるが、他方でそれは先行する『閻瑞生』の「物語」とは全く異なるものだった。映画『閻瑞生』は、このフィルムにたいする批評がこれまで語ってきたような実際の殺人事件を単純に再現した作品に止まらないし、当時流行していた米国の探偵映画を模倣しただけでもない。それは、観客の日常に組み込まれていた近代都市の「遊歩」という遊興をリアルに再現したという点において画期的だったのだ。このフィルムでは、殺人犯閻瑞生が事件当日に立ち寄った売春宿「富裕里」、事件直前に訪れたとされる「王徳昌茶葉店」、著名レストラン「一品香」、被害者の遺体が発見された麦畑、逃走劇の舞台となった山や駅、そして逮捕後に犯人が収監された警察署といった、事件にまつわる実在の場所を、ほぼ時系列に沿うかたちでくまなく展示された。したがって、映画『閻瑞生』を見ることは、閻の遊歩を追体験することに等しかったのである。また、この作品全体のトーンが必ずしも探偵映画の暴力性一色に染められていたわけではなく「ホラーからコメディまで、そして追跡劇と探偵映画的なエンディング[74]」をカヴァーするという変幻自在なものだったという点からは、映画『閻瑞生』が、遊歩者としての観客の散漫な映画鑑賞に応じる演出を実践したことも確認できるだろう。一本のフィルムがジャンル横断的な要素を持つこと、作品自体が複数の断片的かつ異なるトーンのプロットから構成されているという特徴は、第一章でも触れたように遊歩者の移ろいやすく散漫な映画鑑賞態度を反映しているかのようだ。

こうしてみると、『閻瑞生』の演出は無邪気なセンセーショナリズムというよりも、むしろ遊歩において享受された近代的な都市の刺激——妓女遊び、スピードや距離といった移動の感覚、通りの喧噪や猥雑さといった刺激——の「本物らしさ」を志向していたといえる。映画『閻瑞生』は、遊歩を主題としつつも「本物らしい」演出方法によって観客を映画の物語世界へ縫合させたという点において、大きな衝撃であったといえるのではないだろうか。

## 三　視覚メディアの多様化と「事実」の演出

映画『閻瑞生』を他の再創作作品から決定的に分かつ「本物らしい」演出を生みだした文化・美学的土壌は、いったいどのようにして形成されたのであろうか。ここでは一九一〇年代後半の上海における視覚メディアの表現形式を概観し、それらが、その観客が知識や情報を理解する上でどのように作用したのか、またそれらが提供する「刺激」という近代的身体感覚にたいして観客たちがどのように親しみ、またその経験がかれらの映画鑑賞にどのような影響を与えたかを確認していきたい。

### 報道写真

中国に近代写真技術が流入したのは、南京条約によって五都市が開港されて以降のことである。当初は屋内での肖像写真の撮影が主流だったが、一八七〇年代後半より記録のための写真撮影が興り、容閎（一八二八—一九一二年）のようにジャーナリスティックな問題意識にもとづく写真撮影を実践する者も登場した。一九世紀末には、名勝古跡、政治、経済、文化の各方面で象徴的なイヴェントをあつかった写真集が出版され始めた。二〇世紀に入り新聞、雑誌などの活字メディアが隆盛すると、写真は時事ニュースをリアリスティックに伝えるために不可欠な道具となった。

新聞メディアにおいて最も早く写真が使用されたのは『京話日報』一九〇六年三月二九日（第五七〇号）に掲載された報道写真だとされる。[75] それは、南昌教案でフランス人教士に殺害された被害者江召棠の遺体頭部を写したものであった。目を閉じ、口を半分開いて力なく横たわる被害者の顔のクローズアップは、活字報道だけでは伝えきれない惨劇の衝撃をありありと伝える力を持っていた。ただし、写真の新聞への掲載が本格化するのは一九〇九年の銅版印刷の導入以降である。これにより、新聞には著名人の肖像や時事的な写真が数多く掲載されるようになり、それまで主流であった絵画を凌ぐようになった[76]。さらに、辛亥革命を始めとする数々の政治的事件を契機として、新聞における写真の重要性は圧倒的に増した[77]。

写真は報道の扇情化という側面についても重要な役割を果たした。「本市のニュース（本埠新聞）」に代表される社会ニュース欄の拡大と写真印刷技術の進展によって、それまで主流を占めていた肖像、記念撮影、全景のような記録的な役割を持つ写真とは性質を大きく異にするものが登場し始める。その多くは、武力衝突や災害の惨状、そしてその犠牲者を被写体としていた。一九二〇年前後に『申報』に掲載された連載型の報道写真シリーズの代表例としては、一九一九年秋に湖北地方を襲った大水害を伝える「湖北水害図[78]」、一九二一年六月の「武昌兵変の弾圧の惨状（武昌兵変焚搶之惨象）」、およびこれに関連した「漢口赤十字分会埋葬隊が感孝駅にて兵士の遺体を埋葬する写真（漢口紅十字分会掩埋隊在孝感車站収埋変兵屍身之撮影[79]）」などがある。この時期にはこの他にも、国内各地で頻発した学生デモにたいして行われた軍の弾圧による負傷者や犠牲者の遺体写真も散見されるようになった[80]。こうしたセンセーショナルな写真は、『申報』では「国内要聞」、「本埠新聞」両欄に集中した。

## 幻灯とノンフィクション映画

一九一〇年代半ばの上海では、幻灯講演会がささやかな流行を見せていた。第四章でも確認したように商務印書館は上海ＹＭＣＡからの委託を受けて幻灯を製作し始め、一九一四年には自社販売用の幻灯の撮影、製作、貸し出しを開始していた。教育目的で製作されたものが大半を占めたが、中には娯楽性のあるものも少なくなかった[81]。これらの幻灯の多くは、当時流行していた学生団体の「交誼会」や「同楽会」などの娯楽・啓発行事で使用され、講演者は幻灯の内容に沿った形で主に教育や教養の涵養を目的とした講演を行った[82]。幻灯講演会は、一九一八年頃より一般にもにわかに拡大していった。新聞メディアで大きく報じられたものとしては、留日救国団の団員張権発の幻灯講演会や、浦東青年会の創設メンバー黄競武らによるものがあった。両者ともに主に中学校の校舎を借りて、衛生や防疫といった社会教化性の高い演題を講じたものだった。開催するたびに数百人単位の観客が押し寄せ、浦東青年隊の上海陸家で行われた講演会では千人を超える観客が集まったため、警察に警備を依頼する事態を招くほどだった。[83] 二団体ともに上海以外の各都市へ出張講演を行い、その都度上海の新聞メディアではその盛況ぶりが報じられている。こうした盛況を反映して、他団体も積極的に幻灯の製作に力を入れ、五四新文化運動の一翼を担った。後に明星影片公司の設立に加わることになる任矜蘋もこの時期幻灯を製作している。[84] 幻灯講演の会は一九二〇年代に入っても廃れることはなく、とりわけ平民教育の現場に取り入れられた後は教材としてある程度定着していった。[85]

娯楽目的による幻灯の利用もこれと併行した。たとえば、上海の出版社中華図書集成公司が製作した可動式幻灯（原語は「活動影片」）の一九二〇年夏頃のカタログによれば、『欧州大戦』、『家庭教育』、『神怪剣侠』、『ホームズ探偵案』、『全本悪家庭』、『上海風景』、『少林拳法』、『全本宏碧縁』、『全本鉄公鶏』、『姨太太密史』というタイトルが並ぶ。時事もの、演劇演目、外国小説、中国文化や黒幕ものなど、その主題は多岐に渡り、一セット二角という安値で販売された。この他にも同時期、新聞各紙には中華書局や世界書局の娯楽用幻灯セットの広告が広く掲載されていた。これらの出版社からは、閻瑞生関連書籍の付録として幻灯が添えられたことはすでに見た通りである。この時期に教育・娯楽目的による幻灯が広く流通したことは、同時に映画観客を取りまく視覚メディア受容状況が重層的だったことを意味している。映画は、リアリズムや扇情を表現しうる唯一の視覚表現ではなかったし、また唯一の「動く写真」でもなかった。

幻灯講演会という新しい余暇が上海で定着しつつあった頃、商務印書館による短篇映画が次々と制作され、風景、ニュース、教育、新劇、伝統劇などの映画ジャンルを形成した。当初は「ピントは亜細亜影戯公司のものよりわずかに正確であるものの、観客の大きな関心は引かなかった」が、鮑慶甲、陳春生、任彭年らの参画により作風を刷新、新劇映画や風景映画の興行はとりわけ良好で、南洋やアメリカへも輸出された[86]。しかし、必ずしも大歓迎されたわけでもなかったようだ。なぜなら、上海の映画観客たちは、すでに伝聞や文字などを介して知っているものごとにたいして単に具体的な視覚イメージを与えるだけの映画では満足しなかったのだ。たとえば、商務印書館影片部がとくに尽力した風景映画について、次のように評した記事がある。

私が見たいくつかのうち、普陀、盧山、西湖などはまだくっきりと撮影されているが、撮影技法があまりに悪い。風景は生きてはいないのだから、キャメラマンはそれに生気を吹き込むように撮影しなければならない。この風景が美しいからただそれを撮影し映画にして事足りるとする、というようなことではいけない。このように、何の関係も系統も無く撮影された映画は、雑多な写真と同様で、見ている者はやはり風景の全景や全体像をつかめない。これでは映画にする意味がないではないか[87]。

さらに、この批評の書き手はかれが以前鑑賞したことのあるロサンゼルスの風景映画を次のように称賛する。

複数の角度から表現され、遠景、近景があり、場所が移り変わる時も風景は途切れず、一点の遺漏も無いため、見ている者の脳裏には、ロサンゼルスの映像が深々と投影されるのである[88]。

ここには、当時の上海の映画観客が風景映画に何を求めていたのかが明確に示されている。すでに見たように、当時はさまざまな視覚メディアが普及しており、上海の視覚文化をめぐる状況は顕著に重層的であった。したがって観客は、単にスクリーンに投影された表層的情報を読み取るだけでなく、それによって生まれる迫真性そのもの、言うなれば「本物らしさ」が持つ衝撃そのものを享受していたのである[89]。

一九一〇年代末までに、時事ニュースから娯楽、そして教育や衛生など、近代的思想から各地の名勝遺跡に至るまでの新知識や世界観は、文字だけでなく、報道写真や幻灯、ニュース映画というさまざまな視覚メディアを通じて伝播されるようになっていた。観客たちが実際に享受したのは、銀幕上に投影された現実世界の幻影というよりも、それらの幻影を「本物」として再構成する過程で生み出される迫真性という刺激であった。こうして、近代都市の遊歩者であった映画観客はスクリーンのなかの風景を自らの遊歩体験の鏡像的な風景としてとらえ、またそこへ自らを逢合し「本物らしさ」の持つ刺激の快楽へと自らを没入させていったのである。

### 視覚的刺激への耐性

一九一〇年代後半に第一次世界大戦のノンフィクション映画の上映会や幻灯講演会が増加すると、視覚的刺激は新たな段階を迎えることとなる。視覚的刺激へのより強烈な欲求を求め続けた上映の映画観客は、同時にそれへの耐性をも強めていったのである。

第一次世界大戦は、中国においても連日新聞の国際欄を埋めるほど大きな関心を集めた。上海では、活字メディアによる報道だけでなく、幻灯講演会や、欧州製ニュース映画やドキュメンタリーの上映という形式でも頻繁に伝えられた。このような中、上海をはじめとする主要都市で、イギリス政府による官製戦争プロパガンダ映画上映会が企画・実行された。当初は多くの観客を動員したこの上映会であったが、回を重ねるごとに観客の反応が鈍くなっていき、結局は失敗に終わってしまった。その要因はまさに、「本物らしさ」が持つ刺激にあまりにも慣れてしまった上海の観客たちが、刺激にたいする耐性を持ってしまったからに他ならなかった。

この上映会は、イギリス情報省傘下に置かれた「イギリス政府映画委員会 British Government Cinematograph Committee」によるもので、一九一七年から終戦直前まで中国各地で行われた(90)。上海では一九一七年から翌年にかけて少なくとも六回ほど開催されたのだが、開始直後は盛況で、当時およそ九〇〇席あったオリンピック大戯院を満席にするほどの観客が鑑賞した。観客には中国人も多かったという。ところが、この上映会は開始直後こそ盛況だったものの、回を重ねるごとに評判を落としていった。運営母体の上海イギリス戦争情報委員会会長フィリップスは一九一八年二月の上映会後の報告書において、上映会そのものは成功だったものの観客たちの戦争映画への興味が明らかに減退しつつあることに触れている。かれは、当時上海でも頻繁に上映されていたフランスのパテ社のイギリス支社が製作したニューズリール『パテ・ガゼット』の報じる戦闘シーンの方が、委員会の準備した英国官製戦争映画のそれよりはるかに動きが多く激しいため、かれらの宣伝映画で上海の目の肥えた観客たちを満足させるのは難しいと考えていた。[91] そのため、翌三月の上映では上海の新聞社や映画館、外資系映画配給会社などに依頼して中国語による字幕を用意したり、英語と中国語で一つ一つの作品の内容をシーンごとに紹介したパンフレット体の説明書も準備し、改善が図られた。また上映場所も回数も増加させられた。しかし、躍動的でないフィルムに興ざめした観客たちの声はやはり厳しく、そのような批判の声はついに漢口、温州など、上海以外の地方都市における上映会でも頻繁に聞かれるようになっていった。上海での最後の上映となった一九一八年六月には、オリンピック大戯院に用意された一四八の特等席のうち、たった一四席しか予約が入らなかったという。[92] 結局のところ、「本物らしさ」の持つ刺激が観客の注意を惹きつけられる時間はあまりにも短かった。イギリス官製戦争映画上映会の失敗は、当時の観客たちの身体に刻み込まれた視覚的刺激への耐性の強さを如実に語るものであった。

観客たちが見慣れてしまったのは、戦争映画だけではない。第一次世界大戦後大量に流入してきたアメリカ製の探偵映画や犯罪映画が流行したことはよく知られている。程歩高は、アメリカ製探偵映画に刺激された観客がそれを模倣して犯罪に手を染める例が多発した当時の状況にふれ、閻瑞生もまたこうした映画に殺害のヒントを得たと回想していることはすでに見たが、このようなアメリカ製映画は、本国の封切館ではとても上映できないような扇情的で暴力的なものが多かったのだった。[93]

## 四　ボディ・ジャンルと文化規律

二〇世紀初頭の上海に現れたさまざまな視覚メディアは、活字だけでは満足しない読者・観客たちのリアリティ志向と扇情への欲求を大いに満たした。このことは、「刺激の殺到」（シンガー）としての近代が、まさに上海の読者・観客たちにも経験されていたことを示している。一九二〇年夏、閻瑞生の逃走劇に興奮し、銃殺刑執行のニュースを耳にするや野次馬として刑場へ向かった「三面記事」の読者たちは、黒幕小説、幻灯、演劇、映画という文芸ジャンルを横断しながら『閻瑞生』の「物語」を不断に消費したのだった。

他方で、映画版『閻瑞生』が上海における最も初期の映画統制の動きを加速させたことはよく知られている。映画版『閻瑞生』の興行的成功の後、過剰な映画演出が世間の大きな注目を浴びるようになった。『紅粉髑髏』（管海峰、一九二二年）は過剰なアクション・シーンが、『張欣生』（張石川、一九二二年）は殺人シーンの残虐性が話題を呼んだ。一九二〇年代初頭はこれらの映画にたいする批判の声がジャーナリズムでとり上げられ、社会に悪影響を及ぼすとされる映画の取締を要請する声が高まった[94]。とくに懸念されたのが、これら「不適切」な映画が青少年にたいして与えるとされる「悪影響」だった。こうした声は、刺激に満ちた生々しい遊歩の享楽に「無辜」の青年が没入し、悪の世界に染められてしまうことにたいする危惧の表明でもあった（この点は第七章でも議論する）。同時に、現実よりもさらに「本物らしい」演出を施されたこれらの長篇フィルムは、「映画を見ること」における遊歩性を保ちながらも、観客がスクリーン上の物語へと自己同一化を図ること、そしてそのラカン的な鏡像体験によってもたらされる快楽に浸ることをも促した。この点において、映画『閻瑞生』は遊歩的な散漫な映画鑑賞空間とヘテロトピア的な映画鑑賞空間が分化していく最初の痕跡を刻印しているといえるだろう。

社会的批判の矢面に立たされた扇情的な映画演出は、一九二三年頃を契機に表面上は廃れていったように見える。

しかしその後、過度の扇情的演出に代わって流行し始めたのがメロドラマ、およびファミリー・メロドラマ（家庭倫理片／社会倫理片）であったことは興味深い。アメリカのフェミニズム映画研究者リンダ・ウィリアムズは、映画そのものの物語構造やスタイルに着目する従来のジャンル論からのアプローチではなく観客論のパースペクティヴに立ち、ホラー、メロドラマ、そしてポルノグラフィが、観客に強い身体的反応を惹起させる「ボディ・ジャンル」であると称した[95]。ホラー映画の凄惨な暴力描写がそれを見るものの身体に恐怖という強い情動を伴う身体的ショックを呼び起こすのと同様、メロドラマでは主人公への同調が見るものの落涙を誘い、ポルノグラフィは観客の身体に性的反応を呼び起こす。ウィリアムズによれば、ボディ・ジャンルは観客のもつ原幻想を喚起するがゆえにその身体にダイレクトに影響する過剰な刺激を生み出すが、まさにそのために一般的には通俗的と受け止められることとなる。一九二〇年代前半の上海において、ウィリアムズの指摘するボディ・ジャンルのうちホラーとポルノグラフィに特徴的なサディスティックな暴力や性的描写は映画取締の対象として早くから取締当局や世論の批判の対象となったが、他方でメロドラマは逆に封建的な旧家族制度の犠牲者とその克服を主題としたことで「旧社会」の弊害を批判し新しい時代の息吹を主張するという明確な役目を担わされ、かえって隆盛することとなった。映画『閻瑞生』への批判の急先鋒だとされる江蘇省教育会は、定説ではこの時期に最も積極的に映画統制を実施したとされる。しかし江蘇省教育会による映画統制は、取締というよりもむしろ推奨映画の認定こそを主な目的としており、メロドラマやファミリー・メロドラマは大いに推奨されたのだった[96]。

こうして、人間の潜在意識にひそむ赤裸々な欲望をファンタジーとして表白した二〇世紀初頭の上海製ボディ・ジャンルは、一方では「無辜」なる青少年への配慮という点から、他方では旧社会の倫理・道徳観を乗り越えるという目標の下に分節化されていった。本章冒頭でも確認したように、日々強まる近代都市の日常生活における刺激への「順応」は、ヴァナキュラー・モダニズムの実践の一つの有り様であった。そうだとすれば同様に、「外来文化」に脅かされる純粋な青年（これは近代中国それ自身の比喩でもあろう）を守るという大義名分もまた同じヴァナキュラー・モダニズムのもう一つの側面であったといえる。刺激への順応も、刺激からの防御も、畢竟するところ「大衆文化におけるモダニズム運動」という同じコインの表と裏であったのだ。

犯罪映画の暴力性が持つ身体的刺激は、「旧社会からの解放」を旗印の下にメロドラマや家庭劇へと形を変えて文化的正統性を獲得し、近代的な文化規律の枠組みへと収まった。そして、この文化規律から疎外されることとなった犯罪映画の「残滓」は、ポルノグラフィと同様に文化の地下層へと潜り込み、アンダーグラウンド市場で密かに消費され続けていくことになったのである。

# 第六章　映画館への通い方——映画鑑賞の成立

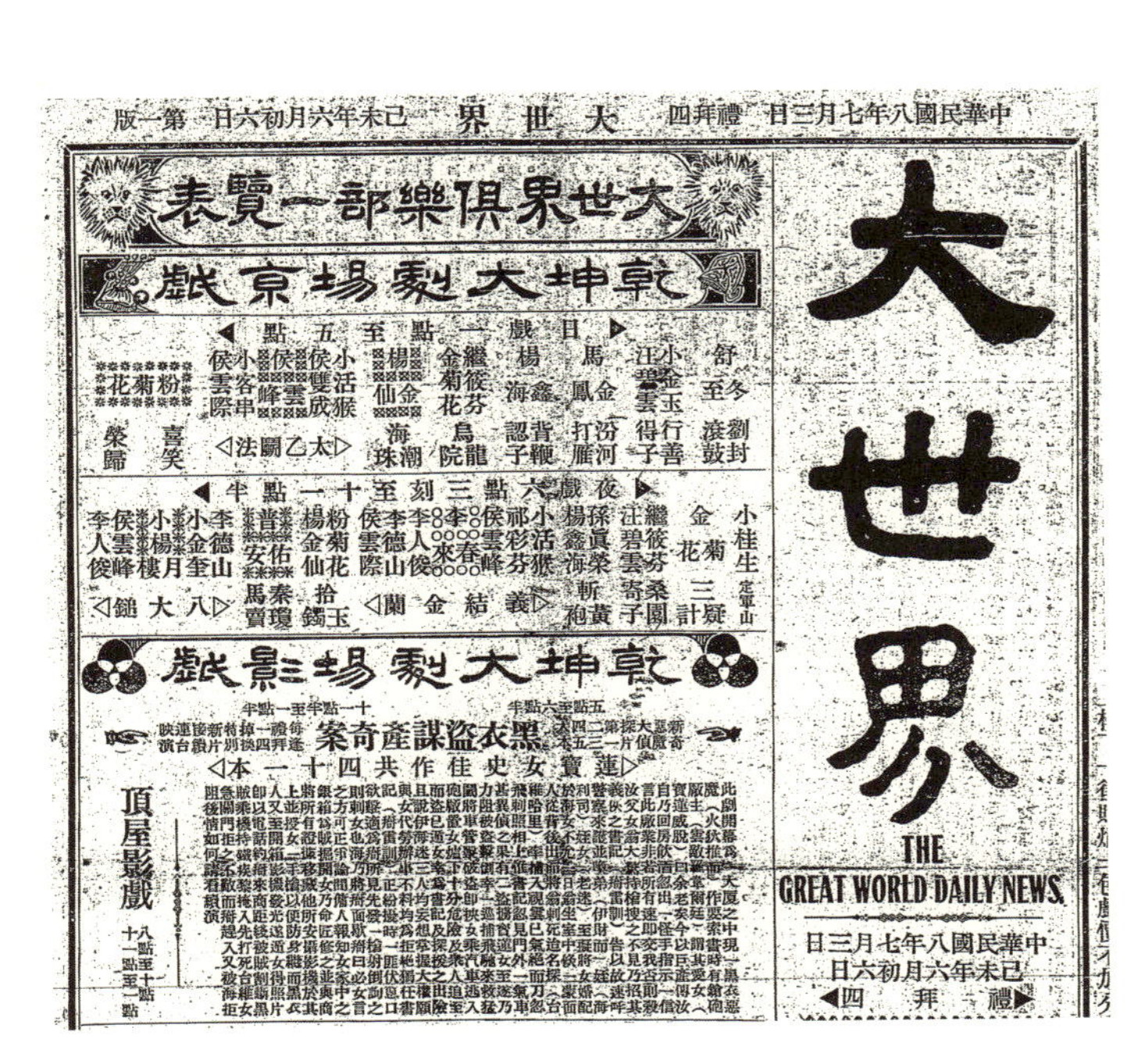
中華民國八年七月三日　禮拜四　大世界　己未年六月初六日　第一版

大世界

THE GREAT WORLD DAILY NEWS

中華民國八年七月三日
己未年六月初六日
禮拜四

大世界俱樂部一覽表

乾坤大劇場京戲

日戲一點至五點

夜戲六點三刻至十一點半

乾坤大劇場影戲

黑衣盜謀產奇案

連寶女史佳作共四十一本

頂屋影戲

映画館が登場したからといって、茶園や遊楽場での映画鑑賞とは全く異なる新たな映画体験がただちにもたらされたわけではない。両者は少なくともしばらくの間は緊密に連動しながら徐々に新たな映画文化を形作っていった。知識人の日記には、このような映画鑑賞文化の変遷の過程が残されている。本章前半で取り上げる陸澹安は、茶園から映画館への過渡期に両者をつなぐ多様な試みを実践した。第六章扉写真は、小報と呼ばれる新聞『大世界』の紙面（一九一九年七月三日発行）。この日より、陸澹安の手による映画説明『黒衣盗 *The House of Hate*』（一六一頁参照）の連載が始まった。

## 一　遊歩から映画鑑賞へ

上海の人びとはどのように映画館へ通い、映画を見たのだろうか。一見すると単純なこの問いに答えることは、実は容易ではない。ほんの百年ほど前を生きた人びとのささやかな生活の細部、とりわけ遊興や娯楽にかんする実態の把握を困難にするのは、それを実証する資料がほとんど無いということに尽きる。回想録の類ではその人物が映画館に通った日々に触れられることもあるが、そうした言説は、その当人においての「映画館へ行くこと」の漠然としたイメージを作り上げる一助にはなるものの、映画を見るという行為の実態を正確に再現するにはあまりに限定されすぎている。「映画館へ行くこと」は、「外食すること」や「読書すること」というような日々の生活を彩った諸々の娯楽実践の中でいったいどのように位置づけられていたのか。あるいはまた「映画館へ行く」という行為はどのような時間帯に、誰と、如何なる目的の下に行われていたのか。

映画観客の実像をより具体的に把握するためのほとんど唯一の拠り所は、日記だろう。中国近現代史研究において、日記資料は重要な歴史的事件の知られざる過程を浮き彫りにする生きた考証の材料として重視されているが、それらがわたしたちの目に触れるようになった経緯はさまざまである。魯迅や周作人、胡適は、出版されることを前提とした日記の他に個人の生活の細部を記録した記述的な日記を残したが、郁達夫は逆にもともと極めてプライヴェートに書き留めていた日記を、人気作家としての名声を確立した直後に自らの手で『日記九種』（新北書局、一九二七年）として編み、出版した。(1)あるいは、柔石のように私的目的であっても随筆的な性格の強い日記を残し、死後出版された例もある。昨今は、小説家や学者といった典型的な知識人とは一線を画す市井の教養人の日記が陸続と刊行されているが、こうした日記にはその筆者の視点から観察し体験した、日常の「真実」の一端が綴られているといって差し支えないだろう。作家・周作人は、日記は考証の材料であると同時に文学の一形態でもあることを指摘したが、(2)周作人のいうように、数々の日記が歴史考証の根拠となってきたのはその信憑性という性格による。本章でもこの観点からさまざまな文人の日記を取り扱い、「映画へ行く」というきわめて私的な遊興行為が持っていた文化的意義を読み解きたい。

日記において、「映画館へ行くこと」は日常のどのような文脈で現れているのだろうか。またその書き手は映画鑑賞にさいしてどのような態度で臨んだのだろうか。数ある日記資料の中で、上海において継続的に「映画館へ行くこと」を記録したものはごく少数であると言わざるをえないものの、いずれも当時の遊興生活を克明に記録しているという点で極めて高い資料的価値を有している。ここではそうした日記を取りあげ、日記の筆者たちにとって「映画を見ること」や「映画館へ行くこと」が個々の日常生活においていかなる意義を持ったのかを探求したい。

まず、一九一〇年代から一九四〇年代までの間、断続的ではあるものの個人の遊興の記録をしたため続けた陸澹安による『澹安日記』(上・下編、陸康主編、上海錦銹文章出版社、二〇一〇年)を通覧し、目的複合型の遊歩という遊興行為の下に遂行されてきた散漫な態度による「映画を見る」行為が、一九二〇年前後を境としてまず「映画を見ること」そのものが目的化し、そして一九三〇年代には映画鑑賞という「進歩」的な娯楽として成立していく過程を描き出したい。次に『澹安日記』で導かれた映画鑑賞の近代化を、初期中国映画界の重要人物である陸潔、著名な小説家の郁達夫の日記を用いて補強し、遊歩から映画鑑賞が次第に分化していったプロセスをより明確にスケッチしたい。

## 二　陸澹安——忠実な遊歩者

### 陸澹安と『澹安日記』

陸澹安(一八九四—一九八〇、原籍江蘇省呉縣、原名陸衍文、字は澹庵、澹盦ともいう)は、いわゆる鴛鴦蝴蝶派の作家であると同時に弾詞の研究家とも知られている。一九二〇年代には映画界でも活躍した才能豊かな文化人だった。しかし近年出版された『澹安日記』を通覧すると、陸はむしろ教員としてさまざまな私立学校の教壇に立ちつつ、生涯を通じて「ことば」の研究に従事していた教養・風流人だったという方がより実像に近いといえるだろう。上海生まれの上海育ちである陸の前半生は、清末民初の上海の急速な近代化とほぼ完全に同調していた。租界の摩天楼と対照的な中国街南市に生まれ育った陸は七歳で私塾に学ぶが、一四歳からは自宅近くの銀楼小学、群学会付属小学で学び、一九〇九年、一六歳の年に私立民立中学に入学する。当時南市・南門付近にあったこの中学は蘇氏四兄弟によって開かれた新式学校で、(3)陸と同窓には演劇・映画界で活躍した鄭正秋や汪優游、明星影片公司の立役者として知られる任矜蘋らがいる。陸と同期には「鴛鴦蝴蝶派」の作家・周瘦鵑がいた。当時の新式学校は学生によるレクリエーション活動が活発に行われており、なかでも演劇や演説会、幻灯・映画上映はとりわけ好まれたが、民立中学もその例外ではなかった。(4)新式中学の自由な校風とその環境が育んだ演劇・映画界に通じる人脈は、陸が後に映画界へ足を踏み入れるもっとも原初的な動機であったといえる。民立中学在学中の一九一〇年、教師・孫警僧の紹介で民間思想結社「南社」へ加入したことも、後の陸の人脈を決定づけたと思われる。孫警僧は演劇家である柳亜子の妻・鄭佩宜の師でもあったが、陸澹安から周剣雲、顧肯夫らの教育・演劇・映画家集団へと連なる人脈は、五四新文化運動期前後に強化された教育界、演劇界の人的ネットワークの中核に位置するものであった。(5)一九一四年、二一歳で民立中学を卒業した陸は、翌年潮恵小学校で教鞭を執ると、その三年後には江南中学や母校民立中学でも教壇に立ち、教員としてのキャリアを重ねていった。

同じ時期、陸は教職と併行して雑誌の編集や執筆活動に没頭しはじめる。一九一五年には『上海雑誌』の編集を手がけ、一九二一年以降は盟友施済羣が主筆を務めた『新声雑誌』や日刊紙『大世界』で雑文や翻訳小説の連載を開始した。一九二三年には、施済羣、厳独鶴、程小青らとともに探偵小説雑誌『探偵世界』を主催し、翌年には施済羣、朱大可らとともに『金剛鑽報』を発行するなど、折からの出版ブームに乗じて多様な雑誌を編集すると同時に、自らも健筆を振るい、数多くの探偵小説の執筆や翻訳を行った。

陸澹安が映画界へ参入したのは一九二四年のことだった。陸がその年の夏設立された中華電影公司の併設映画学校・中華電影学校の教壇に立ち、映画脚本の構成についての講義を担当したことは、第四章でも確認した通りである。陸と上海の映画界人脈との最初の結びつきは民立中学時代に遡ることはすでに述べたが、両者の関係をより強めたもう一つの契機として雑誌『新声』の出版があった。同誌は四十余名の常連執筆者を抱えていたが、陸の他にも「鴛鴦蝴蝶派」の作家たちの多くが常連に名を連ねていた。(6) これに加え演劇・ジャーナリズム界からも王鈍根、陸潔、周剣雲、徐卓呆、そして民立中学の同窓でもある鄭正秋が名を連ね、第五期以降はさらに鄭鷓鴣、鄭逸梅、顧肯夫らが参加した。言うまでも無く、演劇界から映画産業へ進出し、中国影戯研究社や明星影片公司をはじめとする映画会社で活躍した人物たちである。一九二一年一月一日に創刊した『新声』はしかし翌年六月一日、主筆の施斎羣が厳独鶴とともに立ち上げた『紅雑誌』編集作業に起因する多忙を理由に、わずか一〇号で停刊してしまった。とはいえ、このような事態は当時としては珍しいものではなかった。『新声』の執筆陣たちの多くは、『新声』への寄稿と同時進行で他の同人たちが発行する複数の雑誌や小報へ寄稿したりその編集を行っていた。たとえば、周剣雲が編集し孫国華・鄭正秋が発行していた日刊紙『春声日報』や、同じく周剣雲が編んだ雑誌『解放画報』、遊楽場が発行していた『新世界』、『大世界』といった小報は『新声雑誌』同人たちが好んで投稿した代表的な媒体である。かれらは複数の雑誌・小報間を縦横無尽に往来していたのだった。陸はこのような文芸ネットワークの網の目の中で活躍した、多彩な才能を持つ文人のひとりだった。

さて、『新声』には創刊直後からしばしば映画論が掲載されていたが、第五期(一九二一年九月)には映画専門欄(「影戯」)が設けられるようになった。陸は創刊号から劇評や人物評伝などの記事を寄稿したが、映画専門欄創設以降は、D・W・グリフィスによる第一次世界大戦のプロパガンダ長篇劇映画『*Heart of the World*』(一九一八年、中国語タイトル『鉄血鴛鴦』)の映画小説(『新声』第五—七期に連載)、E・W・ハッサーの『ヴィーナスの勝利』(一九一八年、中国語タイトル『神仙世界』）の映画小説（『新声』第九期）を陸続と発表した。後述するように、陸は同時期、小報『大世界』でも外国映画を翻案した映画説明書を連載・出版していたのだが、陸が中華電影学校で映画脚本についての講義を担当したというのは、かれにこのような実績があったからだろう。一九二五年、陸は新華影片公司を設立する。陸とともに新華公司立ち上げに加わり、同社の第一作目『人面桃花』を監督したのは、アメリカ帰りの陳寿蔭だった。陳は上海YMCAが運営していた「日校」（日中コースの学校）を卒業後私費でアメリカに渡り、一時期はハーバード大学に在籍したとされるが、その間ニューヨークの劇団National Stock Companyに入団したこともあった。その後は映画プロデューサーを介してアメリカの映画界で俳優や撮影助手などの経歴を積んだという。(7)陸が自らメガフォンを取ったのは同社の第二作目『風塵奇侠』だが、新華公司はこの映画の上映後立ち消えとなってしまう。新華公司が設立された一九二五年、上海でにわかに起こった映画製作ブームの中でゆうに五十を越える映画プロダクションが次々と起こされたが、その多くは資金不足のために最初の一作品を世に送った後に消滅していった。このような短命の会社は「一本だけの会社（一片公司）」と揶揄されていた。新華影片公司も典型的な「一片公司」で、最初の作品『人面桃花』こそ上海封切後は日本への配給・興行を実現させるなど他社の追随を許さぬ勢いがあったものの、(8)翌年に第二作目『風塵奇侠』を公開した後は余力が無くなったものと思われる。新華影片公司解散後、陸は直接映画製作に関わることは無く、専ら教員として多数の学校で教壇に立つ傍ら、『紅玫瑰』、『快活』、『探偵世界』などの雑誌編集に携わった。

新華影片公司以降の陸澹安の経歴の中で重要なのは、語り物の民間芸能・弾詞の創作と研究である。特に一九三〇年代初頭は連日弾詞にかんする仕事に集中的にとりくみ、『啼笑因縁弾詞』や『弾詞韻』（いずれも一九三三年）を発表した。前者は張恨水の小説『啼笑因縁』にもとづき創作されたもので、一九三二年には明星影片公司が映画化した。おそらくこの流れに乗じたのだろう、陸の『啼笑因縁弾詞』は当時絶大な人気を博していた評弾芸人沈倹安・薛筱卿の歌唱によるレコードも発行され、(9)一九三六年には続集も出版された。『弾詞韻』は評弾の言語使用にかんする研究書で、陸の「ことば」にたいする情熱を学術研究という領域で表した書物である。こうした研究は、後年に出版された古典文学・戯曲の語義研究書『小説詞語匯釈』、『戯曲詞語匯釈』へ連なるものだといえよう。

陸澹安はまた、典型的な演劇ファン（戯迷）だった。特に緑牡丹こと黄玉麟への思い入れは熱狂的で、新華影片公司の第一作目『人面桃花』の主演に抜擢した後、一九三〇年から一年余りの間黄玉麟の香港公演に同行し、その演出も行った（日記によれば、その間上海の学校では代役講師を立てていた）。他方で、四一歳にして江南学院法学部で学位を取得するなど、たゆまぬ努力の人でもあった。日中戦争勃発以降戦後にかけては金石や漢籍、古典文学・戯曲の研究に傾倒した。この時期の研究成果は、新中国建国後に『水滸研究』、『三国演義研究』（いずれも一九五四年）としてまとめられた。この他、陸の代表的な仕事に辞書の編纂がある。一九五七年には『中国通俗小説詞匯』、一九六四年にその増訂版である『小説詞匯釈』を出版した他、『戯曲詞語匯釈』も世に送り出された。陸の編んだこれらの辞書類は、古典文学研究の工具書として重視され現代に到るまで版を重ねている[10]。

『澹安日記』は、陸が民立中学へ通っていた一九一〇年から始まり、断続的に一九四三年までの日記が収められている。足かけ三〇余年の間綴られ続けた日記は、民立中学時期（一九一〇年、一九一一―一九一二年）、教壇に立ちながら文芸活動を続けた二六歳から三四歳までの青年期（一九一九―一九二〇年、一九二四―一九二七年）、贔屓にしていた京劇俳優黄玉麟を率いた香港・広州への長期公演旅行期間（一九三〇―一九三一年）、上海に戻り弾詞創作・研究にいそしんだ壮年期（一九三三―一九三六年）、そして日中戦争勃発以降「淪陥期」に至る戦争期（一九三七―一九四三年）の五つの時期に大別できる。このうち、一年を通じてほぼ欠かさず記述されているのは戦争期（ただし一部に欠落あり）のみであり、民生中学時期、青年期、壮年期の記述の多くは一、二カ月間執筆されただけの短い記録である[11]。陸が残した日記は、特に壮年期までは一年のうち限られた時期を収めるのみであり、実証的な立場からいえば考証学の資料としての価値は高いとはいえないかもしれない。だが、他方で『澹安日記』には遊歩における散漫な映画鑑賞から映画館での「進歩」的な映画鑑賞までを包括するひとりの映画観客の娯楽実践の実態が、比較的精確な時刻情報とともに克明に記されているという点で稀少な資料でもある。加えて、陸澹安という一人の教養人の余暇生活を、少年期から壮年期に至るまで、上海という同一の地点において記録している点でも、他に類を見ない貴重な資料だといえるだろう。後に触れるように、『澹安日記』に記録された三十余年の娯楽・遊興行動は、陸澹安に独自のものであるというよりも、陸と同じような環境に置かれていた多くの教養人に共通した習慣でもあり、上海において人びとがどのように娯楽を享受したのかを一般化しうる可能性を秘めているのだ。

## 早熟な遊歩者

陸澹安は典型的な遊歩者であり、上海の近代娯楽習慣の忠実な実践者だった。その姿は早くも民立中学時代の日記に現れている。陸の初期の日記は毎年旧正月から始まるのだが、その休暇中かれは親友と毎日のように豫園で時を過ごした。豫園は上海を代表する庭園で、租界の境界線で分断された上海市街地の中でも南市と称される中国人街に位置する著名な庭園である。陸の生家は南市の東門外の咸瓜街にあった。陸は生涯に幾度かの転居を繰り返すが、「戦争期」に上海市街地を転々とした一時期を除き、南市から遠く離れることはほとんどなかった。戦時下の一九三八年から終戦直後までを過ごした居宅はフランス租界の菜市路信陵村だったが、そこも生家のある南市からわずか数百メートルの距離であった（図6-1）[12]。

上海の庭園の中でも庶民的とされた豫園は、旧正月の日中ともなると遊歩する人びとが「押し合いへし合い（駢肩接踵）[13]」する大賑わいであった。その間、陸は日中は豫園内の得意楼に上がり同級生と一緒に茶や弾詞に興じ、夕方の人出がまばらとなる時刻には園内をゆっくりと一人でそぞろ歩くのが日課だった。時には豫園を飛び出し、南市東側の十六舗にあった海派新戯専門の新式劇場・新舞台や、劇場集中地区にあった京劇の殿堂・歌舞台で深夜まで観劇にふけることもあった。比較的まとまった時間が得られる旧正月は、愛好していた探偵小説を買って読み込むのにも適した時期であったようで、陸は毎年必ず探偵小説を集中的に読んでいた。一人物思いにふけりながら遊

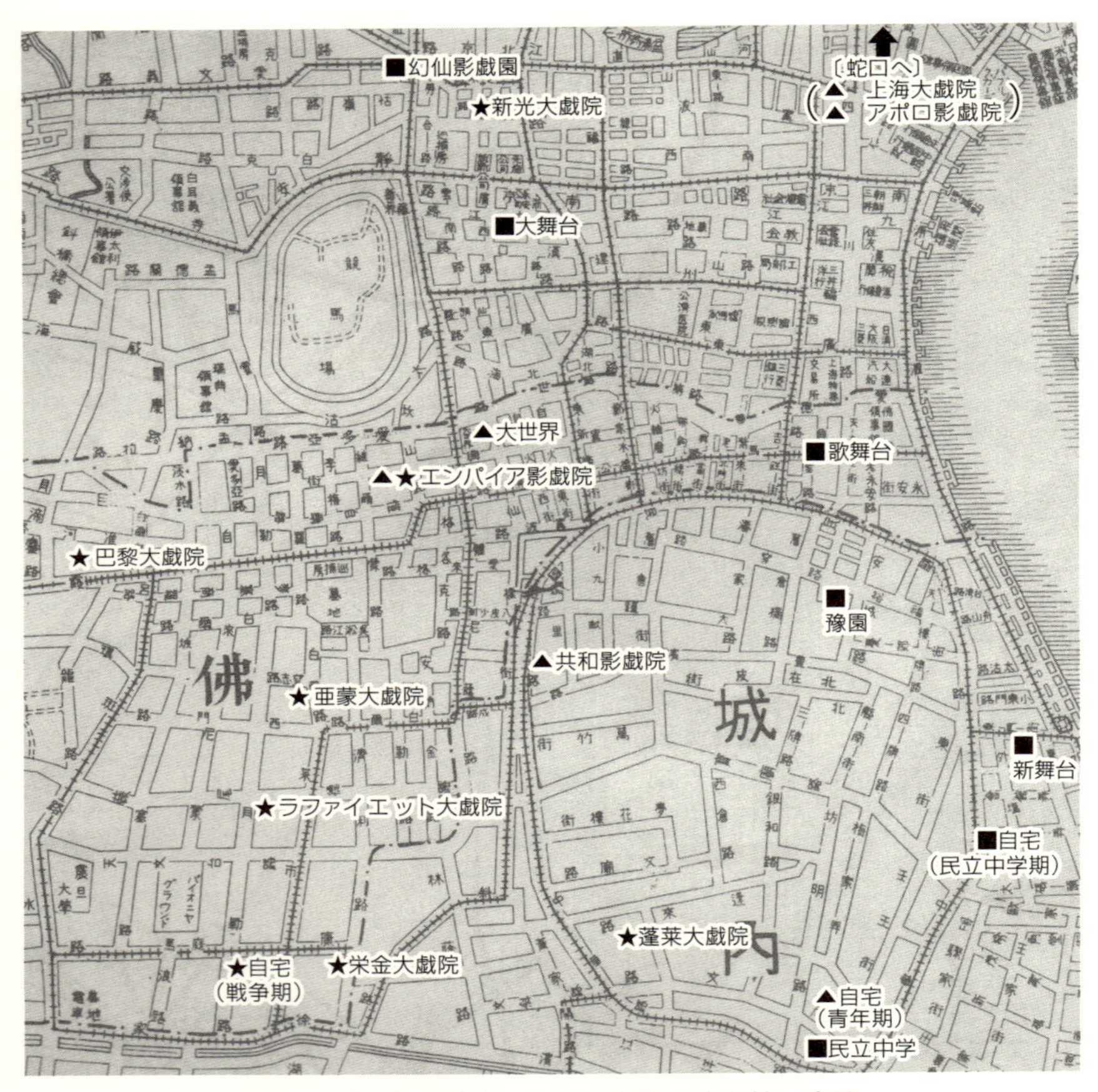


図 6-1　陸澹安が通った主な劇場・映画館・庭園

■民立中学期，▲青年期，★壮年期に通った主要施設
出典：『詳細旧上海市街図』（中国書店，1983年，原版1937年）にもとづき筆者が作成．

歩に興じたり探偵小説を読みふけったりするのでなければ、陸はたいていは民立中学の同級生との時間を楽しんでいた。興味深いことに、かれらの間では、いつ、どこで落ち合うといった類の約束事が取り交わされていたわけではなかった。豫園の中を歩けば、あるいは園内の得意楼へ入れば友人の一人や二人は必ずそこにいるのだった。実際陸も、会えると思っていた同級生に会えず肩すかしを食ったり（友人劉根深との約束を反故にされたのは一九一一年には三回あった）、逆に偶然思いがけない友人に会うことができたささやかな悦びを日記にしたためることもあった（たとえば一九一一年八月五日の日記には、豫園を周遊していると偶然同級生たちと出会い楼に上って説唱を楽しんだ様子が記されている）。庭園での遊歩は、陸に限らず極めて庶民的な娯楽の一つだった。「鴛鴦蝴蝶派」の作家でありジャーナリストでもあった陳無我が記した「張園の快楽十条（遊張園十快悦）」では、庭園が友人たちと出会うことができる場所だったことについてユーモアを交えながら次のように綴っている。「早朝から友人宅を十件以上訪ね歩いても誰にも会えなかったが、張園に行くと留守だった友人たちが（引用者注：観劇あるいは説唱鑑賞のために）皆座ってお互いに声を掛け合っているではないか、何と痛快なことか！」(14)。

正月休みの過ごし方は普段の休日でも同様に繰り返された。民立中学時期の日記の記述が長続きしなかったのは、そもそも中国おいて日記とは日常の些末な出来事を継続的に記録するというよりも大事に際する記録として機能してきたという経緯の他に、陸自身が学業に専念していたことの結果でもあろう。しかし日記に残された放課後や休日の生き生きとした余暇の記録は、学生時代のささやかな悦びに溢れている。そして、陸の日記に現れる最初の映画鑑賞の記録もまさにこの文脈において登場するのだ。民立中学に通い始めて二年が過ぎようとしていた一九一一年五月七日（旧暦四月初九）、陸はいつもの日曜日と同様、劇場をはしごして歩くという上海の典型的な観劇習慣を忠実に踏襲した（図6-2）。陸はまず、午前一一時に群学会学校が新舞台を借り切って上演していた新劇『国民愛国』と『血手印』を鑑賞した。『血手印』という演目は越劇に由来するが、後に新劇家王鐘声率いる新劇団・春陽社や鄭正秋が率いた新劇団・新民社が得意とした文明戯へと改編された有名な演目だった。貧しい書生が金持ちの

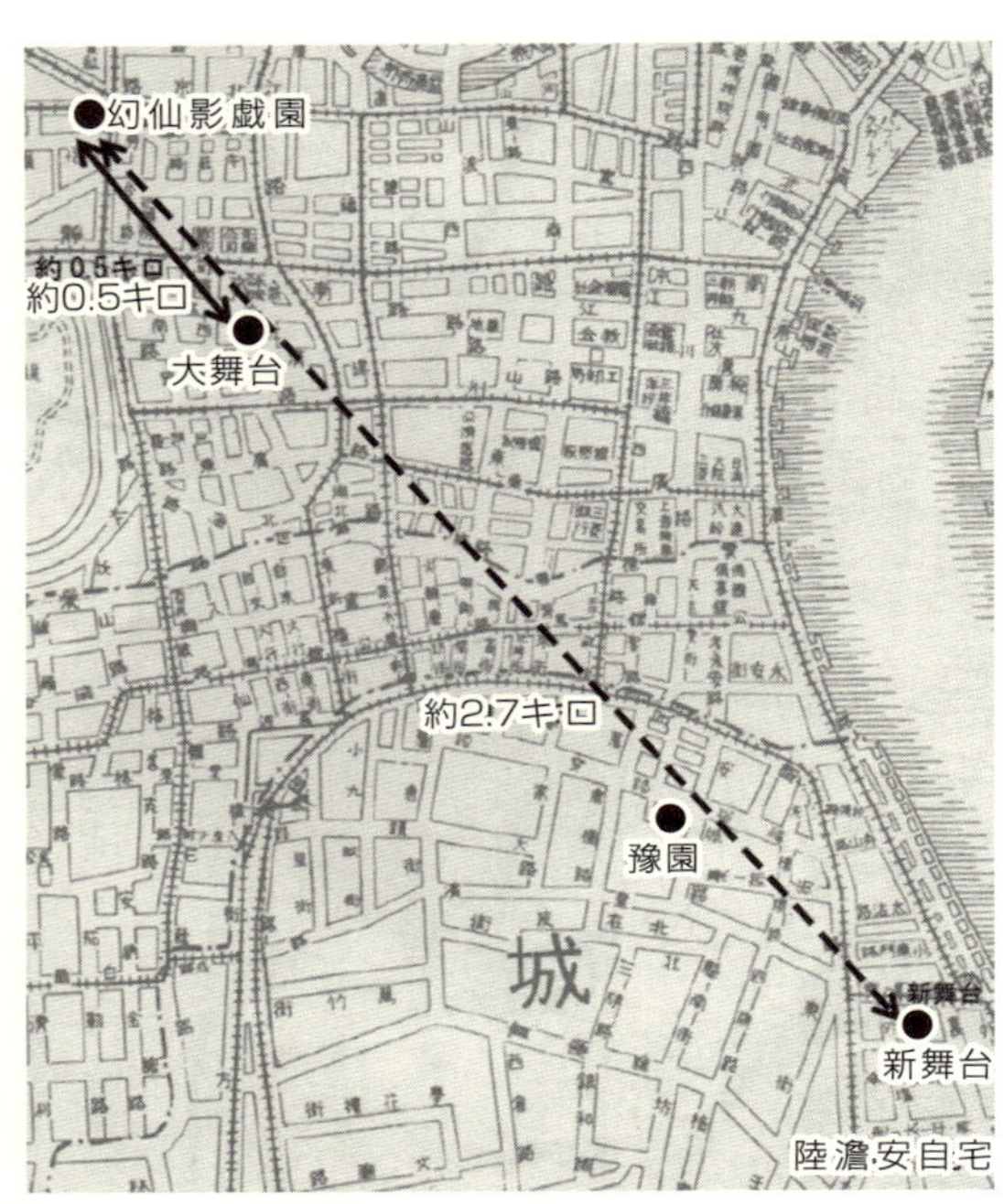


**図 6-2　一九一一年五月七日の陸澹安の遊歩の経路**

出典：『詳細旧上海市街図』（中国書店，1983年，原版1937年）にもとづき筆者が作成.

家の娘と結婚するために金を盗もうとして誤って人を殺め捉えられるも、情状酌量され娘と円満に結ばれるという筋立てである。陸は従弟一人、同級生二人とともにこれを観劇し「まずまずであった」と簡単な感想を記している。その後、おそらくは昼食のためであろう、陸一行は一度陸の自宅へ戻った後、再び外出し、泥城橋附近で営業していた幻仙影戯園を訪れ映画を見ることになった。ところが映画上映の最中に急遽計画を変更し、そこからほど近い福州路の京劇専門劇場・大舞台まで移動し、『新茶花』第五、六本を鑑賞したのだった。観劇後、帰路についたのは日付を回った翌八日の午前二時のことだった。陸が午前に鑑賞した新劇と同様、『新茶花』も王鐘声によって編まれたもので、小デュマことアレクサンドル・デュマ・フィスの『椿姫』の翻案劇である。もともとは海派新戯で有名な新舞台の代表作だったが、好評を博したため京劇の一形態「時装新戯」へ改編されたのだった。日記では幻仙影戯園で何を鑑賞したのかは書かれていないが、かれらがそこを映画鑑賞のために訪れたのではなかったことは、行間から読み取れる。幻仙影戯園ではこの日の一カ月も前から同じプログラムを連日興行しており、[15]「戯迷」のかれらがこの日あえてこの映画館を訪れなければならない特段の理由は見当たらない。かれらが当初の予定を変更して映画の途中で移動したのはおそらくは次のような事情によるものだろう。かれらは館内で映画鑑賞していたというよりも、その後夜にかけての過ごし方を相談していた。幻仙影戯園から数区画南にある大舞台で『茶花女』が演じられることは予め分かっていたかどうかはともかくとして、夜は福州路界隈で観劇するという前提があり、時間つぶしをしていたのだろう。通常、京劇の劇場ではメインの演目が始まる時間帯は明確には決められてはおらず、おおよそ夜の八時―九時頃から上演されていた。こうした事情を勘案すれば、途中で夕食をとることも考えたのかも知れない。いずれにしても、この日かれらが幻仙影戯園で映画を見たのは、かれらの休日の遊歩を途切れさせないための「つなぎ」としての時間を確保するためのものであったといえる。では、かれらはなぜ十六舗の新舞台からはるばる泥城橋付近まで移動したのだろうか。それは、次の目的地である福州路の劇場街からほど近かったこと、そして、十代の学生たちが飲食や雑談で暇をつぶすには福州路の茶園よりも、その三年前にオープンしたばかりの幻仙影戯園の方がより相応しかったということであろう。銭化仏の回想によれば、幻仙影戯園の内部はむき出しになった地面の上に藁を敷き、そこへ長椅子をならべただけの簡素なつくりだったようだ。[16]入場料は銅貨二枚というから、学生でも気軽に入場できる価格だった。一九一一年の新聞広告によれば幻仙影戯園はこの頃広い新しい座席が導入されたが、[17]それでも極めて庶民的な価格の娯楽施設だったことに変わりはなかった。

『澹安日記』の民立中学時期の記述には、陸の、そしておそらくは当時の青年たちの一般的な映画鑑賞の有り様の、僅かな痕跡を見ることができる。本書で繰り返し確認してきたように、映画鑑賞とは遊歩という習慣の下に観劇などのさまざまな遊興行為を収約させた複合的娯楽習慣に組み込まれた行為であり、「映画を見ること」はそれ単独で享受されるものではなかった。陸はまた、伝統劇のみならず、時装新戯や「新劇」といった新しい形態までの幅広い劇種を好み、同時に弾詞や説唱のようなより通俗的とされるような民間芸能にも親しんでいた。こうした傾向は陸に限ったことではなく、一九世紀後半以来の上海の演劇ファンの典型的嗜好だったが、[18]それは同時に当時の新式中学の演劇ファンたちにも広く共有されていたのである。かれらの多くは一九二〇年代に映画製作業へと身を投じていくことになるが、民間伝承にモチーフを得た作品から探偵もの、果ては『椿姫』に代表されるメロドラマまで、かれらの生み出した映画群は実に幅広いジャンルを横断することとなる。[19] このようなジャンル横断的で変幻自在な創作の起源を遡源すれば、新式中学とその周辺に定着していた遊歩という娯楽文化習慣に辿り着くのではないだろうか。

## 映画鑑賞の目的化

『澹安日記』のうち二六歳から三四歳までの「青年期」は、陸と映画との関係を知るうえで、さらには陸を中心とした文芸界の人的ネットワークと映画界との関連を考える上で重要な部分だ。まず触れておかねばならないのは、民立中学を卒業した後、潮恵小学校の教員となった陸は、広益書局から発行されていた『上海雑誌』の編集に携わると同時に、民間遊戯「灯謎」の愛好者集団「蘋社」へ加わったということだ。灯謎とはいわゆる「字遊び」の一種で、火をともした灯籠の下に謎かけを記した短冊が吊られその答えを当てるもので、庶民の娯楽として広く親しまれていた。清朝半ば以降には文人の風雅な遊戯としても定着し、清末には蘋社が結成されるまでになった。すでに家庭を成し幼子もかかえ日々の生活のために教壇に立っていた陸が連日連夜字遊びに興じたのは、それが単なる遊戯を越えた価値を持っていたからだ。字遊びの文章の多くは古典や民間伝承の物語に由来し、また謎かけの解法も体系化されていたため、民国期にはいわば娯楽と教養の境界を横断する知的遊戯としての性質を強めていた。蘋社は「鴛鴦蝴蝶派」の作家・孫玉声と南社の王均卿によって興され、文芸界と政治結社の双方に連なる百余名による一大コミュニティであった。この時期、陸は体調不良など特段の理由がない限りほぼ連日遊楽場「大世界」へ通っている。これは蘋社の拠点が一九二五年までは大世界であったためだが、[20] 陸が蘋社における「五虎将」と称される所以は字遊びにたいするこの熱の入れようからも裏付けることができよう。[21]

しかしながら、陸澹安にとって大世界は「字遊びに興じる」だとか「仲間たちと集う」といった明確な目的の下に訪れるためだけの場所ではなかった。十代の青春の日々、休みの度に豫園へ足を運び、庭園を周遊した遊歩の時間は、二十代後半のこの時期には大世界という遊楽場内における遊歩の時間として過ごされることとなった。『澹安日記』でも、大世界の中を文字通り「遊歩した」との記述が散見される。「ぐるりと一周する（繞一周）」（一九二四年二月七日）、「散歩して一周する（散歩一周）」（一九二五年一月九日）、「ぶらりと一周見て歩く（遊覧一周）」（同二四日）、「ひまつぶしに少しぶらつく（閑游一時）」（同二五日）といった記述はすべて大世界の内部を目的もなくそぞろ歩いたということを示しているものだ。ただしこうした「場内遊歩」のプロセスが文字とおりの単純な彷徨ではなかったことは、上海における遊歩という行為が演劇・映画をはじめとしたさまざまなアトラクションを移動とともに享受する行為だったことを思い起こせば、容易に想像できるだろう。陸が行った大世界内部の「場内遊歩」には、予め演劇や映画を始めとする場内のさまざまな興行を見物することが組み込まれていたのである。『澹安日記』では、陸が大世界の内部で観劇・映画鑑賞を行ったとはっきりと記した例は決して多くは無い（映画の場合は一九二〇年三月一七日、同三月二三日の二度のみ）。しかし、「場内遊歩」を念頭におけば、記述された日以外にも観劇・映画鑑賞が行われた可能性を排除すべきではないだろう。実際、陸が残した映画小説のいくつかのタイトルは、大世界で上映された映画にもとづいたものであるが、それらの多くは陸の日記には鑑賞の記録が記されていない。

陸は、字遊びや演劇・映画鑑賞といった明確な目的をもった遊興や、無目的な「場内遊歩」といった形態で大世界を満喫するだけでは飽き足らず、大世界が発行していた日刊紙『大世界』へ文章を寄稿することをも悦びとしていた。『大世界』は当時流行しつつあった「小報」と呼ばれる新しいニュース・メディアであり、表裏一面に一色刷で発行されていたその紙面には大世界で興行される見世物や演目の紹介の他、大世界の遊客だった文人たちによる文章も掲載された。陸もそうした寄稿者のひとりで、外国映画の筋書きにもとづいた映画説明書『黒衣盗』（原作はジョージ・B・サイツ『*The House of Hate*』、一九一八年（本章扉参照））や『毒手』（アメリカ映画、詳細不詳）を『大世界』紙で連載し、それぞれ映画小説の単行本としても出版した。[22]これらの映画小説の原作である連続活劇は、大世界以外にも、エンパイア（恩派亜）影戯院、上海大戯院で相継いで上映されていたが、これらの映画館は陸澹安を始めとする『新声』雑誌の同人グループが習慣的に出入りしていた映画館だった。[23]陸はまぎれもなく大世界やその周辺の映画館で上映されていた連続活劇の観客だったが、同時にかれはまたその体験を翻案という知的作業を介して小説へと変換させていたのだった。陸にとって遊興と執筆は同一の空間、すなわち遊楽場を中心とした知識人コミュニティにおいて実践されるものだった。遊楽場で遊び、映画を見て、それを文字へと変換すること、さらにはそれを読んだ読者が書き手と同じ遊興空間へ繰り出して遊興／教養を追体験しながら享受すること。遊楽場大世界とその機関誌『大世界』、そしてその周辺の雑誌メディアにかかわっていた陸澹安ら文人たちにより確立されたメディア横断型の新しい知的遊戯により、遊歩を構成する一要素にすぎなかった映画は、雑誌・新聞メディアにおける批評の対象へと「格上げ」された。こうして一九二〇年前後、雑誌・新聞メディアを介在することによって、映画鑑賞が遊歩という複合的遊興行為から独立した余暇活動として切り離される準備が整ったのであった。

しかし、映画鑑賞の遊歩からの分化は、従来の遊歩のあり方を排除するものではなく、またその発展形でもなかった。両者は時と場合に応じて併存していた。おおざっぱに計算してみると『澹安日記』の青年期において陸は、頻度の偏りはあるものの、平均して一週間に一度程度は映画を見ている。鑑賞場所は、一九二〇年初頭には大世界の他、南市の共和影戯院、一九二四年以降はエンパイア影戯院が最も多い。繁華街・エドワード三世路（現延安東路）の大世界、そこから概ね七〇〇メートルほどの距離にあった映画館エンパイア、そして陸の自宅のある南市・西門付近の共和影戯院は陸にとってなじみの深い遊歩ルートであり、いずれも徒歩圏内に位置していた（図6-1を参照）。同時期、陸は虹口地区のアポロ（愛普盧）影戯院や上海大戯院でも映画を見たことを記録しているが、それらはいずれも知識人コミュニティの仲間が製作した映画が上映される場合であり、陸自身の遊歩習慣の範囲から地理的に明らかに逸脱している。

『澹安日記』に記された陸の映画鑑賞の断片的な情報――頻繁に訪れる映画館の距離、時間帯、頻度――を総合すれば、かれの映画鑑賞には、伝統劇鑑賞習慣を継承した散漫な映画鑑賞と、特定の映画を見ることそのものを目的とした「進歩」的な映画鑑賞の二つが混在していることがわかる。たとえば、一九二〇年三月九日・一〇日（旧暦正月一九日・二〇日）の共和影戯院における陸澹安の映画鑑賞、そして同一七日（旧暦正月二七日）の大世界と共和影戯院での映画鑑賞は、明らかに目的を伴った映画鑑賞であったといえる。それを判断するために注目したいのが、上映開始時刻の厳守の度合いだ。三月九日の場合を検討してみよう。この日の夜、陸は共和影戯院で前出『*Heart of the World*』を見た後、夜中の一二時に帰路へ就いた。日記に依れば、この日陸は仕事から帰宅し自宅で夕食を取った後に共和影戯院へ直行した。上映時間が二時間弱（一一七分）のこの作品は、前年大世界で封切られた後年末から翌一九二〇年初頭にかけて上海大戯院やヘレン（新愛倫）影戯院などの虹口地区の映画館での再上映が続き、同年三月に入ってようやく陸の遊歩の圏内にある共和影戯院での上映が始まった。この日の共和影戯院の映画上映時刻は新聞の上映広告には記載されていないが、この時期の共和影戯院の夜の上映は、通常は午後七時からの一回のみであった。ともあれ、一九二〇年三月九日と一〇日の二日間、陸は連日通っていた大世界には行かず、夕食後すぐに共和影戯院でこの作品を見たのだった。大世界に行かなかったのは、おそらくはこの劇映画の上映開始に間に合わせるためであると考えられる。別の例を見てみよう。同年三月一七日、陸は早朝八時から勤め先の学校で授業を講じた後、午後四時に一旦南市の自宅へ戻った。その後大世界へ向かい、内部の映画上映場「乾坤劇場」で映画を見た後、共和影戯院へ移動し外国製連続活劇『専制毒』（詳細不詳）を鑑賞し、夜一〇時半に帰宅した。陸の日記には大世界で何を見たのかは記されていないが、新聞の上映広告によればこの日の乾坤劇場では夕方五時から前述の『ヴィーナスの勝利』の六リール分が上映された。他方、共和影戯院では『専制毒』の一三リール分が一挙に上映された。概ね二時間半の上映時間にリール交換時の休憩時間などを加えると、『専制毒』の上映は全体でおよそ三時間ほどを要したと思われるが、夜七時から三時間という上映時間は、夜一〇時半という陸の帰宅時間に合致する。つまりこの日の夕方、陸は夕食後五時から六時半過ぎまで大世界で『ヴィーナスの勝利』を鑑賞し、その後大世界から一キロメートルほど南にある南市の共和影戯院へ移動して七時から『専制毒』を鑑賞したのである。

このように、陸の日記に細かく記された移動にかんする時間情報は、それぞれの映画上映場所における映画の上映開始時刻に一致している。つまり、上映開始に間に合うように行動していることがはっきりと読み取れるのだ。この二つの事例が、映画鑑賞そのものを目的としたものであることを決定づけるのは、『*Heart of the World*』も『ヴィーナスの勝利』も、後に陸が『大世界』や『新声』においてそれぞれの梗概を翻訳した説明書や、映画小説を手がけたことだ。つまり、陸はあらかじめ二次創作を行う心づもりで、映画の冒頭から末尾まで鑑賞することを目的に映画館へ足を運んだのではないだろうか。すでに見たように、陸は大世界における場内遊歩において日記に記録していない映画も実際は比較的豊富に鑑賞し、そこで蓄積された映画作品にかんする知見を映画説明書や映画小説という表現形式で頻繁に発表していた。映画作品の内容（梗概）や解釈を伝達する仲介者となるべく、文字メディアによる二次創作を目的とした陸の映画鑑賞は、こうして「遊歩」から分化していったのではないだろうか。『澹安日記』ではこの他、陸の友人たちの、あるいは陸自らが監督した作品の試写会で映画を見るという体験も比較的多く記録されている。このような例もまた、鑑賞そのものが目的だったということは言うまでも無いだろう。

他方、この時期の日記からは、明らかな遊歩の例も散見される。一九二五年二月六日の映画鑑賞はとりわけ極端な例である。この日陸は、周企蘭[24]を連れてなじみの映画館エンパイア影戯院で『苦児弱女』（張石川、一九二四年）を鑑賞した。日記の記述によれば、かれらがエンパイアへ到着したのは夕方六時半、鑑賞後エンパイアを出て帰路についたのは夜一一時だった。この日のエンパイアは午後三時、六時、九時の三回興行だったことから、陸と周は六時からの上映時刻に遅れて到着したうえに、九時からの上映開始後も場内に留まったことになる（このことは、エンパイアのような二番館では座席指定による入れ替え制が実施されていなかったことを示唆している）。実に四時間半の間映画館で過ごした計算になるが、当然ながらかれらがエンパイア影戯院を訪れたのは映画鑑賞そのものが目的だったのではなく、親密な時間に浸るための場所として映画館が選ばれたと言って差し支えないだろう。『申報』掲載のエンパイア影戯院の広告によれば、この日の三回の興行はいずれの回もリール数一〇巻の『苦児弱女』をメインとしたプログラムだった。

このように、この時期の陸澹安の映画館通いは、明白な目的を持っていた場合と、そぞろ歩きや時間つぶし、友人や知人と一緒に過ごすといった無目的の場合とに大別できるが、前者を「進歩」的な映画鑑賞と称しても差し支えないだろう。さらに、映画鑑賞にもとづいて批評を書いたり、梗概を翻訳したり小説へと再創作して出版するという映画ジャーナリズムの勃興が、このような「進歩」的映画鑑賞の成立を後押ししたことも指摘しておきたい。ただし、繰り返し強調したいのは、これら二つの異なる映画観客の態度の境界はかならずしも明確ではなく、両者はむしろ混在していた。ある種当然のこととはいえ、「映画を見ること」の目的は、時と場合によって変化したのだった。

## 定刻化する映画鑑賞

一九三〇年からの一年間、陸は上海の仕事から離れ黄玉麟とともに香港や広東へ渡り、京劇公演の演出を手がけた。続く壮年期（一九三三—一九三六年）、そして日中戦争勃発以降「淪陥期」に至る戦争期（一九三七—一九四三年）には、陸の遊興は大きく変容し、また「ことば」にたいする情熱が向けられる対象も、灯謎の実践や弾詞の編纂・創作から「研究」へと転じていった。一九三四年には江南学院法学部を卒業し、教員としてのキャリアも一層深化した。しかし、研究や仕事へ傾倒する時間と反比例するように、陸の遊歩の頻度は減じていった。遊歩する時間よりも、陸が編集者をつとめていた小報『金剛鑽報』の編集室にこもり仲間と歓談したり、夜に自宅で執筆したりする時間の方が多くを占めるようになった。こうした状況からか、壮年期の日記は他の時期に比べるとより断片的な記述となっている。一九三三年からの四年間はほとんど毎年一月分のみ、少なければ五日間しか記されていない年もあった。しかし、陸の遊歩の変容は単に多忙な環境や年齢的成熟によるだけではない。一九三二年一月の第一次上海事変と、一九三七年七月の日中戦争の開戦は、陸の遊歩生活に決定的な変化をもたらした。第二次上海事変勃発時、陸はフランス租界中心部に近く、共同租界や南市との境界が交錯する白爾路へ転居した。[25] 一九三七年、日中全面戦争の開戦は陸の生活圏を直撃した。その緊迫した戦闘の様子は『澹安日記』にも克明に記されている。その後陸は転居を繰り返し、一九三八年一〇月、フランス租界の菜市路信陵村へ改めて新居を構えた。フランス租界のこの地域は南市に隣接している（図6-1を参照）。したがってこの転居はある意味において、陸が幼少期から青年期に至るまでのほとんどすべての日常生活や知的経験、余暇活動全般の舞台であり、また人格形成の場でもあった南市への間接的な回帰だった。南市を中心に積み上げられてきた自らの遊歩の記憶から陸自身が逃れがたかったことを意味しているのだろう。教育・研究活動でかつて享受したような遊歩的遊興の機会を徐々に失いつつも、陸は南市一帯で過ごした通俗／教養の知的娯楽体験へのノスタルジーがあったからこそ、租界と南市の境界を行き来していたのではないだろうか。しかし皮肉なことに、日中戦争開戦後は戦闘の影響で南市一帯も大打撃を受け、かつての姿を失ってしまったのである。一九四二年三月二五日の日記では、遊歩の道すがら南市西門から文廟街へと久しぶりに足を運んだ陸が、旧家一帯が瓦礫の山と化し数百年の歴史をもつ古い町が更地同然となったことに悲嘆を禁じ得なかった様子が綴られている。

一九三八年、陸は厳独鶴、朱大可、施済羣、周痩鵑、鄭逸梅、施駕東、石征鴻、謝閑鴎、趙赤羽、馬直山らとともに「大経中学」立ち上げに奔走する。一九三九年二月の開学直後から陸は教学主任を務め、翌年には同中学図書館に就任する。一九四一年一二月、日本軍が上海を占領すると大経中学も授業が停止され、その後陸は上海の中学を転々としながら教員を続けると同時に、金石・碑文研究にいそしんだ。教育者としての仕事の集大成ともいうべき新しい学校の設立を実現させた四十代半ばに、日本軍の上海侵略によってそのキャリアが崩されてしまうこととなる。それまで足繁く通っていた書場、劇場、映画館へ遊ぶ頻度が激減したのは、こうした背景が深い影を落としていることは言うまでもない。日記の欠落部分が多いために単純な比較はできないが、一九三五年一月、陸は平均すると一週間に一度のペースで映画館を訪れ、ほぼ同様の頻度で京劇や昆劇を鑑賞した。陸がこのような遊歩的遊興を享受した日々は、頻度を均せば一月のうち三分の一程度を占めていた。しかし日中戦争開戦後の一九三九年一月をみると、江南学院法学部（日記では法学院とある）への通学と大経中学開学準備のために遊興の時間はほとんど取れていない。一九四〇年一月は映画・演劇鑑賞がともに一回ずつ、翌年一月も映画鑑賞二回、演劇鑑賞が一回のみである。

遊歩としての映画鑑賞の頻度が激減したこととは対照的に、「戦争期」は観劇などを併わない遊歩の頻度が急増した。新居を菜市路に移した一九三八年以降の陸澹安の遊歩は、徒歩であれば東は南京路や福州路周辺の繁華街、時には旧居のあった南市まで、西は成都路、フランス公園（顧家宅花園）あたりまでを範囲としていた。距離的には、これらの場所は菜市路の自宅やそれ以前に一次的に居住したことのある白爾路の旧宅から概ね半径一キロ圏内に位置しており、平日の授業を終えた午後や休日などは、附近をぶらぶらと一、二時間散歩することが増えた。トロリーバスのような乗り物が、陸の遊歩の速度と範囲を拡張することもあった。陸は一時期バンドの中心部、エドワード三世路（愛多亜路、現在の延安東路）にあったアヴァス通信社の中文主筆の職に就いたことがあったが（一九三九年三月―一九四一年一月）、時には自宅からエドワード三世路まで徒歩で行き、バスで帰宅することもあった。こうして見ると、戦争期の陸澹安の遊歩の特徴は、その頻度が逓減したことに加え、遊歩そのものが持っていた遊興としての性格もまた減色していることにある。戦争期の陸の生活パターンは、平日であれば午前から午後二時頃まで教務を執り行い、それ以降夕方までは比較的自由にゆるやかな時間を過ごして、夕食後には友人たちの家へ赴いたり、逆に友人たちが陸宅を訪れ歓談を楽しむことが増えた。大経中学立ち上げ前後は仲間との会合が頻繁に行われていたが、単なる雑談を越え戦局も含めた幅広い情報共有の意味があっただろう。友人と過ごすのでなければ、陸は静かに自宅で自分の時間過ごしたのだった。戦時下に書かれた『列子補注』、『漢碑考』・『荘子末議』（いずれも一九四三年）は、夜自宅で過ごした時間に取り組まれたものだろう。近代化する都市の刺激を感じながらさまざまな見世物を鑑賞するという複合目的型の遊歩に代わり、戦時下の陸の日常生活に定着したのは、休息や休憩の意味合いを強くした安息のための遊歩である。陸にとって遊歩そのものの性格が大きく変容したのと同様、映画鑑賞の動機や目的も、かつてのそれとは大きく様相を違えるようになっていた。壮年期・戦争期の陸の映画鑑賞を見ると、頻度の減少のみならず、映画鑑賞の顕著な定時化という興味深い変化が起こっていることがわかる。実際、一九三〇年代に入ると、人びとの遊歩は定刻化していく。特に、午前から午後まで仕事をした後夕食までの間と、夕食後就寝までの間は遊歩のゴールデンタイムだった。

『澹安日記』からもこうした変化を読み取ることができる。陸は教育者であったので平日昼間は教壇に立っていたため、陸の遊歩の時間は平日であれば授業後夕食までの間か夕食後、休日ならば午後早い時間帯に集中していた。一九三〇年代に陸が通った映画館はいずれも居宅から徒歩圏内にあるエンパイア、栄金、ラファイエット（辣斐）、亜蒙で、ラファイエットは映画のみならず演劇の拠点でもあったため、陸はこの劇場で頻繁に観劇もした。また、陸は一九四〇年にはストランド（新光）大戯院や巴黎大戯院にも足を運んでいるが、これらの映画館は陸の自宅からは離れているものの、戦争期に陸の遊歩圏が拡大したことに鑑みれば日常的な遊歩の圏内に位置していたといえる。ともあれこの時期、陸は午後の遅い時間か夕食後のいずれか三時間程度、気晴らしとしての遊歩をほぼ毎日規則的に遂行した。この頃には多くの映画館で午後二―三時頃からのマチネに加え、五時、七時、九時頃に夜興行を行うパターンが定着していたが、陸の遊歩の時間は丁度映画の上映時刻に合致させるように定刻化していったのだった。[26] 日常化された遊歩、定時化された映画鑑賞は、感覚的・知的刺激を得るための遊興という遊歩の持っていた性質をも変化させた。この頃の遊歩は、生活や人生、政治的不安から一時避難しリフレッシュするための余暇となったのだ。決まった生活パターンを持つ大衆が、決まった時間に映画を見に行くことはまた、「映画館で作品を鑑賞する」という今日の映画観客ならばほとんど無自覚に実践している、映画作品への高度な集中を前提とする鑑賞形態を促進する。時刻の記述にかんしては極めて精確である『澹安日記』に記された映画鑑賞の開始・終了時刻と、新聞広告に記載されている各映画館の上映時間とがほぼ例外なく一致していることは、陸のような知識人階層において、「映画鑑賞」という新しい映画の見方が習慣化されていたことを示唆している。

陸澹安は、一九四一年以降はほとんど映画館へ足を運んでいない。十代の頃から遊歩を享受してきた陸は、「淪陥期」には仕事、友人たちとの交流、書画展覧会の他はほとんど出歩かず、研究執筆に没頭したのだった。戦火が陸の生活から遊興をそぎ落としたのであった。

## 三　「進歩」的な映画鑑賞の実践――陸潔と郁達夫

ここで、遊歩と映画鑑賞にかかわる陸澹安の経験が、決してかれ一人に特有のものではなく、少なくとも民国期上海において映画を熱心に受容した知識人たちの間である程度共通していたことに注目したい。『澹安日記』に幾度となく登場する遊歩の同伴者たち、特に徐枕亜、周痩鵑、厳独鶴といった「鴛鴦蝴蝶派」の作家たちの存在は、陸の遊興パターンが当時の若い文化人コミュニティにおいて標準的なものであったことをうかがわせる。かれらもまた同様に『大世界』、『新世界』、『新声』などの文学雑誌に多くの原稿を寄稿しており、陸と同一の活動圏内に属していた。残念ながら、陸が好んで同伴した遊歩者たちは日記を残していない。そこで以下では、かれらに代わり陸潔、郁達夫の日記を用いて、『澹安日記』の分析で検証した上海における映画鑑賞のモデルを補強してみたい。

### 陸潔の場合

陸潔（一八九四―一九六七、字は潔夫、原籍は江蘇省嘉定、（図6-3））は、中国映画史最初期の重要人物の一人だ。シンガポールへの遊学後、五四運動直前に帰国した陸は、顧肯夫（生年不詳―一九三二）ら上海の教育者・演劇愛好家グループと親交を深め、顧肯夫、陳寿芝、邵鵬、施彬元、徐欣夫、馮欧鎮らとともに中国影戯研究社を組織した[27]。中

図 6-3　陸潔
出典：『中華影業年鑑』.

国影戯研究社は中国初の長篇劇映画『閻瑞生』を企画・製作したことでよく知られている。権威的映画史研究書である『中国電影発展史』[28]によれば、この団体は上海を代表する新式劇場「新舞台」でロングラン公演となり人気を博した演劇版『閻瑞生』の興行的成功を契機に「洋行買弁」の陳寿芝、邵鵬、徐欣夫らが組織したもので、映画版『閻瑞生』は「中国の買弁、ごろつき、商売人が映画を利用して投機的取引を行った典型であり、中国映画界における金儲け主義という悪しき慣例の先例である」（同書第二版上巻四五頁）として糾弾するのだが、ここで看過できないのは『中国電影発展史』に通底する政治的歴史観というよりも、この映画史研究の記述から同社のブレーン的存在であった顧肯夫や陸潔の名前が（故意か否かはさておき）欠落しているということの方だ。中国影戯研究社は上海ＹＭＣＡと、上海における五四運動を牽引しつつ演劇・映画を通じて社会改良を企図した上海学生聯合会の二つの人的ネットワークが絡み合って成立していたことは、実はほとんど知られていない。しかしそれを見逃してしまっては、この団体の本質を見過ごすことになる。同社には、上海ＹＭＣＡの幹部職員だった陸潔と、その熱心な会員だった施彬元という二人の上海ＹＭＣＡ有力会員が名を連ねていた。他方、上海学生聯合会のメンバーで新劇界でも名を馳せていた顧肯夫と陸潔の間には、固い友情が結ばれていた。二人は毎晩のように一緒に映画鑑賞していたが、それは後述の『陸潔日記・摘存』にも見える。上海学生聯合会には上海ＹＭＣＡが運営する青夜義務学校校長だった孫道勝も関わっていたが、陸潔と顧肯夫をつないだのは上海ＹＭＣＡの一部の会員たちが五四運動へ積極的に参画したことが契機だったということも考えられるだろう。長篇劇映画『閻瑞生』の製作は実際には中国影戯研究社ではなく商務印書館影片部に委託されたが、それは商務印書館影片部が映画製作の経験を持っていたからというよりも、そもそも同館の映画製作のノウハウは上海ＹＭ

CAからもたらされたものであり（第四章を参照されたい）、中国影戯研究社の中核的人物のいずれもがやはり上海YMCAの活動に深く関わっていたからであろう。いずれにしても、映画の教育利用や映画上映環境の改善に熱心に取り組んでいた上海YMCAによる映画上映の「近代化」事業が、中国影戯研究社の映画製作や雑誌の発行を媒介としてより広く社会へ拡散していったことは間違いないだろう。

『陸潔日記・摘存』（以降、単に『陸潔日記』とする）は、一九二〇年から一九四九年まで執筆され、一九六二年に中国電影資料館によって整理・翻刻された資料だ。[29]おおよそ三十年近くにわたって残された記録のうち、一九二〇年から一九二三年までの最初期の記録は紛失などにより限定的な記録に止まるものの、一九二四年からはほぼ連日記録が綴られている。その内容は主に自らが関わった映画製作にかんする記録としての性格が強く、この点においては余暇生活まで広くカヴァーした『澹安日記』とは異なっている。ただ、『陸潔日記』最初期の記述には限定的であるものの陸潔の映画鑑賞の実態を垣間見ることのできる記録が散見され、『澹安日記』と比較すると興味深い相違が見られる。

『陸潔日記』の一九二〇年の記録によれば、陸潔が前年（すなわち一九一九年）に引き続き遊楽場・新世界の優待券を持ち、顧肯夫とともに頻繁に足を運んだことが記されている。『陸潔日記』には新世界で映画を鑑賞したとは書かれてはいないが、すでに見たように遊楽場における遊興には映画を見ることも暗に含まれていた。したがって、陸潔にとっても遊楽場は主要な映画鑑賞場所であったといえる。新世界が発行していた小報『新世界』は、一九一九年三月より鄭正秋が社長に就任し、周剣雲が手がける出版社「新民図書館」より発行されていた。その後同年六月一四日から翌一九二〇年二月一九日までの一時停刊期間を経て同二月二〇日に復刊、経営陣と対立して辞職する同五月七日まで鄭正秋が編集を務めている。この前後、陸潔はエッセイ『潔夫怪説』（一九一九年二月二三日～二六日まで連載、ただし二四日は休載）、小説『我的偵探案』[30]を連載するなど、『新世界』の常連執筆者だった。こうして見ると、陸澹安と同様、陸潔もまた遊楽場という映画上映場所における視覚メディアと文字を横断する知的遊戯の実践者であったことがうかがえる。ただ、両者の記した映画論を比較すると、陸潔のほうが陸澹安よりも「進歩」的な映画鑑賞への志向が強かったといえる。その要因として重要なのが陸潔と上海ＹＭＣＡとの繋がりである。『陸潔日記』の一九二〇年の記述によれば、陸は遊楽場の他にも上海ＹＭＣＡの映画上映会へ顧肯夫と頻繁に訪れている。第四章で見たように、一九一七年より定期的に開催されるようになった上海ＹＭＣＡ交際部の映画上映会は、毎週土曜日の夜八時から（場合によっては六時から）開催されていた。上海ＹＭＣＡの映画上映活動は、静謐で「健全」な映画上映空間を作り上げていくことをその目的として掲げていたが、『陸潔日記』の行間には、かれとその周辺の人びとがＹＭＣＡの映画上映の目的に共鳴し、自ら実践しようとした痕跡が刻まれている。すでに指摘したように陸潔は新世界の優待券を持つほどの常連客だったが、同時に、ヘレン影戯院、虹口大戯院、滬江影戯院へも顧肯夫らと頻繁に訪れていた（図6-4）。遊楽場での遊歩を享受しながらも、陸潔は遊歩者の散漫な映画鑑賞から自らの映画体験を分離させせようという意思を明確に表明したのであった。陸潔は『解放画報』（一九二〇年五月創刊）や『春声日報』（一九二一年五月一日創刊）、そして中国影戯研究社発行の『影戯雑誌』（一九二一年創刊）などの小報や雑誌に映画記事を多数寄稿しているが、なかでも『春声日報』に掲載された連載「中国映画の萌芽（中国影戯之萌芽）」（一九二一年五月七日号―八日号、一〇日号―一二日号、全五回）は、中国における映画受容史を紹介する一方で、かれらの手によって立ちあげられた中国影戯研究社の設立趣旨説明にもなっており、その筆致には陸潔の映画観がもっとも直截に表わされている。それによれば、陸潔らが中国影戯研究社を立ちあげたのは次の四つの目的を実行するためだった。すなわち（一）映画の文学と芸術上の価値を高めること、（二）価値のある映画を紹介すること、（三）有害な映画の流行を防ぐこと、（四）銀幕上に描かれる「歪められた」中国・中国人描写にたいして抗議の声をあげること、である（「中国映画の萌芽（二）」）。特に（三）については、当時流行していたアメリカの探偵ものの連続活劇が中国の演劇界でも悪影響を与え、狂僧との呼び名も持つ破天荒な活仏を主題とした『済公活仏』や、女侠・華碧蓮と駱宏勛との恋物語を描いた小説『緑牡丹全伝』にもとづき派手な武侠要素をふんだんに盛り込んだ京劇『宏碧

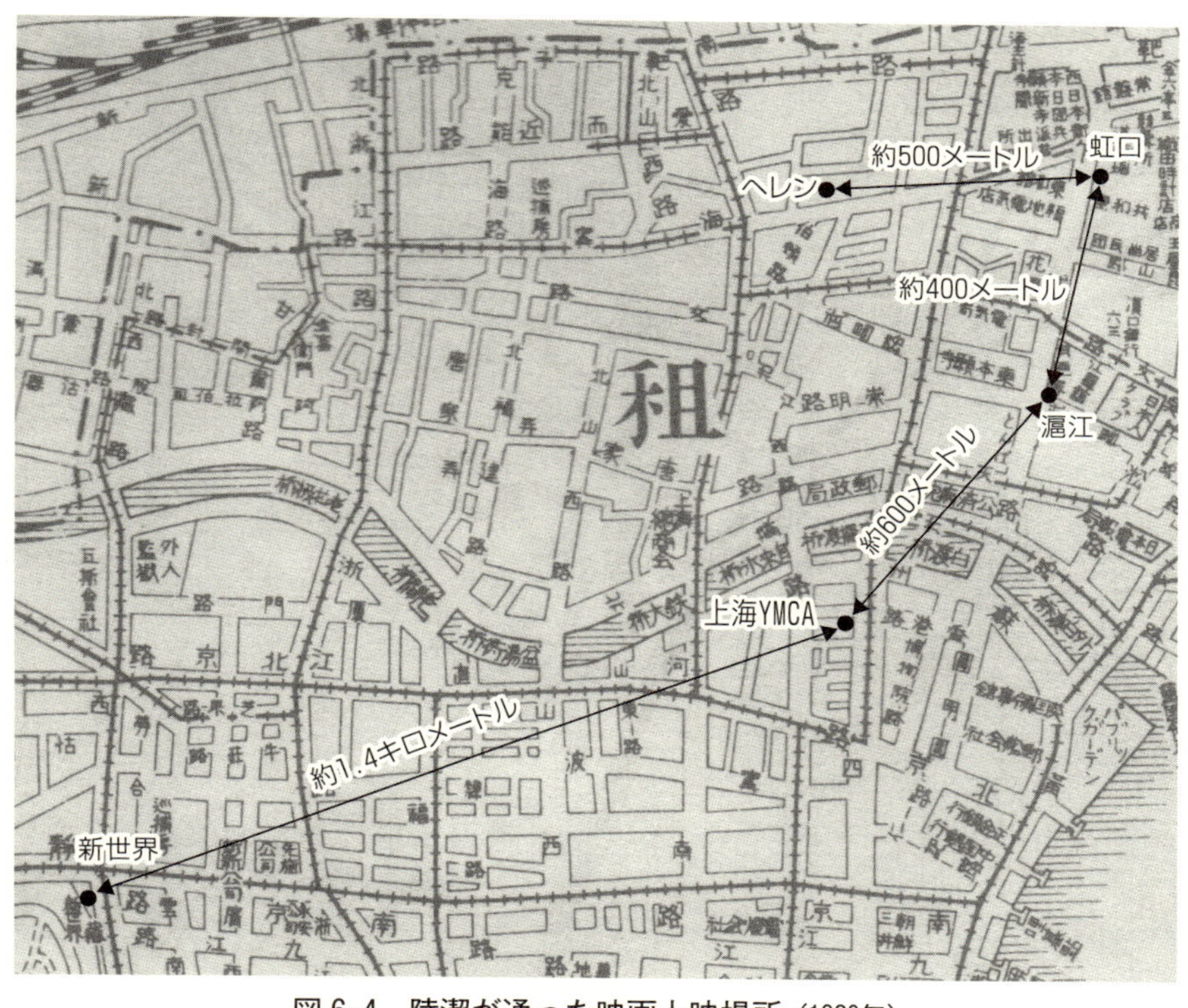


**図 6-4　陸潔が通った映画上映場所**（1920年）

出典：『詳細旧上海市街図（中国書店，1983年，原版は1937年）にもとづき筆者が作成．

縁』といった演目が好んで上演される現状を憂うとともに、その元凶となるような映画は上映しない措置をとるべきであり、同時に「有意義で、教訓があり、高尚な思想を持ち、国民の個性を表し、祖国の文明と芸術を発揚し社会状況を主題とするものを選んで上映する必要がある」（「中国映画の萌芽（四）」）と断言する。「有意義」で「教訓」的、かつ「高尚」な思想をもった映画という言い回しはまさに上海ＹＭＣＡがその映画上映活動で標語とした常套句でもあった。上海ＹＭＣＡの幹部職員だった陸潔がその映画選定方針をここで繰り返していることは明らかだろう。陸潔ら中国影戯研究社の構成員たちは、「悪影響」を及ぼすとかれら自身が自覚していた映画を連日連夜鑑賞しつつも、それを排除し「高尚」な映画を製作・上映しようと試み、遊歩の下に組み込まれていた映画鑑賞をそこから分離させ、「健全」と「教養」を軸とした独自の映画上映ミリューの構築を目指すに至ったのだった。

陸澹安は、映画体験を映画小説として改編・発表することを通じて映画を知的遊戯へと高める行為を通じてほとんど無意識的に映画鑑賞を遊歩から分化させていったが、それにたいして陸潔の場合は、陸澹安と比べると明らかに意図的な方法で福州路の遊歩文化と映画鑑賞との「切断」を志向していた。事実、一九二〇年代の映画製作会社ブームにおいて、映画を通俗的な見世物から昇華させ、正統な政治的・教育的言論表現をなし得る「まっとうな」方法であることを証明したのは、陸潔をはじめとする『春声日報』、『解放画報』、『新声』、『影戯雑誌』など上海における萌芽期文芸ジャーナリズムの担い手たちであったのだ。(31)

## 郁達夫の場合

一九二〇年代半ば以降の『陸潔日記』の記述は映画製作・事業の進捗の覚え書きを中心とした記録的な内容となっているため、それ以降の陸潔の映画鑑賞の実態について踏み込んで考察することは難しい。しかし、陸潔とほぼ同世代の小説家、郁達夫(一八九六―一九四五、本名郁文、原籍浙江省富陽)が生前出版した『日記九種』に収録された日記のうち、上海での赤裸々な日常生活を記した「村居日記」(一九二七年一月)、「窮冬日記」(同年二月一―一六日)、「新生日記」(同年二月一七日―四月三日)、「閑情日記」(同年四月二日―三〇日)、「五月日記」(同年五月)、そして「厭炎日記」(同年六月二五日―七月三一日)には、郁の映画館通いの有り様が生き生きと記述されている。とりわけ、一九二〇年代の陸澹安の遊興生活に色濃く残存していた遊歩の習慣が郁の日常にはほとんどその影を現さず、逆に『澹安日記』ではまださほど顕在化していなかった「進歩」的な映画鑑賞が、郁の日記には顕著に見られる点は興味深い。

郁達夫は幼少より詩作に親しみ学業にも秀でていた。一九一三年、郁は実兄郁華の日本視察に乗じて日本へ渡った後、翌年にはエリート養成校として著名な一高特設予科へ入学する。一九一五年には名古屋大学第八高等学校理科へ入学するが、一年後に文科へ転じ、卒業後は東京帝国大学経済学部に入学した。同時期、郁の周辺には後に小説家として深く関わることとなる多くの中国人留学生がいた。郭沫若は一高時代の同級生であったし、東京帝大では理学部に張資平や成仿吾、また周囲には東京高等師範学校の田漢や京都帝国大学の鄭伯奇らがおり、交流を深めていった。佐藤春夫と出会い師と仰ぐようになったのもこの頃である(32)。こうして、日本留学中の文学青年たちは一九二一年に文学結社「創造社」を結成した。その機関誌『創造』はかれらの主張するロマン主義文学の揺籃となった。郁自身は一九二〇年に発表した中編小説『沈倫』が高く評価されたことを契機として一躍新文学運動の先鋒となった(33)。

郁達夫の日記は、かれ自身の意思により『日記九種』として編まれ、一九二七年九月に上海北新書局より出版された。作家がその人気の絶頂期に極めて私的な内面まで赤裸々に綴った日記を出版したのは当時としてはスキャンダラスな出来事だった。『日記九種』には後に妻となる恋人王映霞との交際も余すところなく記されていることから、当時の青年読者たちにとっては「恋愛の宝鑑」であったという(34)。『日記九種』の散文調の文体でしたためられた郁の内面のあからさまで直截的な告白は、かれの小説と同様に読者へ強烈な印象を与えたといえる。

先に見たように、『日記九種』には一九二六年一一月から翌年七月までの日記が収録されており、一部不規則ながらも基本的にはほぼ一月ごとにタイトルが付された形で全九種の日記が収められ、末尾には郁自らによる跋文が収められている。タイトル通り九つの日記のうち「労生日記」（一九二六年一一月三日—三〇日）、「病閑日記」（同年一二月一—一四日）、そして「客杭日記」（一九二七年六月一日—二四日）を除き、残りの六種では上海での日常が綴られている。この時期、郁が広州の中山大学での教職を辞して上海へ渡ったのは、創造社の激しい内部分裂の仲裁や、同人による会計の不正を調査するという重々しい目的があった。このため郁は、上海の居宅と創造社の事務所が置かれた虹口・北四川路を往復する日々を過ごしていた。一時期は北四川路附近に居宅を構えていた魯迅とも頻繁に交流を重ね、行動を共にすることも多かった(35)。

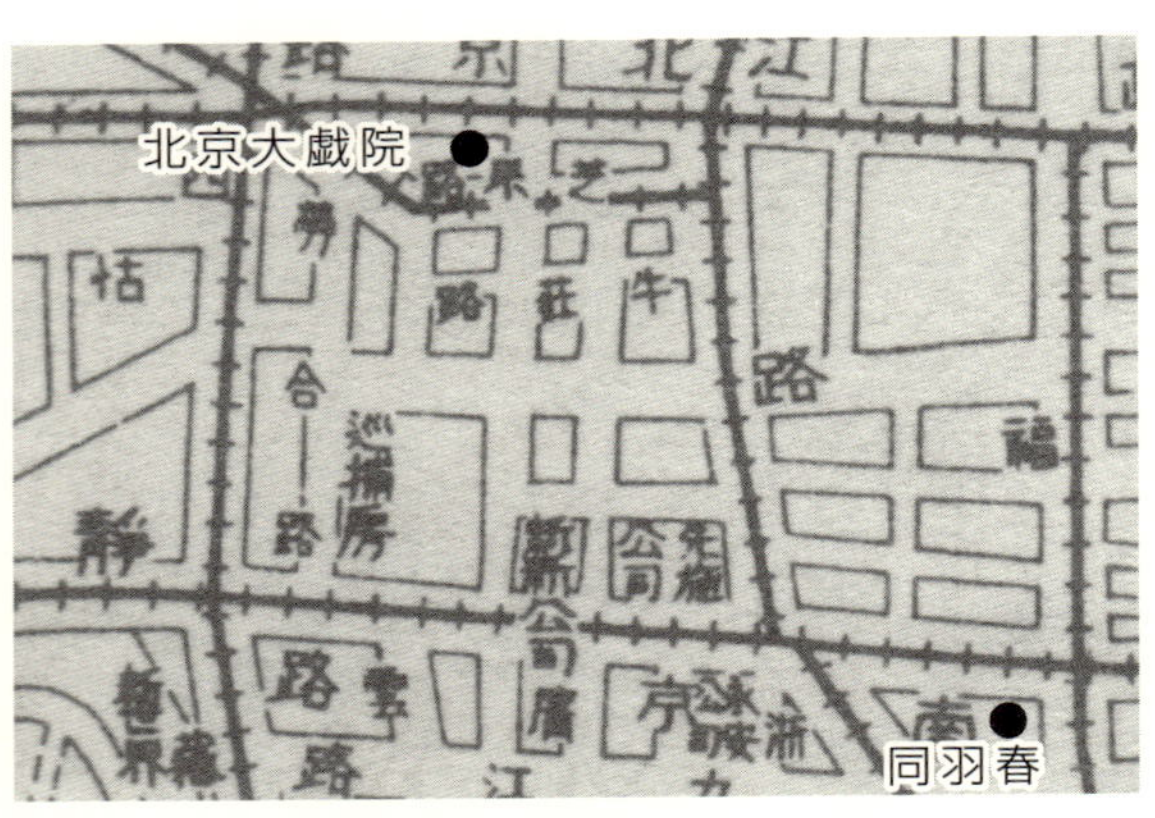


図6-5　郁達夫1927年2月5日の移動

出典：『詳細旧上海市街図（中国書店，1983年，原版は1937年）にもとづき筆者が作成.

『日記九種』は時に郁達夫と王映霞との恋愛暴露本として過当な注目を浴びすぎるきらいがあるが、実は一人の若手作家でありいわゆるモダン・ボーイでもあった文学者の余暇活動やその心境が克明に記されているという点においても重要である。特に観劇・映画鑑賞にかんする記述は比較的詳細かつ具体的であり、『濬安日記』で浮き彫りとなった「進歩」的映画鑑賞の有り様を大いに補強しうるものである。

郁達夫は、映画作品を見るために明らかに時間軸に沿い計画的に移動・行動していた。たとえば、一九二七年二月五日の日記からは、作品を最初から見るという目的を果たすためにスケジュールを調整しながら行動している様子が見られる。旧正月の四日目、いまだ新年祝賀の雰囲気が続いていた日曜日のこの日、一〇時に起床した[36]郁の元には多くの友人たちが訪れ、客人らとともに自宅で昼食を摂った。昼食後しばし日本語の小説を読んでいたところ、友人楼剣南が訪れた。楼は郁を北京大戯院の午後三時からのマチネに誘ったが、すでに上映開始時間までに映画館へ到着することができない時間だったため、繁華街南京路の有名な茶館・同羽春茶楼で時間を潰すことにした。この茶園は北京大戯院から南に一キロメートル弱、徒歩にして概ね一〇分程度下った所にあり、時間の調整には好都合だったと思われる（図6-5）。けれども結局四時には茶園を出て北京大戯院へ向かったのだった。北京大戯院ではこの日、セシル・B・デミルのパラマウント映画『土曜日の夜』（一九二二年）が再上映されていたのだが、郁は日記で「物語は平板、演出も平凡で、ごく普通の通俗的アメリカ映画の一つにすぎない」と酷評している。映画上映が終了し北京大戯院から出てくるとすでに夜九時近くだったため（鑑賞終了時刻については本章注四〇を参照）、陸は楼とともに近所のレストラン（酒店）で夕食をとりながら四方山話に花を咲かせ、長い休日の一日を終えた。なお、『土曜日の夜』は九〇分程度の長篇劇映画であり、北京大戯院では午後三時、五時三〇分、九時一五分の計三回上映されていた。

当時の映画常設館では通常、新聞広告に掲載されるメインの上映作品の他にもニューズリールや複数の短篇映画もかけられており、一回の上映は二時間程度だった[37]。午後三時からの『土曜日の夜』の上映の場合、三時から数十分ほどはニューズリールなどが上映され、その後休憩を挟んで『土曜日の夜』が五時頃まで上映されていたことになる。だとすれば、午後四時頃に同羽春茶楼を出た郁達夫たちが北京大戯院へ到着した時には、おそらく『土曜日の夜』の上映はすでに中盤を迎える頃であっただろう。当時の上海では少なくない映画館ですでに座席指定制が普及していたため、入れ替え制だった。仮に郁らが三時からの上映回に途中入場したとして、その後さらに五時三〇分からの上映回に再入場したとは考え難い[38]。また上映途中の入場はマナー違反であり、映画は最初から最後まで鑑賞すべきだという声も高まりつつあった。当時もっとも「進歩」的である映画観賞者の立場からいえば「他の人が立ち上がってから立ち上がり、他の人が席を離れてから自分も離れることでマナーの良さを示す」こと、つまり最後まで静かに座って観賞するのがマナーであるということが言説化されていた[39]。したがって郁達夫らは、五時三〇分からの上映回まで附近で時間を潰したということになる[40]。こうした行動からは、映画上映時刻にたいするパンクチュアリティを遵守しようとする意識とともに、映画作品を最初から最後まで鑑賞することを映画鑑賞の前提としていた習慣を垣間見ることが出来るだろう。同様に、同年五月一五日（日曜日）は、交際を始めたばかりで故郷の杭州から上海にやってきた王映霞とともに北京大戯院で『鉄路の白薔薇』（アベル・ガンス、一九二三年）を鑑賞している。この日、郁は午前一一時に王とともに晋隆番会館で昼食をとり、そのまま南京路を散策しながらショッピングに興じた後、王の宿泊する旅館へ戻るのだが、興味深いことにここで二人は北京大戯院で「白薔薇の映画」が上映中であることを新聞広告で知るのである。その後二人が映画館へ赴き鑑賞を終えたのは午後五時だった。この日のかれらの行動、特に昼食後の一連の行動は、かれらが明らかに午後三時からのマチネ上映に合わせていることを示している。この例からも、郁達夫の映画鑑賞はまさに最初から最後まで通して作品を鑑賞しようとする態度に貫かれた「進歩」的なものであったことがわかるのである。

しかし、連日執筆や創造社の運営に追われていた郁達夫にとって、上映開始時刻を目指して移動しながらもそれが叶わなかったことも珍しくはなかったようだ。一九二七年一月一一日のカールトン（卡爾登）大戯院における映画鑑賞は、泥酔しつつも前日から鑑賞することを決めていた作品を見るためにその目的をかろうじて遂行した例である。前夜は未明三時まで眠れなかったという郁は、起床後午後二時まで雑誌『創造』第六期の編集を続け、その後原稿を創造社事務所へ届けたが、事務所には誰も来ていない。午後五時頃まで待ったものの結局誰も来なかったため陰鬱な気分となった郁は、酒を飲み始めた。この頃郁を悩ませていた創造社内部の対立による疲弊からか、この日の酒杯は進んだようで、ありったけの酒瓶をすべて空にしてしまった。しかしそれでも郁は、前日から見る予定だった映画『メリー・ウイドー』（エリッヒ・フォン・シュトロンハイム、一九二五年）を見るために泥酔状態のままカールトン大戯院へ行き、午後七時過ぎに鑑賞を終えている。鑑賞を終えてもなお茶館で十数杯の酒を浴びるように飲んだ郁は、友人宅に上がりこんで二時間ほど話し込み、夜半過ぎに帰宅したのだった。午後五時頃まで北四川路の創造社にいたということは、どんなに早く移動したとしても、共同租界の静安寺路に位置するカールトン大戯院の午後五時三〇分からの上映には間に合わなかったであろう。したがって、この日は上映半ばの映画館到着であったことは間違いない。創造社事務所に一人でも同人が残っていて編集作業で疲れきった郁にねぎらいのひと言でもかけていれば、この日郁は間違いなく上映開始時間を逸すること無く映画館へ到着していたはずだろう。いずれにしても、この日のエピソードには、やけ酒に浸らざるを得ないというアクシデントに見舞われてもなお、事前に確認済みの映画上映をめざして移動するという慣例には忠実だった郁の映画鑑賞の習慣が、象徴的に現れているといえる。

ところで、郁達夫の日記からは「映画館へ行くこと」が少なからず現実生活からの避難や逃避の役割を持っていたことが垣間見える。たとえば一九二七年二月七日、日中創造社で忙しく過ごした郁は、友人たちと外で昼食を済ませた後、北四川路を四時までそぞろ歩いた。友人たちと別れた後、北風が強く吹き雪が積もり始めたためか寒い自室に戻るのがためらわれ、宝山路附近を彷徨していた時に偶然百星（パンテオン）大戯院を見つけ中に入った。上映されていたのは、マンフレット・ノアによる『阿修羅王国』（一九二四年）だったが、郁は最近来続いていた疲労と哀惜の念から一気に解放されすっかり眠りこけてしまった。ふと目を覚ますと映画はまだ上映中だったが、再び陰鬱な気持ちに襲われた郁は、鑑賞を終えること無く映画館を後にしたのだった。その翌月、北伐中の中国国民党軍が上海入城を果たし市街地に大きな混乱が生じると、映画館は文字通りの避難所としての役割を果たすこととなった。三月二一日の日記によれば、前日に起こった上海全市の労働者たちを巻き込んだストライキのため創造社事務所がある閘北方面が戒厳状態であると聞いた王映霞は、郁が事務所へ戻ることに反対する。「今、租界では人びとの心は不安にさいなまれ、外国の帝国主義者たちはあらゆる場所に砲弾を配備してわれわれ無辜の市民をも殺そうとしているのだから、外にいるのは危険である」と考えた若い恋人たちが行き着いた場所は、なじみの映画館である北京大戯院だった（郁は日記には記載していないがこの日同院の上映作品は『バグダッドの盗賊』（ラウォール・ウォルシュ、一九二四年、再上映）であった）。午後五時に映画館を出ると、通りは中国街から租界へ逃げてきた人びとで混雑していた。郁は福州路の旅館にようやく一部屋の空きを見つけ、かろうじてその日の宿を確保した。郁が北四川路の創造社へ戻ったのはそれから三日後の、同二四日のことだった。映画館は、文字通り武力的脅威からの避難場所であり、現世のきな臭さと併存しながらもそれとは全く異なる世界が展開するヘテロトピアだった。(41)

ところで、もし映画館が心理的・物理的脅威からの避難場所として機能していたならば、映画館内の環境は逃避空間として相応しい安寧や静謐が保持されていたのだろうか。少なくとも今日的な意味での鑑賞マナーが定着してはいなかったことは、郁達夫自身が記した映画論に現れている。映画が難解な文芸作品を効率よく理解する絶好のメディアであると考えていた郁は、トルストイの『アンナ・カレニナ』を一字一句詳細に読み込むことは実に困難だが、もし映画ならば「ぼくたちは夕食後、一杯のコーヒーを持って、紙煙草を一本くわえ、おしゃべりしながら休憩しているうちに全部見終えることができてしまうのだ」と記している。(42) ただ、「映画は芸術である」(43) とも断言する郁は、館内の喧噪や、設備不良に起因する雑音やトラブルがあろうとも、また泥酔や睡魔に襲われたり逃避のためだけに映画館を訪れた場合であろうとも、作品にたいする集中はある程度保っていた。前述の百星影戯院における映画鑑賞（一九二七年二月七日）では、鑑賞中睡魔に襲われたと記述しながらも、『阿修羅王国』の内容がホーマーの叙事詩『イリアード』の前半部分であると気づく程度には覚醒していた。その三日後の映画鑑賞では、夕食後「月光があまりに美しかったため」外に出て全く偶発的に北京大戯院で映画を鑑賞するのだが、このような場合でも鑑賞した作品がスペインの作家ビセンテ・ブラスコ・イバニェスの小説にもとづく『血と砂』（フレッド・ニブロ、一九二二年）であり、ルドルフ・ヴァレンティノが「なかなかの好演」を見せていたという印象を書き留めておくことを忘れてはいなかった。

『日記九種』には、「進歩」的な映画鑑賞の忠実な実践者だった郁達夫の姿が刻印されている。映画を一つの完結した作品としてとらえ、時に遊歩的な偶発性にとらわれながらも、多くの場合は上映開始時刻に合わせて行動を制御し、映画館内では比較的高度な集中を保ち、作品についての覚え書きを記録するというこの習慣は、ほぼ同時代に同じく映画鑑賞を享受した陸澹安におけるそれと比較した場合、より際立っているように見える。郁と陸との間の映画受容態度にかんするこの差異は、郁が青年期において「戯迷」としての遊歩習慣を経験しなかったこと、そして長期にわたって日本に留学していたことと、おそらくは無縁ではないだろう。映画観客としての両者の態度の温度差は、伝統劇の観劇習慣の中で映画を受容し、外国映画の小説化という知的遊戯を経て教養としての映画の愉悦を体感した陸と、映画が芸術であると予め規定し、映画における「美」を主に外国における理論にもとづき解釈

した郁との、映画受容の「美学」構築のアプローチの差異に由来するものであるといえるだろう。(44)

## 四　見えざる観客——女性と子ども

ここで、わたしがこれまで取りあげてきた数々の日記には、別の重要な映画観客、つまり女性と子どもの観客の痕跡が残されていることに触れておかねばならない。陸澹安の日記には、時期は限定されるものの周企蘭とともに映画を見た記録が多く残されている。郁達夫の日記では、恋人で後に妻となった王映霞を連れての映画鑑賞が印象深い。本章では取りあげなかったものの、一九三〇年代の上海での映画鑑賞の貴重な記録が記されている魯迅の日記には妻である許広平と、許との間に生まれた長男海嬰とともに映画館で過ごした膨大な時間が綴られている。しかし、男性観客の日記に登場する女性と子どもは常にかれらの同伴者にすぎないのだ。残念なことに、あるいは当然と言うべきか、女性や子どもの映画鑑賞について主体的に書かれた日記資料はほとんど無い。上海の映画館の新聞広告では時として女性と子どもの観賞料を男性の半額に設定している例が多かった。女性と子どもは黎明期の中国の劇映画に欠かせないキャラクターであったにもかかわらず、映画館の中では「二等観客」の地位に甘んじなければならなかったのだろうか。それとも、「映画を見ること」は近代化という国家的事業に直接参与できなかった多くの女性や子どもたちにとって、それを代替しうるヴァナキュラーな近代体験だったのだろうか。本章では、知識人層の男の観客による映画鑑賞が遊歩から近代化していったさまを模式化したが、それは、かれら以外の観客たちにどの程度適応し得るのだろうか。

第七章で述べるように、子どもの映画観客は一九三〇年代に「発見」されることになるが、それにたいして中国映画史において女性の映画観客が顕在化されることはほとんど無かったといえる。女性自身の手による公開された日記で上海での映画鑑賞習慣について触れるものは管見の限り薩特児の手によるとされる「紫羅蘭嬢日記」(袁寒雲編、『礼拝六』第一一五期、一九二一年六月二五日）のみである。編集者によれば、日記の筆者である薩特児は婚約者・江左郎との結婚が決まったことを契機に、一九二一年三月から結婚式直前の六月二五日までの日記を「鴛鴦蝴蝶派」作家たちの作家活動の拠点『礼拝六』誌に公表することにしたのだという。書き手が女性だと明言されたこの日記には一度だけ映画館へ行った記述が登場する。それによれば、薩特児は同年三月二四日にハロルド・ロイドの喜劇映画を見に行ったが、しかし、それは薩特児みずからの選択ではなく、江左郎に「映画を見ようと誘われ」たことがきっかけだった。そして、映画鑑賞の最中は大笑いして「何度も左郎の懐の中に倒れてしまった」（二頁）という。「紫羅蘭嬢日記」がフィクションなのか、それともノンフィクションなのかは、ここではさほど重要ではない。なぜなら、いずれにしても「若い女性」という条件下においてひとが映画観客となるためには異性か親、あるいは年配者に誘われることが前提であったという点に違いはないからだ。つまり、本章でわたしが実証しようとした上海の、そして近代中国の映画観客とは、極めてジェンダー化された制度であったということだ。女性の映画鑑賞とは、笑い転げて倒れても受け止めてくれる相手があって初めて成立するものであったのだ。(45)

残念ながら、日記を用いた実証主義の立場では、女性観客の有り様をとらえることは困難だと言わざるを得ない。だが、小説テクストはこの課題にアプローチするために十分に有効な「資料」となるだろう。アン・リー（李安）監督の『ラスト、コーション（色・戒）』（二〇〇七年）の原作者として有名な張愛玲（アイリーン・チャン）は、小説「同級生」において一九三〇年代に寮生活を送る一二歳の女学生たちが映画スターのものまねをしたり、憧れの俳優について語り合ったり、映画の挿入歌を歌う様子をじつに生き生きと描いている。(46)濱田麻矢は「スターにうっとりする少女をルームメイトみんなが茶化したり、自分のお気に入りのスターの名前が呼ばれると金切り声を上げて転げ回ったりというのは、憧れているアイドルについて熱を込めて語り合う現代の少女たちとあまり変わらない」と評してその描写のリアリティに注目し、「同級生」における女学生のたわいも無い日常生活の描写が「真実の記録」として描かれたと指摘する。(47)かの女たちが誰と映画館へいったのかは定かでは無い。しかし、映画館のなかで、あるいは映画館を出た後で、かの女たちもスクリーンとの関係を通じて自らの主体性やセクシュアリティを確立したことは忘れてはならないだろう。現在はまだこの課題について詳述できる準備は無いものの、ここではひとまず、映画史研究において実証的な観点から「女性は主体的に映画を見る」、「女性は主体的に映画を楽しむ」というシンプルな命題を実証することが極めて困難であると記すことで、主流の映画観客に焦点を当てた観客史を相対化する必要性があることを強調しておきたい(48)。

# 第七章　「肉感」と「健康美」のはざま——ポルノグラフィと「良き観客」

大中国影片公司は、日活へ入社した後中国へ渡った川谷庄平が参加した映画会社だ。川谷の自伝では、「大中国」公司で撮った映画に登場する女体ヌード・シーン撮影秘話に触れられている。民国期の上海で銀幕上の女体ヌードを鑑賞する／しない経験とは、いったいどのような意味を持っていたのだろうか。川谷によれば「大中国」公司のヌードものは西遊記シリーズの一幕だったという。第七章扉の写真は「大中国」公司の『西遊記大鬧天宮』プログラム（特刊、一九二七年六月、筆者蔵）。ここに掲載された脚本には川谷が記したように、「漁夫がハマグリの精をからかう」という物語の展開とは全く関係の無いシーンが確かに挿入されている（一九四―一九五頁参照）。

## 一　道徳規範としての鑑賞マナー

「進歩」的な映画鑑賞という概念が成立すると、その具体的な行動規範は映画鑑賞マナーへと集約されていった。そして、それを実践することを通じて映画観客としての「標準」的な属性、つまり大衆エリート階級で、かつ良識的な道徳観を持ち合わせた男性という集団が実態を獲得することとなった。それは同時に、「標準」という枠に属さない非識字層、女性、子どもなど、本来上海の映画観客を構成していた多様な社会・文化階層の人びとを、「規範」から逸脱した観客として疎外することでもあった。鑑賞マナーの悪さにまつわる言説がジャーナリズムから決して無くならなかったのは、それが鑑賞マナーという道徳規範を共有できない「非」文明的な観客にたいする啓蒙を正統化するからであり、またそのような批判を通じて「標準」的な観客の均質性が保証されるからに他ならなかった。

このような価値観の背景に、当時多くの知識人を虜にしていた社会進化論の影響を見出すことは難しくはないだろう。鑑賞マナーの成立は明らかに五四新文化運動以来連綿と続いてきた「高級」と「通俗」の二元論の延長上にあった。五四新文化運動以降「通俗」の烙印を押されることとなった萌芽期の中国映画界とジャーナリズムは、同時期に大きな影響力を持った社会進化論を映画鑑賞マナーという文化的不文律へと適用することで、大衆文化において「文明」を実践しようと企図した。つまり、「良き映画観客」は「良き国民」になるための最初の一歩となったのである。

ここで、鑑賞マナーの確立と上海での映画統制の登場がほぼ同調していることに注目したい。とはいえ、本章で試みたいのは、すでに一定の研究成果がある研究視角からのアプローチ、たとえば初期検閲史の系譜を整理すること(1)や、あるいは映画検閲を列強各国によって分断統治されていた中国が主体的に行使しうる数少ない主権として捉え直しその史的意義を検証するという方向からの再考ではない。[2] ここでは、初期の映画統制にかんする議論が「良き観客＝良き国民」というネイション・ビルディングの一環を担ったことを、ポルノグラフィをめぐる諸言説を通じて素描してみたい。なお、本章ではポルノグラフィという用語を、ジャンルとしてではなく表現形式として用いる。民国期上海において、ジャンルとしてのポルノグラフィがどれほど流通していたかを実証することはほとんど不可能であるが、性的対象としての女性表象を男性観客の視覚的支配下に置き性的充足感を与える表現形式としてならば、ポルノグラフィは蔓延していた。

初期の映画統制において問題視されたのは、殺人シーンを始めとする残酷な犯罪描写や、女性の裸体、男女のキス・シーンを含む「隠微」とされた表現だった。一九二〇年代初頭には通俗教育研究会や上海総商会、江蘇省教育会などの団体が社会風紀を乱すおそれがあると判断した映画を牽制し始めた。一九二〇年代半ばには江蘇省教育会電影審閲委員会が映画審査を制度化し、海外への映画配給網を重視していた映画プロダクションの作品を主な対象とした推奨映画の認定制度を運用し始めた。[3] 中国映画の産業化が進んだ一九二〇年代後半には、乱作された武侠もの、神怪ものが社会に悪影響を与えるとの批判がジャーナリズムを賑わせたと同時に、外国映画おける女性の裸体・半裸表現や露骨なキス・シーンなども批判の俎上に載せられた。同時期にはいわゆる「中国侮辱映画」にたいする抗議の声も高まったため、公的映画統制の確立に向けての動きが本格化した。[4] これら一連の映画統制の流れにおいて、「残酷」な犯罪描写や「猥褻」な性的表現は常にその対象だった。そのような表現は、静謐裏における「進歩」的映画鑑賞という公共ルールの実践を脅かしかねない強い情動を観客に引き起こすこと、とりわけ青少年に悪影響を及ぼすことが常に懸念されていたのである。この文脈における「悪影響」とは、無辜なる存在と考えられていた青少年が残酷・猥褻とされる銀幕上の表現を模倣することを指していたが、厳密にいえばそれは、残酷・猥褻な表現が観客に惹起させる身体性をともなう強い情動が、「無辜」なる青少年たちを、かれら自身の想像力では到底実践しえないような大胆な反社会的行為に駆り立てるということへの恐れであった。つまり初期映画統制は、理性を越えた強い情動のエネルギーを公共心という秩序のもとに制御する技術を未だ身につけていない未成熟な「青少年」が、「ボディ・ジャンル」（第五章最終節を参照）によって惹起される原初的で過剰な身体反応を経験し映画的情動の虜になってしまうことを避ける目的の下に整備されたのだ。

一九一〇年代より上海でしばしば上映されていた扇情的なキス・シーンやエロティックな裸体イメージを登場させる映画は、アメリカ本国においても大いに問題視されていた。一九一五年に連邦裁判所が映画にたいする公的検閲を認める判決を出した後、アメリカでは州レヴェルにおける映画統制の動きが急速に強まった。連邦政府による公的検閲の確立を阻止したい映画業界は一九二二年、同業者による自主的映画統制組織MPPDA（Motion Picture Producers and Directors of America）を立ちあげ、世論に反する映画表現の制御とアメリカ映画の海外輸出の双方を両輪として大きな影響力を持った。アメリカ映画が本格的に中国へもたらされたのは第一次世界大戦期間中のことだが、それ以前もそれ以降も、不正ルートによってもたらされた扇情的なアメリカ映画が中国の映画市場に広く流通していた。本国アメリカでさえ上映できないようなセンセーショナルなものも散見されたという[5]。このような状況が、中国の官民双方の映画統制施策の大きな障害となったのは言うまでも無いだろう。

こうした中、センセーショナルな映画表現を、近代的な映画鑑賞に相応しいものと、そうでないものを差異化する言説が登場する。とりわけ、女性の裸体表象を「良い裸体」と「悪い裸体」に二分し、無辜なる青少年をいたずらに混乱させるような「肉感」あるいは「香艶」と形容されたエロティシズムを伴う後者から、「健康美」という近代的な身体美の規範や性科学知識の普及を標榜する前者を差別化しようとする言論が、一九二〇年代後半から一九三〇年代半ばにかけての映画ジャーナリズムにおいてとくに先鋭化された。その主張は、「良い裸体」とは「健康美」を宣伝するものや性科学の対象であり、若い（男性の）観客にみだらな欲情を引き起こさず、映画鑑賞の秩序を乱すこともないばかりか、「健康」という近代的身体観のあり方を学ぶことさえできるとするものだった。一方、公的には辛辣な批判の対象となった後者は地下へ潜り、ポルノグラフィの闇市場において密やかな需要を途絶えることなく満たしていった。

本章では、銀幕上の女体ヌードやエロティックな映画表現へのアクセシビリティがどのように設定されたのかという主題を議論するために、「肉感」と「健康美」という全く対照的な二つの言説空間の形成プロセスに焦点を当てたい。本章の議論を通じて、いずれの言説空間においても、女性の身体のフェティッシュ化を通じて公共空間における成熟した「良き映画観客＝良き国民」が創出されていったことが明らかとなるだろう。

## 二 「肉感」イメージの氾濫——女体ヌード表象と取締

第二章で取りあげた初期映画上映の鑑賞記の一つ「観美国影戯記」（『遊戯報』一八九七年九月五日）は、奇園で上映されたシネマトグラフについて記している。トリック映画を含むいくつかの短篇映画のなかには、全身を露わにしたふくよかな女性が、布一枚でかろうじてその身体を隠しながら入浴するというものも含まれていた。しかし、ジョルジュ・メリエスの『*After the Ball*』（一八九七年）を彷彿とさせるこの短篇にたいして、この鑑賞記の書き手（鴛鴦蝴蝶派の作家・陳無我だと思われる。第二章注三を参照）はとりたてて大きな関心を寄せてはおらず、総じて映画という電気仕掛けのからくり装置の持っていたリアリズムとトリックの衝撃に重きを置いた筆致が保たれている。この鑑賞記の書き手が女体ヌードの赤裸々な展示にさしたる吃驚を感じなかったのは、おそらく明清以降のポルノグラフィであった春画が「あけっぴろげな空間におけるあけっぴろげな性戯」[6]を描き、男女の肉体描写そのものよりも性戯をめぐる舞台装置や状況によるエロティシズムを強調していたこととも無縁ではないだろう。さらにいえば、『紅楼夢』に代表される通俗文学や花鼓戯のように文字・口承文芸におけるエロティシズムもまた性戯にかんする具象的な描写や詩句の持つきわどい表現を堪能するものであった[7]ことを勘案すれば、初期の映画鑑賞記におけるヌードという身体表象への無頓着は、それがエロティシズムとは別の文脈で受け入れられた結果だったといえそうだ。

事実、女体あるいは女体を構成する身体の特定の部位の表象そのものが性的な欲望と露骨に結びつくのは、一九二〇年以降のことである。

北京の教育部の下に一九一五年に設置された通俗教育研究会では演劇と映画施策を統括していた戯曲股が城内の映画上映施設における風紀取締やポルノグラフィ上映の禁止施策を実施したものの[8]、強制力は与えられておらず、状況を大きく変えるには至らなかった。上海では共同租界工部局警務処が風紀上好ましくないとする映画の取締を行ったが、継続的かつ組織的な映画取締ではなく、いずれのケースも居留民からの苦情によって警察局が調査したものだった。一九一七年一九一八年六月には、アポロ（愛普廬）影戯院における映画上映プログラムの一つに含まれていた『*Her Painted Hero*』（F・リチャード・ジョーンズ、一九一五年）に、全裸の女性が登場するシーンがあったことに不快感を覚えた観客の一人が、共同租界の行政機関である工部局へ苦情を申し立てる書簡を送ったさいには、警察局の調査の対象とされ、刑法上違反であるとの結論が出された[9]。ところがその決定も法的拘束力は持たず、ポルノグラフィは事実上野放しの状態だった[10]。

一九二〇年代に入ると、上海総商会、中華職業改進社、江蘇省教育会など有力な民間団体が、風紀を乱すとする映画の取締に陸続と着手した。なかでも中華職業改進社は、一九二三年四月に「猥褻」な映画の取締実施を決議すると同時に、同社が肯定する映画と否定する映画の具体的な基準を表明した[11]。それによれば、「歴史的価値があり社会研究に足るもの」、「芸術的価値があり人びとの陶淑に十分に資するもの」、「科学的価値があり知識を涵養するもの」、「産業設備に関連しその製作工程を表すとともに技師の技能の補助となるもの」の四点に加え、「衛生にかんするもの」と「社会風俗を改良するもの」が肯定的内容だとされた。他方、「犯罪や子どものいたずらを誘発しないもの」、「残忍な行為を含まないもの」、「安寧秩序を妨げないもの」、「邪淫を描かないもの」の四点が否定的内容だと明記された。「邪淫」とは文字通りポルノグラフィを指すが、この頃になると映画伝来直後にはさして大きな関心を呼ばなかった女体ヌード表象そのものが主流観客、つまりヘテロセクシュアルな男性の性的欲望の対象として認識されていたといえる。とりわけ注目したいのは、そのような表現が、「無辜」な青少年の心を乱すよこしまなものとして考えられていたという点だ。その結果、女体ヌードにたいするこのような認識は思わぬ所へ飛び火してしまう。一九二五年、西洋美術画法の教授のために劉海粟が設立した上海美術専門学校で、西洋美術の基本である「裸婦スケッチ」のために実際の女性を裸体モデルとして招聘していたことにたいして批判の声が挙げられた。その声の主が中華職業改進社と密接な関係を持つ江蘇省教育会だったことは偶然とはいえないだろう。この団体にとって、市井に氾濫する女体ヌードのイメージは「全く以て風俗人心の害であり、容易く青年を誘惑するのである。男女問わず、一度でも誘惑に負けてしまえば、いくら後悔したところでやり直しはできない[12]」のであった。校長である劉海粟は当然ながら同会に抗議し「俗悪な裸体写真や卑猥な出版物は断固として法的に規制するべきだが、それと同列にして、美術教育における裸体画モデルの使用を禁止するのは納得できない[13]」と主張した。しかし、その訴えは果たして受け入れられることはなかった。

一九二八年に廃娼運動の世論が高まると、女性の「奇抜な服装（奇装異服）」を取り締まる市井の要請に応じて「婦女の奇抜な服装取締聯合会議（取締婦女奇装異服聯席会議）」が同年七月十一日に南京で開催された。南京政府公安局社会調査処、省市両婦女協会、教育局、在市政府会議より代表が集まったこの会議では、「女性の奇抜な服装を取締まること」をもっぱらの議題としていた。会議では何を以て「奇抜な服装」とするか、その基準の設定の難しさが議論されたが、他方で明らかに「奇抜」だと判断できるものについては具体的な事例がいくつか挙げられた。省婦女協会代表・鄭韶栄は、南京において「奇抜」な服装をしているのは「外から来た女性（客籍婦女）」であるとしたうえで、かの女たちが「ミニスカートやショートパンツ、そして胸部を露出するなどの服装は言うまでも無く見苦しい」と発言した。公安局社会調査処主任の章桐もまた、「奇抜」の定義は難しいとしながらも、「水着、ダンス用の半袖シャツ、そして風紀に悪影響を及ぼす一切の服装にたいして、われわれはこれを警告しなければならない」と明言し、「奇抜な服装」を例示してみせた[14]。なお、この聯合会議の閉会時には、女性の「奇抜な服装」のみならず、男性のショートパンツ着用も控えるべきであるとの項目も議決されている。どうやら、もはや肌の露出そのものが公共空間に相応しくない欲情を喚起するものとして広く認識されていたようだ。しかし、このような世論の批判とは裏腹に「肉感」イメージの大量流通、大量消費は止まることはなかった。そしてこのことは、一九二〇年代末から一九三〇年代初頭にかけての映画界においても無視することのできない大きな矛盾を生むこととなったのである。

## 三　国産「肉感」映画の登場

国産映画産業が勃興すると、「肉感」的な女体描写は、当時の中国映画市場の八割以上を占めていたとされるアメリカ映画の専売特許ではなくなった。

大中国影片公司は、現在の中国映画史研究ではほとんど省みられることが無い民国期上海の映画会社である。新劇家・顧無為によって設立された同社では、日活を辞して大陸へ渡った川谷庄平が「谷庄平」の中国名でキャメラを回していた。川谷の自伝には記憶違いと思われる記述も散見されるが、勃興期にあった中国映画産業界の勢いがつぶさに感じられると同時に、いわゆる「正史」が扱わない「秘史」も織り交ぜられ、一九二〇年代の上海の映画事情を赤裸々に写しとった記録であることに違いはない。そこには、「肉感」映画についても、実際に製作に携さわった川谷にしか書くことの出来ないエピソードが収められている。顧無為は劇場・共舞台を経営していたが、この劇場では演劇と同時に映画も上映するようになったため、一九二五年に大中国影片公司が設立された。第一作目の『誰是母親』こそ文明戯が得意とした「社会倫理」を主題とした現代劇であったが、その後は七夕伝説として知られる『牛郎織女』や『西遊記』、『封神演義』といった通俗小説を題材とした歴史ものを量産する。突如の方針転換の背景には、他の映画会社と同様、大中国影片公司も南洋市場で見込まれる大きな収益に魅了されたものだと思

**図 7-1　中国影片公司『牛郎織女鵲橋會』シンガポール公開時の説明書**

『南洋商報』一面に当該作品の広告が掲載された.
出典：『南洋商報』1927年 1 月17日.

われる。川谷の自伝では、特に『牛郎織女鵲橋會』（顧無為、一九二六年）と『西遊記』ものの二作品における顧の女体ヌード演出が事細かに回想されている。『牛郎織女鵲橋會』は著名女優で顧の妻でもあった林如心が男役・牛郎に扮し、織女役は当時一九歳の女優盧翠蘭が演じた。上海製歴史もの映画の最大の消費地だった南洋では、林如心と盧翠蘭が妖艶にからみあうツーショットを全面に押し出した説明書が新聞メディアに掲載された（図7-1、上海ではこの写真は共舞台の演劇上演広告として使用された）。川谷の回想によると顧無為は「彼一流の奇才振りを発揮して、織女入浴の図を撮った」というから、当時まさに流行していた「肉感」路線を地で行く作品だったようだ。顧無為はもともと教育者だったが、著名な「票友」、つまり単なる演劇ファンを越えて自らも舞台に立つアマチュア演劇家でもあった。劇場経営で培ったのだろうか、川谷は「顧無為監督は、映画の急所をよく知っていた」[15]と評し、顧の「売れる」演出にたいする嗅覚の鋭さを述懐している。川谷によれば、『西遊記』シリーズのある作品の撮影中、「この回の『西遊記』はあまり面白くない」と感じた顧は、アドリブで女優のヌード・シーンを考案し挿入したという[16]。撮影は、海底を模して岩礁を配したスタジオの四方を大型キャンバスで囲み、中には監督、キャメラ、俳優と「世話人」のみが入ることが許されるという厳戒態勢の下で行われた。顧のアドリブによるこのシーンでは「老漁夫はスチール・ワイヤーで吊り下げられ」、「泳ぐ格好で、左右に揺れながら下がって」きて大きな貝を見つけ捕獲を試みると、その瞬間に「煙を吹き上げた貝がスーッと口を開けて中から全ストが立ち上がる」という演出がほどこされたという（本章扉参照）。ワイヤーや機械仕掛けの装置を用いたこの演出は、間違いなく演劇で流行していた「機関布景」を応用したものだ。映画館で流行していたヌード表象と、劇場で流行していた見世物的な演出を巧みに取り入れたこのシーンは、演劇と映画の双方に精通した顧の「奇材」ぶりが発揮されたものだったようだ。

国産の「香艶」もの、「肉感」ものはその後も陸続と作られる。西遊記の一段を映画化した『盤絲洞』（但杜宇、一九二七年）において蜘蛛の精を演じる女優たちに露出度の高い妖艶なコスチュームを着せて話題を呼んだ上海影戯公司は、続く古装片『楊貴妃』（但杜宇、一九二七年）でも大胆な女体の演出に挑戦した。報道によれば、裸体の女優数十人が約三〇平方メートルという巨大な基盤の上に乗り演技するという大掛かりな「女体ヌード将棋（裸女棋）」なるシーンが演出され、大いに宣伝された[17]。上海影戯公司はその後も『糖美人』、『豆腐西施』（いずれも一九二九年）などの「肉感」路線を売りとした。いずれも時代もので、『糖美人』は文字通り「甘い美女」を指す。西施は俗に中国の四大美人の一人として知られるが、「豆腐西施」とは色香で男性客を惹きつける女店主という意味があることから、その内容は推して知るべしだろう。上海影戯公司は一九二六年に設立された有力映画プロダクションを母体とする映画配給会社・六合影片営業公司に参加していたが、上海影戯公司の「肉感」路線は、六合公司の内部分裂が顕在化した一九二八年から顕著となる[18]。六合公司の持つ内陸各地、そして南洋コネクションに頼らない独自の配給興行網を模索した上海影戯公司は、エロティシズムを前景化することで新たな市場を獲得しようとしたのだろう。同じく六合公司傘下の友聯影片公司による『紅侠』（文逸民、一九二九年）は、上述の『盤絲洞』とともに一九二〇年代に興った最初の武侠映画ブームで製作された映画群のうちフィルムが現存する貴重な作品の一つであるが、女体ヌードはこのフィルムでも登場させられた。主人公が住む村に突如訪れた侵略軍の将軍は、自らの陣地の玉座の周囲に女官を侍らせるのだが、かの女たちは下半身を僅かに覆うばかりの赤裸々な姿で直立するのだった。

一九二〇年半ばに国産映画プロダクションが乱立した状況はしばしば「雨後の筍」と形容される。同時に映画館数も急増し、国産映画の需要も爆発的に増加したが、各プロダクションがいかに尽力しようとも国産映画の製作本数は六〇本にも届かず、国産映画市場は過剰な需要過多の状態が続いていた。一九二六年には、上海の主要な映画館ではのべ一一〇〇回を越える国産映画が上映されたが、その八割以上は旧作の再上映だった[19]。こうしたなか、新作の封切り興行をより印象的に行うため、プレミア上映時にさまざまなステージ・パフォーマンス（アトラクション）が上演される文化が育っていた。新作映画の主演を務めた俳優による歌唱やダンスの披露はその代表格だった。より多くの客を惹きつけるため、映画館は時として扇情的なアトラクションを呼び物とした。たとえば、一九二〇年代に国産映画の封切館として名を馳せた中央大戯院では、一九二八年七月の『八美図』の封切り時に『楊貴妃の入浴（楊貴妃出浴）』なる独幕劇が併演されている[20]。供給過多にあった当時の映画興行界において、客寄せ合戦は熾烈を究めており、タバコや菓子の無料贈呈から懸賞つきチケットの販売まで多岐にわたっていた。エロティックなアトラクションの上演もまた、客寄せのために打たれた「奇策」であったといえよう。一九三二年一〇月一九日、著名な映画評論家・湯筆花が主催する映画日刊紙『影戯生活』に、このような状況を揶揄するコラムが掲載された。それは、当時の映画館の上映広告で頻繁に用いられた常套句を一句一句並べるという言葉遊びの手法を用いたものだった。

玉のような臂（ひじ）に、おしろい粉は舞い、赤い唇、みなエロティックに描写／一六歳以下の男性は、ご来館おことわりいたします／風流浪漫、香艶絶倫、肉感豊富、落ちぶれ魂を銷する／大スター〇〇による空前の傑作、大監督〇〇の心血の結晶／数百万の製作費、数千人の俳優／愛の燃焼、情の熱烈、性の衝動、肉の誘惑／国内外の映画界を震撼させ、全上海の観客にも知れ渡る／満席になること請け合い、いますぐ席の予約を／……[21]

## 四　「良き映画観客」と「良き国民」

しかし、「肉感」路線は、中国の映画産業の勃興に携わった多くの映画人たちの初心とはあまりにかけ離れていた。もともと映画と社会教育との関連に大きな関心を持っていた映画人たちは、ジャーナリズムを主戦場として「肉感」映画にたいする筆戦を布告していった。新劇家、評論家としても活躍した映画監督・鳳昔酔は「肉感と映画（肉感与電影）」とのタイトルでその趨勢を批判した。[22]鳳の考え方は、初期の官民双方による映画統制施策と同様、人間の有り様を社会進化論的にとらえ、道徳的にまだ成熟していない人びとが「肉感」映画に溺れる「危険」について説いているという点で典型的だ。「善良な風紀に違反する映画」は社会の安寧を脅かす、と確信する鳳の主張は「肉感」路線への反対意見を代弁するものだといえるが、ここでは鳳のエッセイのうち次の二点に注目したい。まず、鳳は「肉感」映画の氾濫は、外国の映画会社が自らの利益を得るために行っている施策であると断じている点である。すでに見たように「肉感」の蔓延は洋の東西を問わず相当数が中国市場に出回っていた。しかし、鳳を含む「肉感」映画批判の主張は、その元凶がおしなべて外国映画か「某国人」経営の映画館にあると断定するのだ。実態はさておき、到底歓迎できない映画界の「肉感」志向は「われわれ」のものではなく「かれら」が外から持ち込んだものであるという主張は、単に筆が滑ったというような単純な事態をはるかに越えた問題を含んでいる。映画産業を、製作のみならず配給や宣伝、ジャーナリズムなど多方面から支えていた人びとの多くは、映画の持つ社会的使命を、同時期高まりを見せつつあった反帝国主義ナショナリズム運動や社会改良運動の中に見出そうと強く志向していた。[23]一九二〇年代に勃興した上海の映画会社の多くは文芸ジャーナリズムや新劇の劇団を母体としており、五四新文化運動への草の芽レヴェルでの関与を通じて形成された多彩で広範に及ぶ人的ネットワークを基盤としていた。鳳が「肉感」を明確に外国のものであるとするのは、かれが市場の実態を把握していなかったわけでもなく、また鳳自身も多かれ少なかれ加担せざるを得なかったであろう国産映画の「肉感」路線にたいする言い訳でもない。鳳の主張の核は、「肉感」映画が、鳳自身がその一翼を担った五四新文化運動以来の文芸界のネットワークという「正統」な出自を共有しないものたちの所業によるものだ、と定義している点にあるのだ。つまり、五四新文化運動において「通俗」という名の下に周縁化させられた文明戯、「鴛鴦蝴蝶派」文人、そして映画人たちは、

「肉感」映画にたいする批判を通じて、「正統」な映画とそうでない映画のヒエラルキーを作りあげ、五四新文化運動を主導した知識エリートたちへ合流しようと試みたのである。だからこそ、鳳も含めた一九二〇年代の映画界では映画の芸術化、学問化が声高に唱えられたのだ。(24)

さて、鳳のエッセイで注目すべき第二のポイントは、「肉感」映画が悪影響を与える対象が、未だ近代人になりきれていない未熟な社会階層であると規定されている点だ。鳳によれば、「肉感」映画が引き起こす問題とは、映画会社が「肉感」の二文字でもって「良き道徳心よりも好色が勝る普通の観客たちを惹きつけ」、利益を得ようとすることなのだという。鳳にとって、一般的な映画観客は「良き道徳心」という理想を保つことのできない未熟な観客であるから、「肉感」描写に踊らされ、よこしまな色に流されてしまう存在なのである。鳳は事態の打開策として「肉感」映画を取り締まる法整備を要求するのだが、かれの人間観に即してみれば、それは必然的な帰結だったといえる。鳳は、「肉感」に惑わされる問題は道徳・倫理観が未だしっかりと形成されていない「非文明人」であり、鳳を含んだ「近代的文明人」(あるいは末席であっても五四新文化運動の系譜に属するもの)には起こり得ない問題だと解釈している。こうした解釈が、すでに見たような、当時流行していた社会進化論的人間観に立脚していることはいうまでもないだろう。「近代人」たる映画観客たちによって「正統」な映画鑑賞に導かれてはじめて、「未熟」な観客は真の意味の映画観客へ「進化」する、というのである。

当時の言論界を見渡すと、「肉感」が青少年に好ましくない影響を与えると説いたものは枚挙にいとまがない。たとえば、一九三二年のあるエッセイでは、外国映画も中国映画も好きだという「玉田」なる筆者が、外国映画しか見ないという友人たちにその理由を尋ね驚愕するさまが表されている。かれの友人たちは次のように言い放ったというのだ。「外国映画には美しい肉体がでてくるし、エロティックなキスもあるし、陶酔してしまうようなダンスもあるじゃないか」。ところが、筆者玉田氏が聞いたところによると、こうした学生たちは映画に影響されて女学生にキスを無理強いしたり、父母の金を盗んでダンス・ホールで遊び呆け、あげくに学校を退学させられているというではないか。そして玉田氏は嘆くのである。「友よ、こんなことは、肉感、キス、ダンスなんかの映画を見てやったに違いないではないか？」[25]。「肉感」映画という話題それ自体が持つ扇情性のせいだろうが、いわゆるクオリティー・ペーパーに「肉感」映画批判が大きく取りあげられるケースは稀だった。「肉感」映画批判の舞台は専ら「モスキート・ペーパー」と称された「小報」という文字メディアで、『影戯生活』はその先鋒となった。「小報」とは主力日刊紙とは異なり時にはゴシップめいた真偽不詳の記事が紙面をセンセーショナルに飾ることもあったが、しかし高級紙ではカヴァーすることのできない市井の「事件」の実像を浮き彫りにする事でも知られていた[26]。ともあれ、「小報」を中心として、「肉感」映画の「被害者」は道徳的に未熟で「近代人」になりきれていない青少年であるという認識は広く共有されていくこととなったのである。

貧困層や映画鑑賞マナーを知らない「田舎者」もまた、「肉感」映画をはじめとする好ましくない映画を歓迎する困った存在として指摘する声も少なくなかったことは本書でも繰り返し確認した。上海映画界の「主流」からすれば、「下等社会の人や内陸の人は、いまだ欧州文化に薫陶されておらず、社会環境の変化からもまだ多くの恩恵を受けていないため、いわゆる探偵映画のようなものが、まだ中国の一部分に存在する余地を残す」という認識であった[27]。こうした言説に、「肉感」や探偵ものなどの強い情動にも動じない道徳人たる「近代人」としての意識が作用しているのを見抜くのは難しくないだろう。映画鑑賞マナーをめぐる言説が、良好な鑑賞マナーを修得した「近代人」とそうでない「田舎者」を二分し、前者に優位な文化的ヒエラルキーを形成することで均質的な文化を共有するネイション形成の一翼を担ったのと同様、「肉感」に溺れない「近代人」もまた、ネイションの正統性を担保する条件であるというのが、「肉感」映画批判に通底する思想だった。逆に言えば、「肉感」映画に溺れる「未熟」な観客たちは、そうならぬよう努力して立派な「近代人」を目指すべきだ、というのがかれらの主張の軸だったのである。要するに、この時期のポルノグラフィをめぐる批判的言説とは、ボディ・ジャンルのもたらす身体的反応にも耐えうる強く「健全」な道徳感をそなえた理想的な文化階級を形成、維持することに他ならなかった。近代的映画観客の誕生は、近代国民国家におけるネイション・ビルディングのささやかな一つの流れとなって本流に合流しようとしていたのである。

実はこのことは、一九三〇年代半ばににわかに子どもの観客が映画ジャーナリズムで盛んに取りあげられるようになったことと無縁ではない。一九三〇年より始動した国民党政府による公的映画検閲制度では、ポルノグラフィのみならず神怪ものもその取締対象となった。そのためポルノグラフィと同様に神怪ものもまたアングラ市場を形成し、世論の批判を浴びることとなった。私製神怪ものの氾濫を糾弾するこのような批判もまた、無知な青少年に荒唐無稽で非科学的な間違った情報を植え付けることを回避するということが大義名分であった。一九三四年には上海市が大掛かりな私製映画現状の調査を行った(28)。徐公美、袁増煜、孫育才、鄭歩鴻、徐曼心ら上海教育局の面々が実施したこの調査は、私製映画の多くを占めた神怪映画が教育・社会風紀へ悪影響を与えていることが大きな社会問題とされたことが背景にあった。子どもの観客が重要視される動きと、このようなアングラの「不良」映画取締が軌を一にしたのは決して偶然ではない。観客としての子どもは、明らかに「不良」映画から守るべき対象であり、将来のよき国民として「発見」されねばならなかったのである。

## 五　アングラ化するポルノグラフィ市場

「普通」の観客は、情動を理性で制御するような近代的倫理観を持ち合わせておらず、単純に「肉感」に溺れてしまう――。日ごとに強まるこのような世論の批判を回避するために、ポルノグラフィの流通は当然のことながらアンダーグラウンド市場へ移行していった。それでは、世論の批判にもかかわらず「肉感」映画を上映し続けた闇映画館とはどのような施設だったのだろうか。その実情をレポートする貴重な記事「神秘の映画、上映地点や何処に?」を見てみよう(29)。闇ポルノ市場の存在を暴露し社会風紀の乱れを嘆く、というのがこの記事の主題ではあるものの、記者は闇映画館に潜入しての営業実態を記録しており、「黒幕」的な実録風の内容も相まって読み物としても興味深い記事だ。

闇映画館の地点はバンドの繁華街に近い北四川路の某処であり、経営しているのは中国人ではなく「某国人」だという。記事中では「肉感」の文字こそ巧妙に避けてはいるが、「神秘の映画」だの「例の法律に違反するような映画」だの思わせぶりな言葉を巧みに用いて行間にそれとにおわせており、いかにも「黒幕」風のレポートである。さて、この某「秘密映画館」はいわゆる「一見さん」はお断りの完全紹介制で、紹介者の付き添いがなければ絶対に入場することは出来なかった。入場料は五元というから、外国映画封切館の特等席の数倍の値が付けられているのだが、毎回それなりの客入りだったという。さらに一回五〇～六〇元程度で出張営業も行っており、たとえばホテルに呼んで上映することもあったようだが、その場合も必ず常連客でなければ呼べなかったとされる。記事の友人である「徐」君はかつて一〇名程度の友人たちと一人六元ずつ出しあって某旅館にかれらを呼びつけ、「目的を達した」のだった。

闇ポルノ市場に出回っていた多くの映画はさまざまなルートで流通していたと思われる。たとえば、戦前の日本の闇ポルノ市場では「上海もの」と称されるフィルムが出回っていた。上海の闇市場から日本にもたらされたブルー・フィルムで、フランスやアメリカなど欧米で製作されたと思しきものが含まれていた[30]。時代や地域を問わず、非公式ルートにおける非合法映画の流通実態の把握は資料が少なく困難であるが、それでもさまざまな資料を渉猟すると、闇映画市場の存在を示唆するものはいくつか目にすることができる。それはいわゆる「普通」の観客だけでなく、意外にも（あるいは当然ながらというべきか）知識層にも浸透していたようだ。ある知識人の日記では、「秘密の物語映画（秘戯映画）」を宴会で鑑賞したことが記されている。この「秘密の物語映画」は、一九四〇年七月十五日に行われた宴席で参加者の一人が三本ほど持ち込んだもので、「極めて稀に見るものだ（非習見品也）」とひと言感想が記されている[31]。「秘戯」などという語を用い多くを書き残さなかったことが、この三本の映画が文字通り密やかな戯れを主題とした映画だったことを暗に示している。自宅や茶館などで私的に映画上映を行うことはそれほど珍しいことではなく、一九一〇年代後半には伝統芸能パフォーマンスの出張興行のさいに映画上映を興行プログラムに組み込むこともすでに普及していた。闇映画市場が成立し得たのは、このような非劇場上映を含めた多様な形態の映画上映が根付いていたからだともいえよう。

厳しい世論や映画取締施策にもかかわらず、ポルノグラフィの闇市場や映画館におけるエロティックなアトラクションは歓迎されていた。共同租界、フランス租界という二つの外国人居留地により分断された上海では、全市で一貫した映画検閲権を行使できなかった。境界を一歩越えると公的取締が遂行できないという上海の分断された統治状況もまた、ポルノグラフィの氾濫を後押しした。

## 六 「健康美」と女体の科学

これまでみたように、一連の「肉感」映画批判は、ボディ・ジャンルとしての「肉感」描写が観客、とくに青少年に強い情動をともなう身体的反応を惹き起こすことで、かれらが道徳という社会規範から逸脱してしまう危険にたいして警鐘を鳴らすためであった。それは同時に、ボディ・ジャンルによって惹起されたプリミティヴな身体的反応と、公共心・道徳心にもとづいた理性とを並べ、後者が前者よりも「高次元」にあるという社会進化論的ロジックを用いながら、情動を理性へと変換することのできる「近代人」としての映画観客の優位を強く主張するものでもあった。

しかし、銀幕上の女体ヌードが常に情動を惹き起こすものとして糾弾されたかといえば、実はそうではない。「肉感」映画批判が厳しく攻撃したような女体ヌードやキス・シーンが逆に称賛され、研究されるという事態が、あろうことか「肉感」映画批判と全く同時進行で起こっていたのである。この矛盾は、ほかならぬ「肉感」映画批判の急先鋒だった映画新聞『影戯生活』で幾度となく露呈されている。たとえば、一九三二年九月一七日の紙面を見てみよう（図7-2）。華々しく妖艶な東西の女優たちのグラビアが幾葉も踊る紙面のうち、もっとも大きいサイズの写真にはヌード姿の女優の身体が隠されることなく披露されている。ところがそのキャプションには、「赤裸々」だとか「肉感」、あるいはそれらよりは多少は控えめな「香艶」という形容詞、つまりセンセーショナルな映画上映広告で使われる常套句は一切見られない。それどころか、そこには「健康美」という概念がはっきりと記されているのである――「ご立腹は不要！　どうぞ委細にご研究ください、ハリウッドの女性の体格とは、なんと健康で美しいことでしょう」[32]。一見すると悪ふざけとも思われるこのキャプションは、しかし単なる冗談ではない。というのは、一方で「肉感」を批判し、他方で肉体のエロティシズムを「健康美」と称し美的な研究対象としてとらえた例は『影戯生活』に限ったことではないのだ。明星影片公司設立の立役者でもあった辣腕プロデューサー・周剣雲が編んだ雑誌『解放画報』（一九二一年）では但杜宇の手による美人画が各号表紙を飾ったが、緊縛された裸婦をモチーフにしたもの（第二期、図7-3）、水辺にうつむく裸婦（第一〇期）など、しばしば女体ヌードが登場させられている。映画の美学的研究を先導した映画雑誌『銀星』（一九二八年）もまた表紙に美人画を採用していたが、それらの多くを、後に中国アニメーションの父と称されることとなる万籟鳴・万古蟾兄弟が手がけていた。ここでも、色鮮やかな色調で描かれた全裸あるいは半裸の女性像が毎号の表紙を飾ったのだった（図7-4）。周到に全体の均整が計算されたこれらの女体ヌードが登場した背景に、当時の上海において西洋美術の手法を用いた新しい身体への眼差しが普及していた影響を読み取ることはたやすいだろう。上海美術専門学校における女体ヌードモデルの禁止事件を

図7-2　「健康美」を象徴する裸体グラビア

出典：『影戯生活』1932年9月17日第1面.

図 7-3 『解放画報』第二期
但杜宇による表紙イラスト

図 7-4 『銀星』第一二期
万兄弟による表紙イラスト

引き合いに出すまでもなく、女体ヌードが猥褻か否かを判断する基準は錯綜していた。

『解放画報』や『銀星』といったラディカルな文芸誌・芸術誌の表紙の女体ヌードは果たして「肉感」として批判されるべきか。この複雑な問いに当時の映画ジャーナリズムが出した答えは、「良い裸体」と「悪い裸体」の二つを分けるという「ひねり技」だった。やはり『影戯生活』紙に焦点を当てて見ていこう。「ひねり技」の典型はたとえば一九三二年九月二八日の第二面に現れている。この面の冒頭記事の見出しは「スター女優の「肉感」がグッとくる所——赤裸々な誘惑に、異性なら見れば狂いそう／神秘的でエロティックな乳！胸！脚！尻！[33]」。この記事タイトルが、「肉感」批判の先鋒だったはずの同紙の路線とは全く逆のベクトルを向いていることは明白だ。このエッセイは、今日の中国の女優たちの身体が以前とは異なり豊満になったことをつづったものだ。しかし、エッセイの書き手は、「われわれに強烈な快感をもたらし、毛髪の毛穴から脚の先までを麻痺させる」このような「肉感」を「審美」の名のもとに捉えることで世論の弾劾を回避しようと試みる。曰く、「従来ならば見苦しいとされた」という「丸々したふともも」は、いまでは「美しい」とされ、昔ならば「男のようだ」とされた「大きな尻」も今日では「感動的なまでの美点」となったというのである。ただし、一見センセーショナルなこのエッセイを注意深く読めば、ここで露わにされているのは女体へのフェティッシュな欲情もさることながら、男性が性的対象としての女体へ投げかけるまなざしが大転換を迎えたことそのものにたいする戸惑いが吐露されているようにも感じられる。以前ならば長袖にロングスカートで露出されることのなかった女性の皮膚は、今や夏になれば「半袖シャツから若々しく白い腕がすべて露わとなり、赤や黄、水色などのさまざまな可憐な色の衣服が、蝉の羽のように軽やかで薄い紗で織られている……」。身体の局部的露出への欲情というこの全く新しい窃視的な欲望のあり方を、セクシュアリティの近代化と呼ぶのはあながち不適切ではなかろう。エッセイの書き手は言う。「従来は隠され、賤しく、卑猥だとされた一切の部位は、いまやすべて人を感動させ、麗しいものとなり、そしてまた人びとをうらやませるものとなったのだ」。こうして、「近代人」として成立した映画観客は、自らの近代化への欲望に相応しい「健全」な女性の身体基準をフェティッシュに生み出し、それを「美」として受容していったのである。

ところで、女性の身体にかんする言説がフェティッシュ化されるという「まなざし」の問題は、新感覚派の小説群にも多く登場する。劉吶鴎の小説「遊戯」(『都市風景線』(水沫書店、一九三〇年)所収)では、男性の目線によって女性の身体がクローズアップ・ショットで切り取られ、あたかもティルトするキャメラがとらえるPOVショットのようにフェティッシュなヴィジョンとして展示される。葉霊鳳の「流行性感冒」(雑誌『現代』第三巻第五期、一九三三年)では、「一九三三年式」の最新型スポーツカーの流線型と最新鋭の機能が、女体の美を換喩的に表現する。ローラ・マルヴィの「男性のまなざし」理論[34]に倣って言えば、こうした描写は女性の身体を断片化し物象化する典型的な方法であるといえるだろう。ところでシー・シューメイ(史書美)によれば、視覚的フェティシズムを前景化した新感覚派の小説におけるセクシャリティへの関心は、五四新文化運動において「伝統」と対峙する形で形成された性にかんする言説や、郁達夫の作品群のように婉曲的ながらも性に触れるスタイルとは異なるという。シーは、新感覚派の作家らによって強調された、フェティッシュに分節化された女性身体のエロティックなヴィジョンとは、半植民地状況という幻影（ファンタスマゴリア）的状況にあった上海の近代化の過程において、欲望したものが実在せず実際に手にすることができないという状況に置かれた主体の不安が顕著に現れた結果であると論じている。シーによれば、幻影的な上海の半植民地状況における欲望の空虚さとは次のような構造であるという。

幻影（ファンタスマゴリア）はまなざす者（the viewer）を消費という約束に同意させるが、同時にその約束を破り、まなざす者を失望させ落胆させる。欲望はだからこそ、誘惑と、絶対に手に入れられないという性質（enevitable unreachability）の構造において引き起こされ、そして視覚（vision）という王国の中に閉じ込められるのである。(35)

シーの議論は、女性の身体描写に反映された半植民地下の被支配者という主体のアイデンティティをめぐる問題に焦点をあてたものであるが、「健康美」という大義の下にフェティッシュ化された女性の身体を賛美するという映画ジャーナリズムの論調もまたシーの議論を援用してある程度説明できるだろう。新感覚派の女性身体の描写にしろ、「健康美」の基準にしろ、女性の身体を切り刻むフェティッシュなまなざしによって生み出された数々のヴィジョンは、誰が正統的な主体となるのかという「かれら」自身のアイデンティティにかんする問いへの反応に他ならなかったのである。ただ一点異なるのは、アイデンティティの構築が名実ともにシーのいうように「絶対に手に入れられない」ファンタスマゴリアであったのにたいして、「健康美」という「審美観」を選択することはより行為遂行的（パフォーマティヴ）であったがために、たとえかりそめであるとしてもその実践は一見すると主体性が行使された結果として錯覚しやすいということだ。幻影であるにもかかわらず行為として遂行可能であるがために能動的な主体性の行使として認識された「健康美」という選択は、映画以外の領域においてもさまざまな運動として現れた。

「天乳運動」はその典型であろう。「健康美」の登場とともに現れたこの運動は、アメリカ留学帰りの知識人胡適や中国における性科学の鼻祖張競生によって唱えられられたもので、胸を締め付けるような下着からの解放が唱えられた[36]。伝統中国において、胸は足と同様、緊縛され膨らみを押さえつける「束胸」の習慣があり、大きな胸は男性との性交渉の経験を示した「淫乱」なものだったとされていた。「天乳運動」は束胸の健康上の弊害や書生にたいする抑圧の象徴であるとし、胸の曲線を「女性美」として位置づける女性解放運動の一種だったとされる[37]。こうしてみると、映画界における「健康美」の議論と、「天乳運動」とは多少なりとも相互に連動しあっているかのようだ。少なくとも「健康美」や「女性美」という名のもとにおおっぴらに女体を語ることのできる土壌がすでに定着しており、そこでは女体のイメージを「肉感」と「健康美」という、境界が曖昧ながらも決して相容れない両極に分断したうえで、近代的身体観である「健康美」にたいする飽くなき「研究」が遂行されていくこととなったのである。「健康美」の研究は、あたかも解剖するかのように女体から各身体部位を切り出し、眼部、腕、胸、尻、足といった身体パーツをどうとらえるか、という極めてフェティッシュなものとして遂行されていった。それは身体の徹底的な平準化を招いた。計測や形態観察によって「美」の基準を創出するこの「健康美」とは、身体の徹底的な近代化に他ならない。そして、多くの近代化がそうであったように、身体の近代化もまた規範以外の身体の多様な有り様を過去の遺産として葬り去るか、非正統的なものとして埒外に排除し、隠蔽していったのである。

文芸作品は、このような女性の身体の分節化＝近代化の主たる「工場」だった。新感覚派が映画的な描写で女性の身体を捉えたことにはすでに触れたが、映画においてはまさに、後の多くのフェミニズム映画理論家たちが声を揃えて批判したような典型的なショット、すなわち女性の身体をフェティッシュ化したクローズアップ・ショットが隆盛していた。たとえば、一九三一年、孫瑜が監督した『野ばら』において、王人美がぼろを纏いむき出しにされた足を使って家畜をつつく芸当を披露するシーンは明らかに「男性のまなざし」という観点から「肉体美」というイデオロギーを称賛するものだ[38]。あるいは、『船家女』（沈西苓、一九三五年）のように、貧困のために泣く泣く画家のモデルとなり、そして最後には妓院へと売られてしまう悲劇の女性のストーリーではどうだろうか。三人のモダン・ボーイ風の画家たちに西洋画のポーズを強要されるヒロイン・阿玲の身体は、男たちのまなざしによって徹底的にフェティッシュ化される。動きも表情も、感情さえも自らコントロールすることを許されない阿玲は、もはやポルノグラフィの対象でしかない。チャン・インジン（張英進）の指摘によれば、このシーンは「芸術」という名の下に女性の身体をエロティックに物象化するモダン・ボーイたちのデカダンスと、貧しく病身の父を救うという中国の伝統的道徳観が対置させられることによって生まれる衝突を描いているが、しかし実は観客も劇中のモダン・ボーイとそのまなざしを共有しており、スクリーンへの窃視を通じた視覚的快楽を享受しているのだ(39)。文学作品においても、一九二〇年代半ば頃からとりわけ乳房を性的対象としてとらえた描写が生まれ、広まっていった(40)。こうして、近代的な「健康美」の創造は、女性の身体を分節化するサディズムに大義名分を与え、平準化された身体規範を再生産していった。

「健康美」は、性科学の流行によっても強化された。管見では一九二八年頃から中小映画館でドイツ製医学映画が頻繁に上映されるようになるのだが、ここでも女性の裸体は頻繁に主題化されていた。それらは、「肉感」でも「健康美」でもなく、いずれも「科学」という名義の下に上映されたものだった。一九二八年五月九日、虹口にあった明星大戯院で封切られた『医験人体』はその名の通り人体解剖を扱ったもので、数日間の上映後一カ月後に再上映された他、南市小西門附近にあった老舗の共和影戯院でも同名タイトルの別の映画が上映された（六月一〇日より上映）。他に、『衛生常識』（共和影戯院、同年六月六日より上映）、『人身与生産』（明星大戯院、同一六日より上映）、『医学与人生』（共和影戯院、一〇月三〇日より上映）などの医学映画が断続的に上映された。興味深いことに、この前年秋に上海に遷居していた魯迅は、これらの医学映画に興味を持ち映画館に足を運んでいた。魯迅の日記によれば、同年五月一六日の午後に明星大戯院へ行ったことが記されている。日記にはタイトルは記されていないものの、この日は『医験人体』が上映されていたことが新聞の上映広告から分かる。魯迅はさらに一カ月後の再上映時も同じ作品を鑑賞するために明星大戯院へ足を運んでいる（六月一二日夜）。これらの医学映画がどのようなものだったかはフィルムが特定できないために不明な点が多いものの、いずれもドイツで製作された医学用教材だったことで一致している。図7-5は同じタイトルで示された二つの異なる医学映画『医験人体』の上映を宣伝する明星大戯院と共和影戯院の広告である。明星大戯院版の『医験人体』は再上映を宣伝するものだが、五月の封切時には見られなかった「友芳影片公司」との製作会社名が添えられている。発音からすればドイツの代表的な映画会社ウーファ映画会社に近い音だが、上海でも名の知れた大会社の名前を模倣しただけという可能性も否めない。さて、双方の広告によれば、これらの映画が医学的な目的で製作されたことは明記しているものの、「人生の問題や生殖の問題を解決したいものは是非本作を見て研究の資料とされたい」（共和影戯院版広告）、「人類の秘密と婦女が公に見せることのできないことを知りたい全てのものは是非ご観覧を」（明星大戯院版広告）といった文言から、「人体」一般ではなく明らかに「女体」を意識したものであることが読み取れる。映画内容の目録に目を転じると、両院ともに概ね十本程度の短篇から構成された番組であり、「人間の起源」、「分娩の詳細」、「通常分娩の実況」、「難産による帝王切

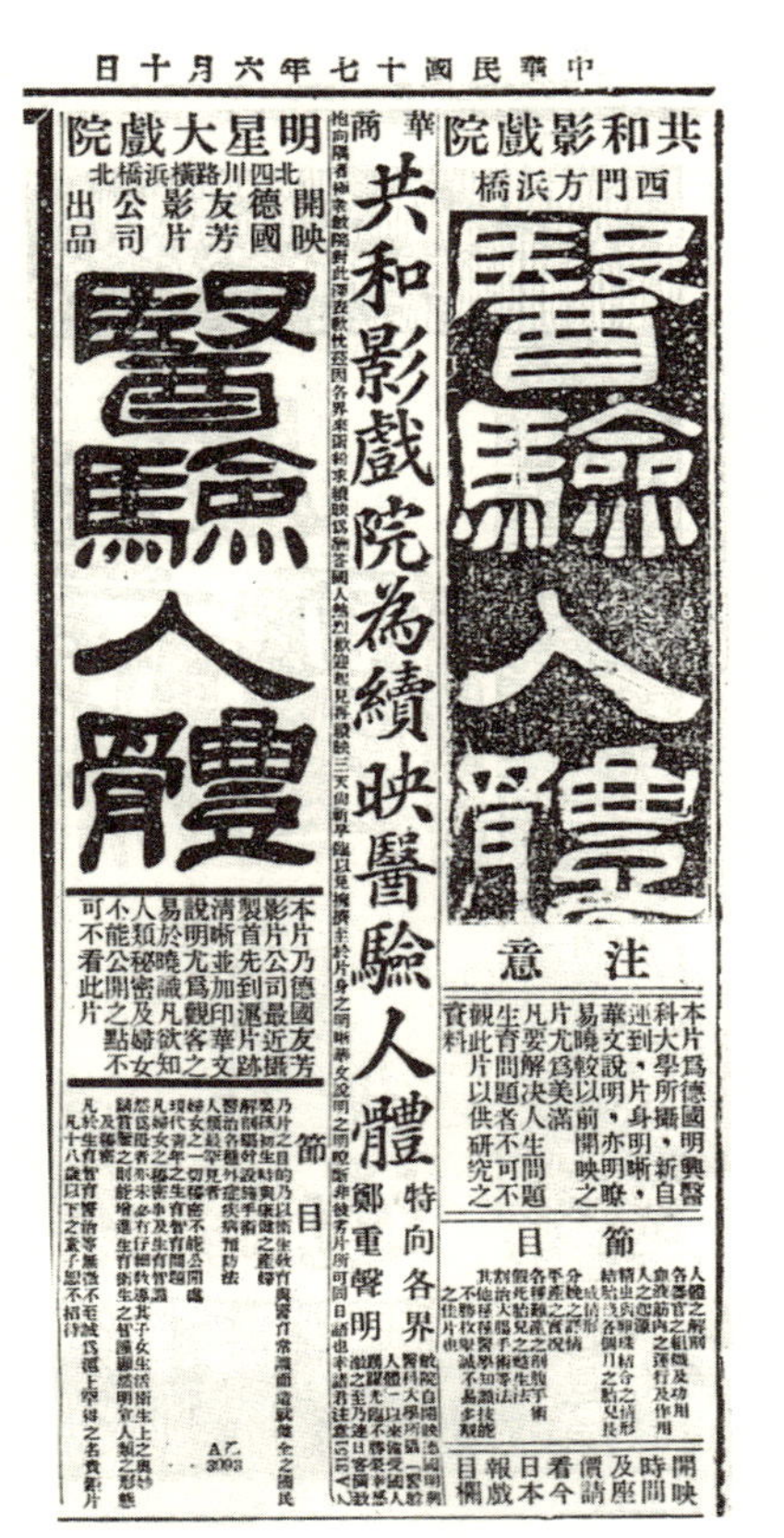


図7-5　明星大戯院（左）と共和影戯院（右）でそれぞれ上映された『医験人体』の上映広告

出典：『申報』1928年6月10日.

開」（いずれも共和大戯院版広告）、「婦女が絶対に隠し公に見せられない部分」、「現代青年の生殖知識の問題」、「婦女の秘密の全てと生殖知識」（いずれも明星大戯院版広告）など、科学知識の名の下に女体ヌードが大胆に開陳される内容であったと思われる。明星大戯院版広告では一八歳以下の児童の閲覧を断る但し書きまでも付されていることもそれを裏付けるだろう。こうしてしばらくの間、医学の名の下に「人体」としての女体ヌードがしばしば上海の銀幕で披露されたのだった。

「科学」の名のもとにヌードを公的に享受する傾向は、グラフ誌における女体ヌード写真の掲載にも見られた。雑誌『上海漫画』では、ドイツの人種学者C・H・シュトラッツの『女体の人種美』に掲載された人種間の「女体」の比較考察資料としての裸体写真を用いた人種美の進化論が展開された。(41) いうまでもなくこの現象もまた一九二〇年代以来の女体ヌードをめぐり相反する二つの価値観の相克の系譜の上に生じたものだった。

ところで、魯迅は明星大戯院で『医験人体』を鑑賞した約一年半後の一九三一年一一月二三日、に内山書店を通じて『日本裸体美術全集』第六巻（一九三一年）を得ている。飛鳥・天平期・藤原期から大正・昭和期までの作品を収録した全六巻からなるこの美術集のうち魯迅が求めた最終巻には、西洋美術の遠近法やデッサン法で描かれた著名な裸婦像が収録されている。魯迅の二度にわたる『医験人体』の鑑賞とその後の「研究」は、おそらくかれ自身が持っていた人種による身体的差異への固執が最大の動機だろう。銀幕上では、観客にとっての「他者」を演出するために、他人種・民族の身体的差異は必然的に誇張される。魯迅は医学映画に加えて野性動物、探検映画、ターザン映画など、ある種の極限状態に置かれた人間の有り様に固執し、中国人のあるべき身体についての思索を続けていた。(42)『影戯生活』上で展開された「健康美」としての女体ヌードへの執着は、魯迅の高尚な思惑と一見相容れないように見えるが、知識階層の男性による近代的な身体性の有り様の模索という意味で、両者は軌を一にしているともいえるのではないだろうか。

しかし、映画ジャーナリズムが「肉感」から「健康美」を分かつためにとさまざまな妙案を弄したところで、そ

図 7-6　『回到自然』上映時の新聞広告

出典：『申報』.

のほころびは明白であった。魯迅の雑文「お子様入場お断り（小童擋駕）[43]」は、このほころびを鋭く突いたエッセイだ。魯迅は審美を標榜して興行された「裸体映画」である『*Back to Nature*』（中国語タイトルは『回致自然』、ジェイムズ・ティンリング監督作品、一九三六年）を見ようとする父子の会話を通じて、理性と情動との間で不安定な立場に置かれたある「お父さん」の気まずい状況を諷刺している。エッセイはまず新聞に掲載されたこの映画の上映広告において赤裸々に足を露出する女優たちの写真について言及する。

　最近五、六年来の外国映画は、まず私たちに西洋の侠客の勇敢さを、そしてまた野蛮人の陋劣さを、さらにまた西洋のお嬢さんの脚線美を見せてくれた。だが、眼が肥えてくると、足数本ではもの足りなくなり、そこで足の林とあいなる。それでももの足りなくなれば、真っ裸。それが、「裸体運動大写真」である。正々堂々たる「人体美と健康美の表現」なのだが、そのくせ「お子様入場お断り」という。子どもはこういう「美」を見る資格がないのである[44]。

『申報』に掲載された『*Back to Nature*』の上映広告では、「裸体運動大写真」とのキャッチコピーが確認できるが（図7-6）、ここで魯迅が想定する「一糸まとわぬ多くの足」が登場する映画とは『*Back to Nature*』だけではない。魯迅はおそらく、当時上海で頻繁に上映され、かれ自身も何度も鑑賞した著名なハリウッドの振付師バスビー・バークレー演出作品も指していると思われる[45]。

続いて魯迅はある新聞の「裸体運動写真」の上映広告に掲載されたという父子の会話を引用する（ただし図7-6にはこの会話は掲載されていない）。

「悧口なお子様がいいました、あの女たちどうしてこっちを向かないの？」

「謹厳そのもののお父さんがいいました、道理で劇場がお子様入場お断りにしたわけだ」

雑文「お子様入場お断り」の諷刺の極意は、広告に載ったこの小咄に、魯迅が次のように若干の「修正」を試みるところにある。

中国の子供は比較的早熟かもしれないし、性にたいする感受性も比較的鋭敏かもしれない。しかし何といっても成年である「お父さん」より、心が汚れていることはないだろう。もしそうだとしたら、二十年後の中国社会は、それこそ恐るべきものになってしまう。だが事実としては、おそらくそんなことは決してあるまいから、あの答えはこう書き変えたほうがよい。

「わしらに堪能させせまいとしてるんだ、けしからん」

ところが、そんな本音を言える「お父さん」などいないことは魯迅も百も承知である。したがって魯迅は、この小咄の「お父さん」のような普通の大人たちが、いつも自分の本心を隠匿し「心が汚れていることはない」と取り繕うことを、次のように批判するのである。

裸の女たちが「こっちを向かない」のは、実はもっぱらこういう類の人物に対応するためなのだ。彼女たちも白痴ではあるまいし、「お父さん」の眼つきが、子どもの眼よりいやらしいことさえわからないはずがないではないか。

魯迅が「いやらしい」と称した「お父さん」のディレンマは、「肉感」か「健康美」か、という選択を前にした気まずさそのものである。女体ヌードは、近代的アイデンティティの構築というモダンな事業（あるいは幻影）を実践するさいの「踏み絵」だったのだ。

「肉感」と「健康美」をめぐる女体ヌード論議は、ヌード鑑賞の本音と建て前をめぐる単純な相克がその本質ではない。重要なのは、この議論を通じて理想的な映画観客とは「肉感」映画に眩惑されることのない、確固たる道徳・倫理観を備えた「近代人」であるという認識が顕在化したということだ。それは同時に、道徳的に未成熟な子ども、不良、田舎者、下層階級、女性といった多様な観客たちを、「規範的な映画観客」のカテゴリーから排除する構造を構築していった。繰り返し強調したいのは、こうして創出された「規範的な観客」とは中産階級以上のヘテロセクシュアルな「男性」であり、ゆえにそれはあらかじめほぼ完全にジェンダー化された文化的制度であったという点だ。「規範的な観客」たちは銀幕上の女性の身体イメージを「肉感」と「健康美」の両極へ切り離すという二重基準でとらえ、後者への嗜好を是とする価値観を基準にしながらホモジェニックな文化集団を実態化していったのである。こうして、映画観客はもはや社会の主流から周縁化された存在ではなくなった。強烈なナショナリズムと連動したネイション・ビルディングの過程において、「近代人」たる規範的映画観客たちは、清廉で潔白な余暇活動を担う集団として、主流社会の中にみずからの居場所を確保したのである――多様な観客たちの存在を否定することとひきかえに――。

# 終章　映画観客史はどこへ向かうか？

新中国建国以降、「進歩」的な映画鑑賞は都市部の映画鑑賞の規範となった。新中国建国直後に設立された国営配給興行会社、華東影片経理公司が一九五〇年頃に発行した映画説明書の裏表紙には、「公共娯楽場所のマナーを守りましょう（遵守公共娯楽場所秩序）」の標語の下、以下の九カ条が印刷されている。

（一）みだりに痰を吐かない。
（二）場内でタバコを吸わない。
（三）整列し順序よくチケットを買いましょう。
（四）横流しチケットを買ってはいけません。
（五）身長一メートル以下の児童を連れての入場は禁止します。
（六）違法物品の持込は禁止です。
（七）定められた場所以外に座席を設置したり立って鑑賞することは禁止します。
（八）大声で叫ぶことは禁止します。
（九）観客は入場時にチケットの半券を残し、チケットの検査に備えてください。

「文明」としての鑑賞マナーの遵守を重視する映画鑑賞は、新中国建国以後さらに多様な形態へ分岐していった。

ここでは二つの事例の考察に若干の紙幅を割き、「進歩」的映画鑑賞の「新中国」への連続性を確認したい。

第一の事例は農村放映隊による映画上映実践である。建国前に七〇〇カ所程度とされていた映画上映機関は一九五七年頃までには一万カ所を越え、同年には観客のべ数が二〇億人を数えるに至ったものの、中国のおよそ八割の農村部には映画館が無かったという(1)。農村部における映画観客について考察するさい、遊歩によって身体化された「動く仮想のまなざし」にもとづく映画受容とは異なるアプローチが必要であることは言うまでもないだろう。中国の都市部において伝統劇鑑賞習慣から映画鑑賞を断絶させることで観客の「近代化」が図られたこととは全く対照的に、農村部においては伝統劇と映画の鑑賞スタイルは強固な連続性のもとに独特な上映・鑑賞形態が作りあげられた。建国後の中国各地で組織され農村放映隊は、文字通り僻地の巡回上映を専門に行っていた。社会主義文芸工作を推進する上で、人口の多くを占める農村部における映画上映を整備することは重要な文化工作の一つに数えられていた。建国後の代表的な映画雑誌『電影芸術』の編集者の一人は一九六五年第五期の冒頭エッセイ(2)において、農村放映隊の隊員たちが幾重にも連なる山々を越え、いまだかつて映画を見たことの無い人びとに向けて映画を上映するために涙ぐましい努力を続けているさまを称賛している。このエッセイで興味深いのは、農村放映隊が単なる映写技師を越えた多様な役割を担っていることに触れている点だ。それによれば、隊員は上映前の作品紹介や上映中の解説、上映後の談話を執り行い、さらには簡易版磁器製録音装置を作ってその土地の方言や少数民族の言語によるセリフを録音し、映画に合わせて放送する仕事も行っていた。時にはその村の状況に合わせた幻灯を作成し、当地に根ざしたさまざまな宣伝も行ったという。集客のために、畑や通りで説唱を唱うこともあったというから、農村放映隊の仕事とはもはや一種の芸能の域に達していたと言っても過言ではない。一九七〇年代には各地で劇映画から科学教育映画までの粗筋や見所を解説する『映画説明（影片説明）』と称される冊子が発行されていたが、農村放映隊を始めとする地方の映画上映に伴う映画説明の補助とすることがその目的の一つであったと思われる。

さらに興味深いことに、上映前の映画説明とともに、鑑賞マナーについて伝統劇の歌唱スタイルを用いた注意喚起が行われることもあったという。陝西省で最初の女性放映隊「陝西放映大隊第二一隊」の隊長・盧樹坤は、一九五三年から一年余り従事した放映隊の巡回上映を語った口述記録のなかで、上映時に毎回、豫劇調の早口の歌唱（快板）で「観客のマナー（観衆須知）」を唱った記憶を掘り起こしている。

「お客さん　お静かに　これから言うこと聞いとくれ　まずは最初のお約束　場内ルールは大事です　押さないで　騒がない　駆けたり叫んじゃいけないよ　のっぽの椅子は倒しなさい　真ん中一列空けとくれ　「はて、また何故に空けるんだい？」　光を邪魔して見えないさ」(3)

農村放映隊による映画説明や鑑賞ルールにかんする歌唱は、民国期上海で確立された「進歩」的映画鑑賞や、映画を「理解する」という美学が、農村各地の伝統劇鑑賞文化と融合した新しいスタイルの鑑賞文化を生み出したのだった。

今一つの事例として、映画における「定場詩」を見てみよう。「定場詩」は、もともと伝統劇の冒頭で大まかな筋立てを歌い観客の注意を惹きつける演劇上のスタイルであるが、著名な演劇・映画作家・夏衍は、一九五八年に北京電影学院で行った講義をまとめた「脚本執筆についての諸問題（写劇本的幾個問題）」のなかで、映画の最初のシーンでは時間や場所、社会関係や人物関係などの大まかな物語内容についてはっきりと説明すべきだと説いている。映画は明快でなければならないとする夏衍のこの脚本論では、最初の一幕が始まった時にはすでに物語が進行しているようなイプセン以降の近代劇のスタイルでは「中国の観衆は往々にして理解できない」と断じている。夏衍は、中国では劇が始まる時はいつも騒がしく、遅刻する人やおしゃべりに興じる人たちがいるのが常なので「第二幕になってはじめて（引用者注：内容が）分かることもあるし、分からない時には説明書をめくらなければならない」という状況があることに注意を喚起する。ここで夏衍は伝統劇における「定場詩」に触れ、その効用は観客たちを静かにさせるものであるというかれの見立てを披露するのである。(4) 実は、一九五〇年代から一九六〇年代にかけての中国映画の中には、「定場詩」と類似性のあるスタイルの歌唱が冒頭に挿入されることが多い。『武訓伝』(孫瑜、一九五一年)では主人公武訓をこれから待ち受ける過酷な運命がポリフォニーで唱われる。『舞台の姉妹』(謝晋、一九六四年)では、越劇俳優の主人公たちの運命を暗示する歌唱が、物語がはじまる舞台である華南農村部の美しい風景に乗せられる。『祝福』(費穆、一九五七年)では歌唱ではないものの、主人公シャンリンサオの生きた時代がいかに「闇黒」だったかを説く長いナレーションが、バック・グラウンド・ミュージックとともに続く。映画におけるこのような例は、劇映画全体を大まかに理解するための映画説明という習慣が伝統劇の定場詩を参照しながら変容したものだといえるのではないだろうか。

中国において映画観客の成立が単に映画の消費者の誕生を意味するのではなく、それと同時に近代という時代の都市に普遍的な中産階級の文化規範が構築され、大衆文化の領域におけるネイション・ビルディングの求心力となったという点は、同時代の東アジア各地の映画観客の成立過程と共鳴している。アーロン・ジェローは、近現代日本史研究者ミリアム・シルヴァーバーグを引用しながら、映画観客が単なる映画という商品の消費者ではなく映画鑑賞を通じて「帝国の臣民」としての文化規範を身につけていったことを指摘している(5)。日本における活動弁士は、映画を単に西洋由来のメディアを翻訳・仲介し受容を容易にせしめる役割のみならず、映画鑑賞を通じてよりユニヴァーサルな文化規範の成立を促す役目を担っていた。映画鑑賞という行為を通じてナショナルな文化規範を修得していくという過程は、映画観客とは映画が上映される場所にアプリオリに存在する集団ではなく、映画鑑賞という文化規範の実践を通じてパフォーマティヴに創出されていったものであったことを補強するのでは無いだろうか。この他にも、映画館における観客の多様な鑑賞習慣についても近年関心が高まりつつある。この視野に立つとき、上海における映画鑑賞の実践と東アジア諸地域におけるそれとの比較検討は欠かすことのできない研究課題であることは間違いないだろう。「良き国民」としての「良き観客」という想像の政治的共同体の創出は、東アジアの他の都市とも通じる共通性を持っていると思われるからだ。

中国映画の中には、しばしばその作者たちが経験した時代の映画経験が自己言及的に引用されている。『沙鴎』（張暖忻、一九八一年）では映画館でニュース映画を見ている人びとが、果物を食べたり雑談したりしながら気ままに鑑賞する様子が描かれる。『太陽の少年』（姜文、一九九五年）では、内部参考映画の名目で上映された『最後のローマ人Ⅰ *Kampf um Rome I*』（ロバート・シオドマク、一九六八年）のワン・シーンで、豊かな胸を露わにしながら恐怖で叫び声を上げるヒロインの様子を、劇場に忍び込んだ子どもたちが息を潜めて見つめる様子が印象深い。『玲玲の電影日記』（小江、二〇〇四年）では農村での露天映画上映が回想され、『デッド・エンド　週末の恋人』（ロウ・イエ、一九九三年）は改革解放期上海の場末の映画館での「散漫」な映画観客の記憶を刻印している。また、ジャ・ジャンクーは、自らの映画美学は市場に出回る外国映画の「海賊版」ＶＣＤで培ったと公言し、ロウ・イエは幼き日々に父母に連れられ鑑賞した大量の内部参考映画を自身の映画的ルーツであると認めている。これらの記憶や回想は、「映画館で映画を見る」ことや「鑑賞中はお静かに」といった映画鑑賞形態が、映画観客史のほんの一側面に過ぎないことを示唆しているのではないだろうか。[6]

「発展」史観を基調とした映画史からこぼれおちてしまった（しかし実際にはごくあたりまえに行われていた）数々の映画的実践は、近年さまざまな資料へのアクセシビリティが向上するにつれて、比較的容易に再「発見」することができるようになった。日刊紙や雑誌、公文書のデジタル化、データベース化は、キーワード一つで多数の事例を瞬時に抽出することをいとも簡単に実現する。その結果、映画史研究の主題は急速に細分化されていった。また、資料面でのインフラが整備されるに伴い、地方映画史への関心が高まり、数多くの地方都市における映画史が陸続と編み出されるようになった。最近ではさまざまな映画工作従事者のオーラル・ヒストリーも充実が進んでいる。しかし他方で、多くの史料がウェブ上に氾濫し容易にアクセス可能となった現在、歴史研究の方向は大きく転換せざるを得なくなった。アメリカの歴史家ロイ・ローゼンズウィーグ（一九五〇―二〇〇七年）は、史料へのアクセスそのものが困難であった「欠乏の文化」の時代、歴史家の仕事とは「過去を忘れない」ことであったが、それは

「〝全て〟が保存されてしまうデジタル時代」、つまり「大量の文化」の時代には根本的なパラダイム・シフトが必要だと指摘している[7]。しかし、このような変化に直面してもなお「発展」史観は根強く、古典的な意味での「映画」を頂点とした映画史を組み替えるような視座の構築はまだ途上にある。それどころか、「大量の文化」のなかで映画史研究の主題が細分化されていった結果、歴史のパースペクティヴそのものを解体・再構築する機会をかえって困難にしているという問題さえ生じていることに、わたしたちは真剣に向き合わねばならない段階にあるのではないだろうか。

本書の構想は、そもそも多くのフィルムが現存しない中で、どうやって初期の映画テクストについて考察することが可能なのか、という問題意識を契機としている。当初筆者が試みようとしたのは、各時代の観客の映画にたいする感性をできるだけ実証的に再現したうえで、残された脚本や鑑賞記から作品テクストを再生成するという方法であった。しかし、このアプローチからの考察は結果として、当初の目論見そのものを解体するという方向へ、つまり、映画研究における作品テクスト中心主義を相対化する方向へ向かうこととなった。この意味で、本書は一連の研究の終わりではなく、「大量の文化」の時代における新たな映画史研究の始まりを記すささやかな一歩に過ぎないのである。

# あとがき

本書の最初の構想からすでに長い時間が経ってしまったが、その間の幾度かの上海行では陸澹安や陸潔、郁達夫らの日記を再現すべく上海の繁華街を文字通り遊歩した。いささか一方的な思い込みではあるものの、往事に思いを馳せながらの執筆は、実に愉快な作業だった。

上海の街を歩けば、新中国建国から七十年近くが経過した現在もなお旧租界の独特の色彩が濃厚であることに改めて気づかされる。旧租界の大通りに林立する洋館街の裏通りには、「弄堂」と称される庶民的な横丁があり、ごく普通の人びとの日常がある。このギャップを目の当たりにするとき、わたしは改めてフーコーのヘテロトピアにかんするエッセイを思い起こさずにはいられなくなる。「混在郷について」では、ヘテロトピアの最後の例として植民地が挙げられている。上海の映画観客や映画業界従事者たちは、「帝国」の支配下において、常に戦略的な生き方を実践せざるを得なかった。このようなポリフォニックで流動的な生き様は、長期にわたって半植民地化され複合的な政治・文化規範により構成された上海という都市そのものがもつヘテロトピアとしての性質によって生み出されたものだった。映画文化というヴァナキュラー・モダニズムの創出と実践という側面においても、上海のこのような多層性が大きな影を落としたと言わざるを得ないだろう。

上海における映画鑑賞のモデルは、東アジアの他の都市ともある程度の共通項が確認できるだろう。帝国主義の時代において、ユニヴァーサルな近代都市文化としての映画鑑賞文化が東アジアの各都市でどのように連動していたか、という考察は今後遂行されなければならない課題である。また、本書が模式化した映画鑑賞は、数ある映画鑑賞形態のほんの一つであるということは忘れてはならないだろう。たとえば地方都市や農村、海外の華僑華人コミュニティにおけるエスニック・シネマとしての中国語映画の鑑賞のように、オルタナティヴな史的パースペクティヴによる検討を要するケースはまだ多く残されている。

映画館や映画配給・興行についてまとめたいという構想はかねてより抱いていたものの、遅々として進まぬ筆のせいで多くの方々に多大な迷惑をお掛けしてしまった。それでも一つのかたちとして世に送り出すことができたのは、周囲の方々の叱咤激励があったからに他ならない。本書に通底する国民国家という近代的制度への批判精神を最初に授けて下さったのは、立命館大学在学中に二年に渡り指導してくださった恩師、故西川長夫先生だった。西川先生のお導きが無ければ、筆者が研究者としての道を歩むことはなかった。関西大学で教鞭を執るようになってからは、関西大学文学部の同僚から業務の合間の情報交換を通じて多くの啓発を受けた。また、大学院の授業ではハンセンやチャン・チェンらの著作を読みながら研究構想について語るわたしの独壇場となることもしばしばだったが、構想の最初の聞き手だった院生たちは尽きせぬ興味と批判精神でもって徹底的に議論に応じてくれた。

研究会や学会では貴重な意見交換の機会を得ることができた。筆者が大学院時代から交流させていただいている諸先生、諸先輩は常に筆者の憧れであり、目標でもあった。同年代の研究仲間には常に知的刺激を与えられ、机に向かうことが困難な時にはそっと背中を押していただいた。とりわけ「野草の会」こと中国文芸研究会での活動が無ければ、本書を完成させることはできなかった。学術雑誌への拙稿の投稿のさいには、匿名の査読者諸氏から多数の有益なアドヴァイスをいただき、論文の精度を格段に上げることができた。また、多くの先生方に貴重な資料を提供していただいたり、閲覧の便宜を図っていただいたことで、映画文化史の実証的な考察という本書の手法がより確実なものとなったことも特に記しておきたい。なかでも、大阪市立大学の松浦恆雄先生には大量の映画の説明書を閲覧させていただいた。これを通じて、「理解する」ことに重きを置く映画鑑賞の解明という本書の目的をより堅実に遂行することが可能となったばかりか、それが建国後の映画鑑賞文化へどのように継承されたのか、という新たな問題意識へと展開させる道筋を拓くことができた。筆者の北京留学中よりお世話になっている香港嶺南大学のエミリー・ユェ・ユー・イェ（葉月瑜）教授には、国外へ向けて研究成果を発信する数多くの機会をいただいた。また、エミリー先生を介して多くの映画史研究者の知己を得ることができ、本書の問題意識はより先鋭化された。シャオ・チーウェイ教授（カリフォルニア州立大学サンマルケス校）は、お会いする度に暖かく励ましてくださったばかりか、映画伝来直後より形成された映画の進歩的ミリューをフーコーのヘテロトピアの観点から捉えるという本書の中核となる議論の枠組みについて貴重な助言を与えてくださった。付永春氏（浙江大学寧波理工学院）は、かれがオークランド大学に在籍していた時期から幾度となく意見交換に応じてくれたうえに、関連する資料を惜しみなく提供してくれた。筆者の構想を本書にまとめあげる過程では実に多くの方々の支えがあった。ここにすべての方々のお名前を上げることは叶わないが、この場を借りて心からお礼を申し上げたい。

本書に収めた論考の初出は以下の通りである。いずれも、初出から加筆・訂正を加えている。外国語で書いた論文の翻訳は筆者自身が行った。

序　章　書き下ろし

第一章　The *Flâneur* in Shanghai: Moviegoing and Spectatorship in the Late Qing and Early Republican Era『関西大学東西学術研究所紀要』第四八輯（二〇一五年四月、アメリカ映画・メディア学会二〇一四年年次大会での発表を論文化）

第二章「「理解する」娯楽――映画説明成立史考」『日本中国学会報』第六八集（二〇一六年九月）

第三章「闇のなかの知的なささやき――肉声による映画説明」『関西大学中国文学会紀要』第三七号（二〇一六年三月）

第四章　第一節「「猥雑」の彼岸へ――「健全なる娯楽」としての映画の誕生と上海Y.M.C.A.」『映像学』第九〇号（二〇一三年五月）

第二節　書き下ろし

第五章「変奏される『閻瑞生』――民国期上海の視覚文化におけるリアリズム志向と扇情」『野草』第八九号（二〇一二

年二月）

第六章　「民国期上海における映画鑑賞（上）――陸澹安の場合」『関西大学文学論集』第六五巻第一号（二〇一五年七月）
および
「民国期上海における映画鑑賞（下）――陸潔、郁達夫、魯迅の場合」『関西大学文学論集』第六五巻第二号（二〇一五年一〇月）の一部

第七章　書き下ろし

終　章　書き下ろし（一部は立命館大学孔子学院による講演会「映画館ではお静かに！――上海における映画鑑賞の誕生」（二〇一五年五月二九日、三〇日）の内容の一部にもとづき再構成）

前記のうち、いくつかは外国語に翻訳されている。第二章の初出論文は『当代電影』二〇一八年第一期に上海師範大学の鄭煬氏による中国語版訳が掲載された。第四章第一節は、中国語の拙訳が『伝播与社会学刊』第二九号（二〇一四年七月）に、英語の拙訳が *Early Chinese Cinema in Hong Kong, Taiwan, and Republican Shanghai: Kaleidoscopic Histories* (edited by Emilie Y. Y. Yeh, University of Illinois Press, 2018) に掲載された。翻訳の機会を与えてくださったエミリー・イェ先生と、東京大学の韓燕麗氏にお礼を申し上げたい。

第一章、六章、そして終章の核となった論考は、文部科学省私立大学戦略的基盤形成事業によって設立された関西大学アジア文化交流センター（二〇一一―二〇一五年度）、およびその後継事業である関西大学アジア・オープンリサーチセンター（私立大学ブランディング事業）における研究成果にもとづいている。それ以外の章は筆者が獲得した二つの科研費による成果を下地にしている（若手研究（B）「学際的アプローチによる中国～欧米間映画関係史構築に関する研究」、課題番号：二一七二〇一二九、二〇〇九―二〇一二年度／若手研究（B）「民国期上海における映画の社会的役割に関する総合研究――「通俗」から「政治」への過程」、課題番号二五八七〇九二九、二〇一三―二〇一六年度）。

晃洋書房の山本博子さんは、「絵に描いた餅」だった本書の構想を書籍化する直接のきっかけを与えてくださった。それから長い間、遅々として進まぬ執筆を見限ることなく待ってくださった。あまり目にする機会のない「映画説明書」の図版を多く取り入れたいという筆者の希望も、山本さんの全面的なご協力によってとても素敵なかたちで実現していただいた。心からお礼を申し上げたい。

本書の構想・執筆中に家族が二人増えた。本書に収めたすべての章は連れあいとともにかれらの成長を見守りながら執筆された。早いもので現在七歳と五歳になったかれらは、もう一端の映画観客として座って静かに映画を見るようになった。

二〇一九年一月

千里山の研究室にて

菅原慶乃

# 注

## 序章

（1）上映開始後にもチケットを販売していたため、遅刻してきた観客の途中入場が鑑賞の妨げとなることがしばしば問題視されていた。たとえば次の記事がある。老看客「観影常識」『影戯生活』第七四号（一九三二年九月二八日）。玉「不満意影戯院的一点」『影戯生活』第一〇七号（一九三二年一一月二日）。

（2）大島得郎「動乱の渦中にある支那の映画界」『活動倶楽部』（一九二六年一月号）では、幕間の休憩時間は「一流の常設館には殆ど喫茶料理店が付随して居るので、そこで休みながらお茶を呑み」時間を過ごすことができると記されている。

（3）松井翠声「上海の映画館」（『映画旬報』第一八号、一九四一年七月一日）によれば、「全盛時代」、すなわち日中戦争以前の「一流館」では「生のオーケストラを聴いて気のきいたボードヴヰル芸人のアトラクションが見られた」という。なおサイレント映画の時代では、大世界などの遊楽場では伴奏音楽が全くつけられず無音の状態であった（中河與一「支那の映画」『映画時代』一九二六年一二月号）。この他、楽師や個人の音楽家を雇って画面に合わせた伴奏音楽を演奏したり、楽隊を雇うことができない映画館の場合は機械仕掛けの自動ピアノやレコードを使って音楽を流すこともあった。

（4）映画館での幻灯による企業広告は、映画館発行のプログラム「映画説明書」や新聞広告などを通じて頻繁に募集されていた。

（5）カールトン（卡爾登）、上海（アイシス）、アポロ（愛普盧）、オリンピック（夏令配克）といった比較的「上等」とされた映画館では一九二〇年代半ばにはすでに座席指定制が導入されていた（意「劇場中的座位問題」『申報』一九二五年一月六日）。

（6）雑誌『滬声』第一巻第二期（一九三六年）に掲載された短文とイラストから成る蔡秋影の無題記事による（序章扉参照）。一人で映画館を訪れた男性観客の独白という設定で、上海方言の語彙を織り交ぜながら次のように内面が吐露されている。「映画が始まる前や休憩時は実に居心地が悪いものだ。同伴者はいないし、説明書はとっくに読み終わってしまった。キャンディーやチョコレートを買うとなればまた小銭をつかってしまうが、まあいいだろう。あそこに何人かモダンガールがいるじゃないか、それなりに美人そうだし、ちょっと眺めておくとするか。うまくいけば声をかけるチャンスがあるかもしれない。」

（7）一九一〇—一九四〇年代の上海の映画館の上映プログラム構成について詳述する中国語の文献は極めて少ないが、日本語文献であれば以下のようなものがある。H生「上海の活動写真」『活動写真界』第二〇号（一九一一年五月一日）。鈴木重吉「支那の映画界（支那映画界見聞）」『映画時代』一九二八年一〇月。前掲大島得郎「動乱の渦中にある支那の映画界」。前掲松井翡声「上海の映画館」。市川彩『アジア映画の創造及建設』（国際映画通信者出版部・大陸文化郷会本部、一九四一年、復刻版：ゆまに書房、二〇〇三年）、二〇九―二一〇（二六一―二六二）頁。中国語文献では、本書表紙およびカバーに引用したように映画説明書の第一面に上映プログラムが記載されることが多かった他、新聞の映画館の上映広告にもしばしば掲載された。

(8) 蔡秋影前掲無題記事。

(9) David Bordwell, *Ozu and the Poetics of Cinema* (Princeton, NJ: Princeton University Press, 1988), p. 240. 引用は杉山昭夫訳『小津安二郎――映画の詩学』（青土社、一九九二年）四〇三頁による。

(10) Miriam Bratu Hansen, *Babel and Babylon: Spectatorship in American Silent Film* (Cambridge, MA: Harvard University Press, 1991).

(11) Charles Musser, *The Emergence of Cinema: the American Screen to 1907* (Berkely, CA: University of California Press, 1994). 特に次の章。Part 1, Before Cinema.

(12) ジュディス・バトラー『ジェンダー・トラブル』（青土社、一九九三年）五八―五九頁。

(13) バトラー前掲書、三四頁。

(14) Miriam Bratu Hansen, "The Mass Production of Senses: Classical Cinema as Vernacular Modernism," *Modernism/Modernity* 6, no. 2 (April 1999), pp. 59-60.

(15) たとえば、後掲注一七で挙げた文献はいずれもこのような例に相当する。一九〇八年に開業した映画館の名称を「虹口大戯院」と明記した文献のうち最も古いものは、おそらく程季華主編による『中国電影発展史』（中国電影出版社、一九六三年）であると思われる。なお、虹口影戯院の設立時期について考証したものに、黄徳泉『民国上海影院概観』（中国電影出版社、二〇一四年）がある。

(16) 茸余「電影雑談（二）」『申報』一九二五年一月一三日。なお、サヴィル・ハーツバーグは中国語文献では、S. G. Hertzberg と表記されることが多いが、本書ではアメリカの「中国貿易法」の下に会社登記された Hertzberg-Peacok Enterprises の登記書類記載の表記を用いた。

(17) 映画伝来以来の映画館史について比較的まとまった記述のある民国期上海における文献には次のようなものが挙げられる。任矜蘋「上海電影院之競争史」『申報』一九二五年一〇月一〇日。阿那「上海電影院的今昔（一）―（五）」『申報』一九三八年一一月二一―二二日。「電影院変遷史（上・下）」『上海影壇』第一巻第八、九期（一九四四年五、六月）。「影院憶旧録」『申報』一九四七年二月三日。この他、映画製作史を扱いつつも映画興行にかんする記述も含まれる主な文献には次のものがある。谷剣塵「中国電影発達史」中国教育電影協会年鑑編纂委員会編『中国電影年鑑』（南京正中書局、一九三四年）。鄭君里「現代中国電影史」、李樸園・李樹化・梁得所・柳郁人・鄭君里『近代中国芸術発展史』（良友図書印刷公司、一九三六年）。徐公美『電影発達史』（商務印書館、一九三八年）。基本的にはいずれも「発展史観」にもとづいた記述となっている。

(18) たとえば、ラモスが福州路の茶園「青蓮閣」で興行していた時の形態について触れたものは少ないが、次の文献はそれに言及したもっとも早期のものの一つである。菲菲「影界的故実」『影戯生活』第一五三号（一九三一年一二月一八日）。なお、前掲鄭君里「現代中国電影史」におけるラモスの青蓮閣での興行を記した段落は、若干編集されてはいるがこの「影界的故実」の一部をほぼ踏襲している。

(19) たとえば次の文献を参照されたい。阿那「上海電影院的今昔（一）」『申報』一九三八年一一月二日。

(20) 呉希夷「対於国産影片公司的一個小貢献」『探親家特刊』大中華百合影片公司（一九二七年一一月一五日）。

(21) 竹内好「日本のアジア主義」『日本とアジア』（ちくま学芸文庫、一九九三年）。

(22) Poshek Fu, *Passivity, Resistance and Collaboration: Intellectual Choices in Occupided Shanghai, 1937-1945* (Stanford, CA: Stanford University Press, 1993), p. 156.

(23) ルイ・アルチュセール（西川長夫訳）『国家とイデオロギー』（福村出版、一九七五年）、一二一―一二四頁。

**第一章**

(1) 長谷正人は次の文献においてこの「神話」の形成について興味深い再考を加えている。長谷正人『映画というテクノロジー経験』（青弓社、二〇一〇年）、特に第二、三章。

(2) Miriam Bratu Hansen, *Babel and Babylon: Spectatorship in American Silent Film* (Cambridge, MA: Harvard University Press, 1994), pp. 27-28.

(3) 中国歴史博物館編『鄭孝胥日記』第二巻（中華書局、一九九三年）、七八四頁。

(4) 福建省出身の果物業者たちによる職業ギルドによって建てられた複合娯楽施設。鄭孝胥の原籍は福建だった。

(5) Anne Friedberg, *Window Shopping: Cinema and the Postmoern* (Berkely, CA: University of California Press, 1993), p. 29. 邦訳書三七頁。

(6) Ibid., p. 4. 邦訳書四―五頁。

(7) Ibid., p. 3. 邦訳書四頁。

(8) Zhang Zhen, *Amorous History of the Silver Screen: Shanghai Cinema, 1896-1949* (Chicago, IL: University of Chicago Press, 2006), p. 52.

(9) 陳無我『老上海三十年見聞録』（上海書店、一九九六年）、八七頁（初版：大東書局、一九二八年）。

(10) 熊月之「晩清上海私園開放与公共空間的拓展」『学術月刊』第八期（一九九八年）、七五頁。

(11) 熊月之前掲論文、七九頁。

(12) 張園での興行のうち一八九七年六月四日については時期的には盛夏とはいえないものの、上海においては夕涼みが必要であるほどの気温であったと思われる。たとえば、堀田善衛は上海滞在中の一九四六年六月九日の日記の中で、暑くなり半ズボンでないと過ごしにくくなったこと、そしてこの日この年初めての水浴びをしたことを記している（堀田善衞・紅野謙介編『堀田善衛上海日記　滬上転化一九四五』（集英社、二〇〇八年）、一七五頁）。

(13) 小雨の中遊歩したり観劇することは珍しいことではなかった。清末民初にかけてのさまざまな観劇日記にも雨天における外出をともなう遊興が散見される。

(14) Zhang Zhen, op. cit., pp. 61-63.

(15) 「演出場所」、中国戯曲志編集委員会・《中国戯曲志・上海巻》編輯委員会編『中国戯曲志　上海巻』（中国ＩＳＢＮ出版、一九九六年）、六二六頁。

(16) 徐剣雄『京劇与上海都市社会（一八六七―一九四九）』（上海三聯書店、二〇一二年）、二一〇頁。

(17) 張古愚「上海劇場変遷紀要」中国戯曲志上海巻編輯部編『上海戯曲史料薈萃』第一集（上海芸術研究所、一九八六年）、八八頁。

(18) 徐剣雄前掲書、七五頁。

(19) 田仲一成『中国演劇史』（東京大学出版会、一九九八年）、三七九頁。

(20) 陳伯煕「上海灯彩戯源流考」『上海軼事大観』（上海書店、二〇〇〇年、初版『老上海』泰東図書局、一九二四年）、四九四頁。

(21) たとえば次の論考がある。陳芳『清代戯曲研究五題』（里仁書局、二〇〇二年）。容世誠「「声光化電」対近代之中国戯曲的影響」李小恩・戴淑茵編『香港戯曲的現状与前瞻』（香港中文大学出版社、二〇〇五年）。陳建華『従革命到共和――清末民国時期文学、電影与文化的転型』（広西師範大学出版社、二〇〇九年）、とくに「中国電影批評的先駆――周痩鵑《影戯話》読解」（二〇五―二三六頁）。なお、程樹仁による「中華影業史」（程樹仁主編『中華影業年鑑』中華影業年鑑社、一九二七年）でも、「手影」、「走馬灯」などとともに「灯彩戯」が映画のルーツの一つとして取りあげられている（一一頁）。

(22) 平林宣和は、次の文献においてこのような変化は上海における京劇の近代化を特徴づけると論じている。「「茶園から舞台へ――新舞台開場と中国演劇の近代」『演劇博物館紀要演劇研究』第一九号（一九九五年三月）。

(23) 陳無我前掲『老上海三十年見聞録』、七二頁。なお、本書第二章第三節も参照されたい。

(24) 銭化仏『三十年来之上海』（上海書店、一九八四年、初版：学者書店、一九四七年）、二三頁。茶園の風紀と社会的役割については次も参照されたい。Joshua Goldstein, "From Teahouse to Playhouse: Theatres as Social Texts in Early Twentieth-Century China," *Journal of Asian Studies* 62, no. 3 (2003).

(25) 包樹芳「晩清上海休閑空間的変革――基於茶館的考察」『安徽史学』二〇一三年第二期、二七―三〇頁。

(26) 道光帝逝去後の「国喪」期間中、すべての演劇が上演禁止とされたため、劇場はその名前を「茶園」へと変え、表向きは茶を提供するという名目で経営を続けたとされている。赫

馬（徐半梅）『上海旧話』（上海文化出版社、一九五六年）、一―二頁。

(27) 鄭逸梅『芸海一勺』（天津古籍出版社、一九九四年）、一八六―一八七頁。

(28) 陳無我前掲『老上海三十年見聞録』、三八三頁。

(29) 葛元煕『滬游雑誌』（上海古籍出版社、一九八九年、初版：一八七六年）、二七頁。

(30) 黄式権『淞南夢影録』（上海古籍出版社、一九八九年、初版：一八八三年）、一一四頁。

(31) トロリーバスの出現と虹口地区の映画館の増加について言及した文献として次の二つがある。チャン・チェン（Zhang Qian）論文ではヴィクトリアとオリンピックが、エスクデロ論文ではさらにカーターが、それぞれトロリーバスの停留所付近に建てられたことを指摘している。Zhang Qian, "From Hollywood to Shanghai: American Silent Films in China," (PhD diss., University of Pittsburgh, 2009), pp. 93–94. Juan Ignacio Toro Escudero, "España y los españoles en el Shanghai de entreguerras (1918–1939)," (master's thesis, Universitat Oberta de Catalunya, 2012), p. 110. 付永春氏にはエスクデロ論文にかんする極めて有益な情報を提供していただいた。ここに記して感謝したい。

(32) U. S. Court for China. *The North-China Herald and Supreme Court & Consular Gazette*. September 19, 1908.

(33) The Appollo Theatre. *The North-China Herald and Supreme Court & Consular Gazette*. December 23, 1911.

(34) 『申報』一九〇八年八月一一日、および同年一一月二日に掲載されたアメリカン・シネマトグラフ・カンパニーの広告「美国影戯告白」を参照。同広告では映画館名が明記されていないが、住所は「虹口北四川路第五一号」と記載されている。これは、英字新聞に掲載された同社の住所に一致する（たとえば次を参照されたい。[No title（The Entertainment Given by the American Cinematograpah Company）]. *The North-China Herald and Supreme Court & Consular Gazette*. October 10, 1908.）。なお、記事によっては「アメリカン・シネマトグラフ・シアター」、「アメリカン・シネマトグラフ・ホール」の名称で表記されることもあった。

(35) 『新聞報』一九〇八年八月二一日掲載の天然有音影戯公司の広告、および『申報』一九〇八年一二月四日掲載の同公司の広告を参照。なお、本書第六章では若き日の陸澹安がここで映画を見たことについて触れている。

(36) 前掲エスクデロ論文で近年の研究成果の見取り図が示されている。Escudero, op. cit., pp. 93–95.

(37) Zhang Zhen, op. cit., pp. 61–62.

(38) たとえば陳剛『上海南京路電影文化消費史（一八九六―一九三七）』（中国電影出版社、二〇一一年）では、虹口地区に映画館が集中して開業した原因について、二〇世紀以降整備された交通インフラストラクチュアによって虹口地区が租界中心の南京路と肩を並べるほどの一大商業地区となったこと、また当該地区にはさまざまな国からの移民が多く集まっていたため、映画のような新しい娯楽を受け入れやすい土壌があったことを指摘しているが（七二―七三頁）、このような見解は、映画が既存のパフォーマンスや見世物とは本質的に異なる全く新しい娯楽であることを暗黙の前提としている。近年、専ら中国初期の映画観客史に焦点を当てた専門書『中国早期電影観衆史 一八九六―一九四九』（陳一愚著、中国電影出版社、二〇一七年）が刊行された。観客史を専門的に議論した映画史研究として特筆すべき成果ではあるものの、基本的には従来の「発展史観」にもとづいている点は議論の余地を残している。

(39) このことについては次の文献でも言及されている。黄徳泉「〝中国最早的電影院〟之参照系」『当代電影』二〇一六年第一一期（総二四八期）。

(40) Zhang Zhen, op. cit., pp. 108-117.

(41) たとえば、孟涛「文明戯与中国早期電影」（『上海師範大学学報（哲学社会科学版）』一九八四年第一期）、程歩高『影壇懐旧』（中国電影出版社、一九八三年）、一〇八―一〇九頁などを参照。なお、王漢倫「我的従影経過」『中国電影』（一九五六年第二期、一九五六年一一月）では、『孤児救祖記』（張石川、一九二三年）撮影時には監督の張石川より手書きの脚本が一冊ずつ配付されたこと、監督自らによるきめ細かな演技指導がつけられたことが回想されている。この点については第四章注八六も参照されたい。

(42) 白井啓介は、果物をのこぎりで切る動作とチャーリー・チャップリンの初期作品のギャグとの類似を指摘している。白井啓介「銀幕と舞台の交点――一九二〇年代初頭の文明新戯と初期映画の演技様式」『文学部紀要』（文京大学文学部中国語中国文学科）第一八巻第一号（二〇〇四年九月）、一一―一二頁、および注一三。

(43) このフィルムが常にもう一つのコメディ『滑稽大王上海に遊ぶ（滑稽大王遊滬記）』と併映されていたことは極めて重要だ。『滑稽大王上海に遊ぶ』はそのタイトル通り、チャップリンが上海にやってくるという内容で、チャップリンに扮したのは上海で遊楽場の支配人をしていた白系ロシア人R・ベールだといわれている。チャップリンをめぐるこの二つの作品が併映されたのは、そのギャグをマスターしたという明星影片公司の「矜持」の表れだといえる。

(44) 森平崇文「笑舞台以降の趣劇――張治児、易方朔と精神団」『演劇研究センター紀要Ⅳ 早稲田大学21世紀COEプログラム〈演劇の総合的研究と演劇学の確立〉』第四号（二〇〇五年三月）、一二五頁。

(45) 森平崇史前掲論文、一二七頁。

(46) 森平崇史前掲論文、一二六頁。

(47) 劉文兵「中国のハリウッド、ハリウッドの中国――中国におけるアメリカ映画の受容史」（鈴木健郎・根岸徹郎・厳基珠編『学芸の環流――東-西をめぐる翻訳・映像・思想』（専修大学出版局、二〇一四年）では、階段を用いたギャグの淵源をチャップリンを始めとする外国製コメディからの影響であると論じているが、ここではこのフィルムの映画的ルーツが多様であることにより大きな関心を向けたい。本章で触れた文明戯の「機関布景」との連続性の他にも、階段から落ちるという事故が言説化されていた状況も視野にいれることができるだろう。たとえば、呉友梅による清末の代表的な絵入り新聞『点石斎画報』では、階段から落ちるという滑稽な事故を繰り返し取りあげている。近代都市の持つ危険な刺激の表象とその普及を論じたベン・シンガーに倣っていえば、清末の中国においても階段から階下へ転落するという事故が近代都市の高層建築に固有のモダンさを帯びた危険としてとらえられていたといえるだろう。したがって、『労働者の恋』での階段ギャグは、ナイトクラブという「モダン」な空間が階上という「モダン」な位置に配置され、そこから落下するという「モダン」な事故をギャグ化したという側面も持っていたといえるだろう。

(48) 賢驥清「民国時期海派機関布景遡源」『戯曲研究』第一〇〇輯（二〇一六年四月）、三九一頁。

(49) 范奇病「観影雑話」『時代電影』第一二期（一九三六年一二月）。

(50) 映画館が二〇世紀初頭のニューヨークにおいて果たした多様な役割については、ミリアム・ハンセンの *Babel and Babylon*、とくに第三章に詳しい。映画が娯楽であると同時に知的な場所として享受された東京の事情については次の論文を参照されたい。小松弘「一九二三年以前の日本における映画館と上映形態：その美学的文化的特質」『演劇映像』第五三号（二〇一二年）。

(51) 陳伯煕前掲『上海軼事大観』、五〇三頁。

(52) 「観演影戯記」（『申報』一八七五年三月二六日）では、映写技術の低さによって映像が消えてしまうなどの問題が起こり観客の不満を招いた事があったという過去の上映会に言及されている。

(53) 具体例については第二章を参照されたい。

(54) 森平崇文「劇評家鄭正秋——『民立報』と『民権報』を中心に」『饕餮』第二〇号（二〇一二年九月）、一一頁。森平によれば、その後一九一一年から一九一二年の二年間で『申報』に掲載された劇評は、一〇九本から三〇〇以上へ急増したという。

(55) 本書が参照したのは次の翻訳である。工藤晋訳「他者の場所——混在郷について」（小林康夫他編『ミシェル・フーコー思考集成（第一〇巻）』（筑摩書房、二〇〇二年）所収）。

(56) 「滬道照会租界領袖事文　禁開夜花園」『申報』一九一〇年七月九日。

**第二章**

(1) 鄭君里「現代中国電影史」、李樸園、李樹化、梁得所、柳郁人、鄭君里『近代中国芸術発展史』（良友図書印刷公司、一九三六年）、一一二頁。

(2) Zhang Zhen. *An Amorous History of the Silver Screen: Shanghai Cinema, 1896-1937* (Chicago: The University of Chicago Press, 2005), pp. 89-90.

(3) 上篇『新聞報』一八九七年六月一一日、続前篇同一三日。程季華主編『中国電影発展史』（中国電影出版社、初版一九六三年）では一八九七年九月五日に『遊戯報』に掲載された

「観美国影戯記」が最古の映画鑑賞記であるとするが（上編、第四版、八頁）、映画史研究者・黄徳泉が「電影初到上海考」『電影芸術』（二〇〇七年第三期）において「味蒓園観影戯記」を「発掘」しこれを覆した。なお、「観美国影戯記」は無署名記事だが、鴛鴦蝴蝶派の作家・陳無我の『老上海三十年見聞録』（上海大東書局、一九二八年）に収録されていることから、陳無我の筆による文章だと推察される。

（4）従来より広く普及している『格致彙編』影印本（南京古旧書店、一九九二年）に収録されているのは、田涛による序文「《中西見聞録》、《格致彙編》影印本序」にもあるように再版されたものであり（第一冊、四頁）、いくつかの号に残存する表紙には「此巻某次排印」という具合に版が明記されている。他方、近年刊行された姜亜沙、経莉、陳湛綺主編『中国早期科学技術期刊彙編（一）』（全国図書館文献縮微複製中心、二〇〇八年）所収の『格致彙編』は各号の表紙に再版情報は見えず初版だと推測されるうえ、雑誌の構成や記事中の文言などが再版と異なるものが散見される。また、初版には末尾に広告欄が設けられているのに対し、再版の影印では削除されている。本章では初版だと思われる『中国早期科学技術期刊彙編』所収の版を参照した。

（5）熊月之『西学東漸与晩清社会』（上海人民出版社、一九九四年）、四二七頁。

（6）熊月之前掲書、四二七頁。

（7）「此事未経確見　不敢憶断　西医書中　亦未嘗言及　恐不免伝説之訛耳」『格致新報』第十二冊（一八九八年六月二九日）、一六頁。

（8）「上海黄君等来問　上海現有人頭置於卓上盆内　卓下亦空其頭能為各処言語　最為奇其　近有三処有此物　往観者甚多想大能得利　不知為何法所造　請問其詳」。『中国早期科学技術期刊彙編』所収『格致彙編』第二年第四巻（一八七七年六月）、「互相問答　第一百三十八」、一三頁。

（9）X線にかんする清末科学雑誌の記事については次を参照されたい。戢煥奇・劉峰・高懐勇・張謝「《格致申報》答問欄目的科学知識伝播」『中国科技期刊研究』、第二四巻第五期（二〇一三年）、特に第三章第一節「X射線」（一〇二八頁）。この他、『点石斎画報』では「宝鏡新奇」との題目で、蘇州の病院でX線による治療が導入されたことが見世物と化した様子を描いている（『点石斎画報』（天一出版社版、一九八七年）、第四輯一九（原利集）、三六—三七頁、原利三、一八～一九）。

（10）陳伯熙『上海軼事大観』（上海書店、二〇〇〇年）、五〇三頁（初版：『老上海』泰東図書局、一九二四年）。

（11）徐剣雄『京劇与上海都市社会（一八六七—一九四九）』（上海三聯書店、二〇一二年）、六八頁。

（12）「記瓦納師在丹桂茶園所演新奇各劇」『申報』一八七四年六月一三日。

（13）「開演影戯」『申報』一八七五年三月一八日。

（14）「新到外国戯」『申報』一八七五年三月一九日。

（15）「美商発倫現借大馬路富春茶園演術（広告）」『申報』一八七五年三月二三日。なお、ジャーナリスト陳伯煦は、これら一連の最初期幻灯上映が映画上映の先駆であるとの見方を示している（陳伯煕前掲『上海軼事大観』、特に「影戯業之進歩」の節を参照）。

(16) Richard Crangle, “"Next Slide Please”: The Lantern Lecture in Britain, 1890-1910,” in *The Sounds of Early Cinema*, ed. Richard Abel and Rick Altman (Bloomington: Indiana University Press, 2001), p. 43. なお、デイヴィッド・ライトもまたフライヤーの幻灯講座がイギリスの幻灯講演会をヒントにしたものであることに言及している。David Wright, *Translating Science: The Transmission of Western Chemistry into Late Imperial China, 1840-1900*. (London: Brill, 2000), p. 140, note#34.

(17) John Freyer, “1896 February 11 Saturday Evening Science Classes and Lectures”. 戴吉礼（Ferdinand Dagenais）主編『溥蘭雅档案（第二巻）』（広西師範大学出版社、二〇一〇年）、一五八頁。

(18) Wright, ibid., 140.

(19) 広告の文言の中に「影戯もあり、最も大きな光で画面を映せば、劇場や大講堂での映写にも相応しいものです（又有影戯　最大之灯並灯中所用之画　甚多合於戯園或大堂内演戯之用）」とある（『格致彙編』第二巻第六号（一八七七年八月）、広告又十頁。

(20) 「観威列生大馬記」（同年五月九日）、「観味蒓園俄国戯法記」（同年六月一七日）などがある。

(21) 続前稿に「夫戯幻也　影亦幻也　影戯而能以幻為真技也而進於道矣」とある。

(22) この時実際に上映されたアニマトスコープはエジソン社によるヴァイタスコープとは名称は異なるものの、基本的な構造は両者ともにシネマトグラフと共通し、リールにも互換性があったとされている。

(23) 原文は以下の通り。「第一為閙市　行者　騎者　提筐而負物者　交錯於道　有肩摩轂撃気象　第二為陸操　西兵一隊擎槍鵠立　忽魚貫成排　屈単膝装薬　作挙放状　第三為鉄路下鋪軌道上護鉄欄　站夫執旗伺道左　火車唧尾而至　男女童稚紛紛下車　有相逢脱帽者　有隨手掩門者」。

(24) 松浦恆雄「文明戯の実像――中国演劇における近代の自覚」、高瑞泉・山口久和共編『中国における都市型知識人の諸相』（大阪市立大学大学院文学研究科・都市文化研究センター、二〇〇五年三月）、二四三頁。

(25) 最初期の映画鑑賞記の主なものとしては他に「天華茶園観外洋戯法帰述所見」『遊戯報』（一八九七年八月一六日）や、奇園でのシネマトグラフ上映を記録した前掲「観美国影戯記」がある。また、マジシャン・映画興行師として名を馳せたオーストラリアのカール・ハーツによる奇術と映画上映の記録「再観英術士改演戯法記」『申報』（一八九九年六月五日）では、奇術パフォーマンスの合間に上映された映画作品にかんする記述は少ないものの、個々の作品を時系列に沿いながら詳述するスタイルは踏襲されている他、全体を俯瞰的に見渡し構造化するパースペクティヴが徹底されており、この点において「味蒓園観影戯記」と高い共通性が見られる。

この他、日露戦争の記録映画上映を記した「紀頤園電光影戯」（『申報』一九〇六年七月二三日）は鑑賞記と称するにはいささか短文ではあるが、個々の作品をもれなく紹介するという文体に加え、それらの映画が単なる「遊戯」ではなく「戦意発揚（発人尚武精神）」に資するものとしている点で特筆すべきである。当時は兵器・兵法にかんする情報も「格致」の射程範囲に含められていたからである。

（26） Law Kar and Frank Bren, *Hong Kong Cinema: A Cross-Cultural View* (Oxford: Scarecrow Press, 2004), pp. 11-17.

（27） 前掲「天華茶園観外洋戯法帰述所見」。

（28） 天華茶園の設立の状況については次を参照されたい。陳無我『老上海三十年見聞録』（上海書店、一九九六年）、七二頁（初版：大東書局、一九二八年）。なお、張新民は天華茶園における映画興行を「経営不振の打開策」だったとしている（張新民「上海の映画伝来とその興行状況について」『中国学志』第二五号（二〇一〇年一二月）、一七頁。

（29） 張偉『都市・電影・伝媒——民国電影筆記』（同済大学出版社、二〇一〇年）、一三頁。

（30） 『申報』掲載の同会の映画上映広告、『申報』一九一四年三月二〇日。

（31） 一九〇九年に商務印書館編訳所より発行された『上海指南』の「戯園」の項目によれば、新劇の劇団「春陽社」が上海基督教青年会の学生らによって組織されたものであることが紹介されており、その公演が人気を博している様子を伝えている（『宣統元年上海指南（稀見上海史志資料叢書第四冊）』（上海書店、二〇一二年）、二六五頁。

（32） 松浦恆雄前掲「文明戯の実像」、二四三頁。

（33） 松浦恆雄前掲「文明戯の実像」、二四三頁。

（34） 清末民初の劇評の展開については次の文献を参照されたい。藤野真子「民国初期における伝統劇評」『野草』第六五号（二〇〇〇年八月）。松浦恆雄「民国初年における『戯考』の文化的位置」『立命館文学』第六一五号（二〇一〇年三月）。森平崇文「劇評家鄭正秋——『民立報』と『民権報』を中心に」『饕餮』第二〇号（二〇一二年九月）。

（35） 詳細は本書第六章第二、三節を参照されたい。陸澹安と陸潔は、映画観客であると同時に映画説明書や映画小説の書き手でもあった典型的な例である。

（36） この他、一九三〇年代のいわゆる「高級」映画館では三つ折りで鮮やかな青インクで印刷された説明書を発行していた。また、淪陥期は物資不足も相まって多くの映画館は表裏二面印刷の小型の「説明書」が多かった。なお、一九四〇年代初頭に各映画館で配布されていた説明書の形態について詳細を紹介した記事に郝良「漫談電影院的説明書」（『申報』一九四一年五月二八日）がある。これによれば、大光明大戯院などの「高級」な外国映画専門館の説明書は中文・英文併記で茶色の単色刷であり、デザインも美しいものだったが、国産映画の二番館ともなると、誌面を多数の広告が占めており雑多なレイアウトであった。また、説明書の一般的な構成は、表紙には当該の映画のスティル写真などが掲載されており、表紙を開くと見開き二面に渡って梗概が記され、裏表紙や余白に広告などが掲載されていた。本書のカヴァーは一九三〇年代にリッツ（融光）大戲院が発行した映画説明書の表紙図版にもとづき作成したものである。なお、関西大学アジア・オープンリサーチ・センター（ＫＵ－ＯＲＣＡＳ）では筆者が所蔵する映画説明書のデジタル・アーカイヴズ化が進められている。詳細は次を参照されたい。菅原慶乃「劇場発行資料を用いた新たな観客史の構築にむけて：映画プログラム・映画説明書のアーカイヴズ構築とその活用について」『関西大学中国文学会紀要』第四〇号（二〇一九年三月刊行）。

（37）　最も早いものとしては君健「影戲院応当注意両件事」『影戲雑誌』第一巻第二期（一九二二年一月）がある。

（38）　詳細は本書第三章を参照されたい。

（39）　江炳森「談談虹口電影院　奉勧万国戲院切勿節省説明書」『影戲生活』第八一号（一九三二年一〇月七日）。

（40）　一心「関於影片説明書的討論」『影戲生活』第七六号（一九三二年九月三〇日）。

## 第三章

（1）　『中国電影雑誌』第一〇期（一九二七年一〇月）に掲載。

（2）　「天華茶園観外国戲法帰述所見」『游戲報』一八九七年八月一六日。

（3）　『明星特刊』第二期、出版時期不詳（一九二五年五月から一〇月の間と思われる）。

（4）　程季華主編『中国電影発展史（上）』（中国電影出版社、一九六三年、第二版一九八一年）、一〇頁。

（5）　君健「影戲院応当注意両件事」（『影戲雑誌』第一巻第二期、一九二二年）では広東語に続いて上海語へ訳したと記しているが、范奇病の回想「観影雑話」（『時代電影』第一二期、一九三六年一二月）では広東語に続いて「国語」での説明が続いたとされている。

（6）　新愛倫影戲院広告、『申報』一九二〇年二月二三日。

（7）　広東での状況は映画史家張偉による『都市・電影・伝播――民国電影筆記』（同済大学出版社、二〇一〇年）のなかで梁得所「〝入〟、〝八〟、与〝人〟」（『銀星』第一二期、一九二七年九月、二六頁）を引用するかたちでわずかながら触れられている（二一〇頁）。福建にかんしては次の文献を参照されたい。張華楷「絵声絵色講電影――福建早期電影解説員史遺考」『当代電影』第二〇三期（二〇一三年二月）。

（8）　菅原慶乃「映画史から忘却された「儒商」、任矜蘋――教育者、愛国者、映画監督」『野草』第九五号（二〇一五年二月）。

（9）　張偉前掲『都市・電影・伝播――民国電影筆記』では、一九一五年に開業した遊楽場「海蜃楼」でも、映画上映のさいに説明者が説明を加えた他（同書一五頁）、一九一四年に開業した大陸活動影戲院でも映画解説者がいたとするが（二一〇頁）、張が根拠とする同院開業広告には中国語の説明があることが謳われるものの、それが文字によるものか肉声によるものかは判断不可能であるため、さらなる考察が必要だと思われる。この他、本書第四章で取りあげる上海ＹＭＣＡの映画、幻灯上映でもしばしば説明者が映写時に解説を加えていた。

(10)『難忘的歳月——王為一自伝』（中国電影出版社、二〇〇六年）、一—二頁。

(11) 君健前掲「影戯院応当注意両件事」では、ヘレンにおける説明者を「解画員」という名称で称しているが、一九二二年の当該記事発表時点ではそれがすでに存在しないものとして書かれている。

(12) 夢舟（劉吶鴎）「中国影戯院裏」康来新総編輯『劉吶鴎全集——電影集』（台南県文化局、二〇〇一年）、二五〇—二五一頁（初出は『無軌電車』第四期、一九二八年一〇月）。

(13) 洪炳「和読者談話」『新銀星』第四期（一九二八年一一月）。

(14)「戯院観衆的幾種心理」『電影月報』第五期（一九二八年八月、影印版：姜亜沙・経莉・陳湛綺主編『中国早期電影画刊（第三冊）』、全国図書館文献縮微複製中心、二〇〇四年）。沈誥は清華学堂からアメリカ留学を経て帰国後、上海で中華電影学校の教務主任に職に就いたり、戯劇協社の劇台主任を務めた。同時に映画界の動向にも詳しく、多くの映画関連記事を執筆している。

(15) 張偉「二〇世紀前期好莱塢影片漢訳伝播初探」（上海市档案館編『上海档案史料研究　第二輯』（上海三聯書店、二〇〇七年）によれば、字幕スーパー方式による最初の外国映画上映は、孔雀電影公司（本章第四章参照）が輸入した『蓮花女』であるという。張偉は『中華影業年鑑』（一九二七年発行）の「訳片者及其作品」の項目に、陳寿蔭、程樹仁、潘毅華、顧肯夫の名前とかれらが手がけた外国語映画作品リストが挙げられていることを根拠にしており、この四名で一九二六年までの間に字幕スーパー付作品が二八部製作されたと記述する。しかし、『中華影業年鑑』のこの項目には字幕スーパー方式なのか、幻灯スライド投影方式なのかの区別はもとより、「訳片」という行為が、現在の字幕スーパーのような形式のものなのか、それとも本書第二章で考察したような説明書の類であるのかについて判然としない。筆者の文献調査で確認した限りでは、一九二〇年代半ばより『申報』などに掲載された映画広告では映画の中に中国語の説明が付与されていることを謳うものが頻繁に現れるが、その多くは「片中有中文説明」や「片中印華文説明」といった文言であり、その具体的な方式を確定することは困難である。ただし、後に出されたさまざまな報道や回顧録を読む限り、この時期に字幕スーパーが多く製作されたことは考えにくい。一方、幻灯で中国語字幕を投影する方式での外国映画上映は、筆者の調査では一九二三年三月に中央大戯院の前身・申江大戯院での『智女良縁』で成功した後、同様の例が複数の映画館で続き盛んとなったことを確認している。張偉も上述の論文でいくつかの例を紹介したうえで「二〇世紀三〇年代半ばには、上海の各映画館で外国映画が上映される時、基本的には中国語字幕を投影する設備が設置されていた」と論じている。ただし後述の通り、すべての映画館で字幕投影設備が整備されていたわけではなかった。

(16) このような議論は特に、一九三〇年に「国産映画の復興」

を声高に主張した映画雑誌『影戯雑誌』において頻繁に展開された。その多くは、中国では需要がまだ高いアメリカ製サイレント映画がトーキー時代に激減することが予想されるのにもかかわらず、国産映画のトーキー化が進んでいないことにたいする懸念を表明したものであった。この雑誌は一九三〇年代を代表する映画制作プロダクション「聯華影業公司」の事実上の機関誌として機能しており、「聯華」の代表・羅明佑の華北電影公司をはじめ、中国国内及び香港の有力な映画興行会社が多数の広告を掲載していた。

(17) 市川彩『アジア映画の創造及建設』(ゆまに書房、二〇〇三年)、二五〇頁(初版:国際映画通信社出版部・大陸文化協会本部、一九四一年)。

(18) 張偉前掲『都市・電影・伝播——民国電影筆記』、二一一頁。

(19) 「教育内政部電影検査委員会通知書第一五号(廿二年二月一〇日)為自本年三月一日起外国影片西文字幕須訳為華文加製片上与西文対照合行通知照弁由」『中央電検会会報』第二巻第四期(一九三三年二月二一日)。

(20) 西都「談影院之中文字幕」『申報』一九四一年五月一七日。

(21) トーキー移行期におけるハリウッド各社の工夫と日本における上映時の工夫については田中純一郎『日本映画発達史Ⅱ』(八五—八六頁)に若干の記載がみられる。また、ヨーロッパのフランス語圏におけるトーキー受容にかんする北田理恵の一連の考察では、発声されたセリフを切除する代わりに翻訳された別言語の字幕が挿入される「アダプタシオン」の詳細な事例が報告されている。北田理恵「サイレントからトーキー移行期における映画の字幕と吹き替えの諸問題」『映像学』第五九号(一九九七年一一月)、「多言語都市ローザンヌにおけるトーキー映画の興行と受容」、『映像学』第六四号(二〇〇〇年五月)、「サイレント時代の字幕——フランス語圏映画言説における無声芸術からトーキーへの変遷」『CineMagaziNet!』第六号(二〇〇二年、http://www.cmn.hs.h.kyoto-u.ac.jp/CMN6/kitada.htm)。

(22) 後述の『悪魔の四人』の巴黎大戯院におけるサイレント版上映では、トーキー版には無いいくつかのシーンが挿入された(巴黎大戯院の『悪魔の四人(四大天王)』上映広告、『申報』一九三〇年三月一六日)。

(23) 「巴黎将演無声四大天王」『申報』一九三〇年三月一三日。

(24) 巴黎大戯院の上映広告、『申報』一九三〇年三月一七日。

(25) 張偉前掲『都市・電影・伝播——民国電影筆記』、二一三頁。

(26) 以上のイヤフォンの詳細は中華電影研究所『大華大戯院報告書——中国人を対象としたる日本映画専門館』(中華電影研究所資料部、一九四四年五月)、一三—一四頁による。なお、日本語による別の文献では「イヤフォン」ではなく「北京語アナウンス・レシーヴァー設備」と紹介している(小出孝「上海映画界解説1」『映画旬報』第一八号(一九四一年七月一日)、復刻版:『資料・〈戦時下〉のメディア——第Ⅰ期　統制下の映画雑誌『映画旬報』第三五巻』ゆまに書房、二〇〇四年、四五一頁)。

(27) 前掲『大華大戯院報告書』には、一九四〇年代に日本映画が上海へ「進出」するにあたって日本語を中国語に訳したものをどのような方法で表現するのかを模索した過程が記録されているが、それによれば『ハワイ・マレー沖海戦』と『新雪』の上海公開にあたっては字幕スーパー方式が採られたが、「資材や翻訳の関係で後続するスーパー版が出来ぬ」状況だったという（一二―一三頁）。

(28) 張偉前掲『都市・電影・伝播――民国電影筆記』、二一三頁。イヤフォン嬢を務めた人物による回想（瑪利「好莱塢駐華代言人――我做訳意風播音員」『家』第二三期、一九四七年一二月）による記述だが、原文は筆者未見。

(29) 張偉前掲『都市・電影・伝播――民国電影筆記』、二一三頁（瑪利「好莱塢駐華代言人――我做訳意風播音員」からの引用部分）。同様の指摘は次の新聞記事にも見られる。「影院憶旧録」『申報』一九四七年二月三日（特に「訳意風」の節）。

(30) 張偉前掲『都市・電影・伝播――民国電影筆記』、二一四頁に引用された盧燕によるエッセイ「起歩」（『文匯報』二〇〇六年三月二一日）に依る。

(31) ここでは、「イヤフォン」を通じて個々の鑑賞に内在するプライヴェートな音声が女性の肉声に、「演講」や同時通訳のように観客がパブリックに共有する音声がほぼ男性の肉声に限定されていたことを記すに留めることとする。この点は、「新中国」建国後の吹き替え映画（訳製片）で起用されたのが基本的に劇団出身の俳優であり男女ともに活躍したという点と大きく異なるものである。詳細は別稿の機会を待ちたい。

## 第四章

(1) Xiao Zhiwei, "Movie House Etiquette Reform in Early-Twentieth-Century China," *Modern China* 32, no. 4 (October, 2006), p. 516.

(2) 肯「影戯観衆之十戒」『影戯雑誌』第一巻第二号（一九二二年）。

(3) 阿那「上海電影院的今昔（一）」『申報』一九三八年一一月二日。

(4) 茸余「電影雑談（二）」『申報』一九二五年一月一四日。

(5) 忠義生「支那活動写真の現状」『活動写真雑誌』第三巻第七号（一九一七年七月）。東和館は辻源助の経営で、この当時は上海武昌路四号にあった。

(6) 中河與一「支那の映画」『映画時代』一九二六年一二月号。大世界については、上海に遊んだ日本人作家の作品でもしばしば取り上げられている。たとえば吉行エイスケは『新しき上海のプライヴェート』（先進社、一九三二年）において、大世界を「野鶏の第七天国」（三四頁）、「享楽百貨店」（三九頁）、「浅草を一堂に集めたやうな大規模な享楽ビルヂング」（四四頁）などと称している。

(7) 「家庭之黒幕　影戯場所見」、路濱生『中国黒幕大観（初集巻上）』（中華図書集成公司、一九一八年三月）。一九一七年以降、「黒幕小説」という実録風のゴシップ小説が大いに流行した。このジャンルの小説は、実名は出さないものの、伏せ字や「某」という形で固有名詞を曖昧に表しつつ、政治の裏話から男女の痴話に至るまで、近代都市生活をめぐるさまざまな局面を主題としていることで共通している。この手の小説は、真実でも虚構でもない物語として大衆に広く受容されており、『中国黒幕大観』はその代表的作品である。黒幕小説については本書第五章においても取りあげている。

（8）"China, Awakening, Calls to American Picture Enterprise," *Motion Picture News* 16, no. 5 (August. 4, 1917). 上海の著名な映画興行会社ラモス・アミューズメント・カンパニー（雷摩斯遊芸公司）の作品が古く質の悪いイギリス映画であったことに言及されている。ハリウッド映画の不正上映については次を参照されたい。Zhang Qian, "From Hollywood To Shanghai: American Silent Films in China," (PhD diss., University of Pittsburgh, 2009), p. 28.

（9）「麦畑発現女屍四誌」『新聞報』一九二〇年六月一九日。詳細は第五章を参照されたい。

（10）著名な映画監督程歩高は『閻瑞生』封切り当時を回想する中で、アメリカ製探偵映画に刺激された観客がそれを模倣して犯罪に手を染める例が多発した状況について触れている（『影壇憶旧』（中国電影出版社、一九八三年）、三八―四一頁）。

（11）寰球学生会や中華青年会、通俗教育館などが挙げられる。

（12）「有益で健全なる娯楽（wholesome and healthful entertainment）」の提供とは、上海ＹＭＣＡ交際部が運営していたレクリエーション行事の目的であった（"Annual Report for 1917," *Shanghai Young Men* 17, no. 11 (April 11, 1918), p. 17)。

（13）上海ＹＭＣＡ会員だった商務印書館社員名簿は『上海青年』第一六巻第三一号（一九一七年九月二八日）掲載の「会員提名」を参照されたい。なお、『上海青年月報』および『上海青年』は同会発行の機関誌で、中国語版と英語版があった。中国語版には頁番号が付されていないことが多いため、その場合は本書での引用のさいにも頁番号を省略せざるを得なかった。また、これらの雑誌の前身は『会務紀聞』、『会務雑誌』である。

（14）「青年会二十年来之小史」『申報』一九一八年四月二〇日。

（15）「本会会務報告紀略」『上海青年』第一八巻第四三号（一九一九年一二月二六日）。

（16）Kenneth Latourette, *A History of Christian Mission in China*. New York, NY: Macmillan, 1929 (reprint version: Gorgias Press, 2009), p. 586.

（17）「日増月盛」『会務雑誌』第六巻第一八号（一九〇八年九月一一日）。

（18）「蔵書室通告」『上海青年』第一六巻第三三号（一九一七年一〇月八日）。

（19）「青年会蔵書室啓事」『上海青年月報』第一四巻第一五号（一九一五年四月一六日）。

（20）Robert E. Lewis, *Search of Far Eastern Horizons* (West Conshohocken, PA: Infinity Pub, 2004), p. 100.

（21）「交際部」『上海青年月報』第一四巻二四号（一九一五年六月一九日）、六頁。

（22）会所にかんする記述中、特に記載のない箇所については次を参照した。"Report of Robert E. Lewis, Shanghai, 1907," in

*The Archives of the Young Men's Christian Association in China at the University of Minnesota Libraries: the Annual Reports 1896-1949* (hereafter AYMCAC), Volume 3, ed. Chen Su et al. (Guilin, Guangxi: Guangxi Normal University Press, 2011), p.79.

(23) "Annual Report for 1916," *Shanghai Young Men* 16, no.8 (March 2, 1917), p.11.

(24) 「青年倶楽部」『会務紀聞』第五巻第一九号（一九〇七年一〇月二五日）。同様の「自負」は他の記事にもしばしば見られる。たとえば、上海ＹＭＣＡ会所の室内装飾や電気扇風機、冷たい飲み物やアイスクリーム、西洋料理の提供は「上海のどの社交場も本会には及ばない」と考えられていた（前掲「交際部」（『上海青年月報』掲載記事））。こうした設備やサーヴィスは、たとえば、当時の上海を代表する一流ホテル「カールトン（卡爾登）」が提供していたものと比しても遜色のないものだった。

(25) 平塚益徳『近代支那教育文化史――第三国対支教育活動を中心として』（目黒書店、一九四二年）。引用は『平塚益徳著作集Ⅱ　中国近代教育史』（教育開発研究所、一九八五年）所収「近代中国教育文化史――第三国対華教育活動を中心として」、一四二頁によった。

(26) 政財界と上海ＹＭＣＡとの密接な人的ネットワークについては張志偉前掲『基督化与世俗化的掙扎――上海基督教青年会研究』のとくに第四章第二節「政商界名利場」を参照されたい。張志偉はここで、ＹＭＣＡは中国人紳商、知識人、官僚と、外国人、とりわけアメリカ領事、工部局、アメリカ商務機関が相互に交流する磁場であったことを幾つかの具体例を挙げながら実証している。

(27) 菅原慶乃「映画史に忘却された「儒商」、任矜蘋――教育者、愛国者、映画監督」『野草』第九五号（二〇一五年二月）。任矜蘋は、寧波旅滬同郷会、江蘇省教育会、中華職業教育社、上海における五四新文化運動の推進団体だった上海学生聯合会、そして上海ＹＭＣＡの青夜義務学校といった団体を横断的に繋いだ人的ネットワークを確立した人物であり、明星影片公司はこのネットワークを基盤として成立したのだった。

(28) "Annual Report for Year 1915," *Shanghai Young Men* n.d., p.9.

(29) Ibid.

(30) 「民国五年即一九一六年上海基督教中華青年会報告」『上海青年』第一六巻第八号（一九一七年三月二日）。

(31) 伝統的な集団秩序を越えた青年同士の交流の重要性は、上海ＹＭＣＡの機関誌において繰り返し強調されているところである。たとえば次のような記事がある。Annual Report for 1916. *Shanghai Young Men*, vol.16, no.8 (Mar 2, 1917), p.91. 胡詠騏「青年会与青年之関係」『上海青年』第一七巻第一号（一九一八年一月七日）。

(32) Shirley S. Garret, *Social Reformers in Urban China: The Chinese Y.M.C.A., 1895-1926* (Cambridge, MA: Harvard University Press, 1970), pp.127-128. アラン・コルバンは『レジャーの誕生』（本章が参照したのは渡辺響子訳による日

本語版、藤原書店、二〇一〇年）において、アメリカにおける余暇は労働時間の隙間に遂行される息抜きという意味よりも自己鍛錬、自己啓発の意味合いが強く、仕事と密接に連動していることを指摘している（一三―一四頁）。この意味で、上海ＹＭＣＡのレクリエーション活動はまさにアメリカ的余暇が実践された場所であると言えよう。

(33)　ここで、本文で省略した（三）の上映形態について若干の補足をしておきたい。この形態の例としては、宗教行事における余興としての映画上映や、大きな社会的事件が発生した際に緊急開催される講演会での映画上映、そして上海ＹＭＣＡの運営する中学や夜間学校の始業式や終業式のプログラムの一環としての映画上映などがある。上映される映画作品は、宗教関連行事の余興の場合多くはキリスト生誕やキリストの軌跡を紹介する内容のものがほとんどで、その他の行事では主に余興的な作品が選定されていた。

(34)　「青年会続演電光影戯」『申報』一九〇七年九月二七日。記事タイトルから、これ以前にも映画上映があった様子がうかがえるが、『申報』紙面やＹＭＣＡ機関誌からは確認できなかった。

(35)　張志偉前掲『基督化与世俗化的掙扎――上海基督教青年会研究』、一九九頁。

(36)　「請看影戯」『上海青年』第一六巻第七号（一九一七年二月二三日）。ただし『上海青年』中文版表紙の巻号では「第一六巻第四八号」と誤記されている。

(37)　会員証の提示でもって入場チケットに代えるケースも非常に多かった。

(38)　本書序章で言及したように、一九二〇年第の上海において「高級」とされた映画館については、カールトン、アポロ、オリンピック、上海があり、いずれも欧米の質のよい映画を上映し、主要な観客も欧米人や上流階層の中国人が占めていた。たいして、虹口、ヘレン、共和、法国、閘北といった映画館は中、下流層の観客や子どもが多かった。

(39)　上海ＹＭＣＡの各年次報告書によれば、各年における同楽会の開催回数と参加者数は次の通りである。一九一五年・三三回・一万一三五六人。一九一六年・二三回・八四四九人。一九一七年・二二回・四九八〇人。一九一八年・三二回・九二六二人。一九一九年・二四回・七八五四人。

(40)　たとえば一九一三年五月二日・三日、及び六日にかけて『申報』に掲載された『レ・ミゼラブル』上映広告や、同年九月二四日から二六日にかけて同じく『申報』に掲載された『ジゴマ』シリーズの映画上映会の広告では、先にチケットを買うことや、座席が指定（定座）であるとの文言が見える。

(41)　一九一四年三月二〇日掲載の同会映画上映広告、同年五月七日から九日の映画上映会広告では説明書が用意されていることが謳われている。また、同年一〇月三〇日から三一日の映画上映会広告では、説明書には詳細な梗概が掲載されていることが明記されている。

(42)　上海ＹＭＣＡの運営の大部分は年会費や各種学校の学費、体育施設の利用料や寄付金で占められていたため、映画上映鑑賞のチケット料の徴収は、映画上映に係るコストを回収しようという意図で行われたわけではなかった。"Annual Report for 1919," *Shanghai Young Men* 19. no.8 (March 8. 1920)によれば、レクリエーション行事を運営していた交際部の収入二一一・三五元だったのに対し、支出は一〇〇〇元を越えていた。また、すでに触れたように、上映会への参加に際しては入場料を徴収しないケースも散見された。なお、レクリエーション行事で上映された映画の賃料は、驚くべき程安価だった。たとえば、一九二〇年代初頭における商務印書館影片部製作の国産短篇映画の賃料は、一〇〇〇フィートの時事ニュース映画で概ね一八〇—一九〇元程度、一〇〇〇フィート程度の短篇劇映画で二二〇元、八リールの長篇『孝婦羹』で二〇〇〇元だった。（「商務書館所出影片之統計」『申報』一九二三年五月一〇日）。たいして、一九一九年に同会が支出したフィルム賃料はわずか二六六・三八元である（前掲 Annual Report for 1919. p.33）。これらの映画は他の都市のＹＭＣＡへも運ばれていることから、おそらくはＹＭＣＡ独自の映画作品入手ルートを有しており、廉価にて鑑賞に供することが可能だったと推測される。

(43) 張志偉前掲『基督化与世俗化的掙扎——上海基督教青年会研究』では次のように指摘されている。「同楽会が歓迎されたのは、まさに一九一〇年代の上海社会が引き起こした娯楽への要求と、それ相応の（引用者注：上海ＹＭＣＡへの参加者が望むような高尚な）娯楽場所の欠如とに、密接に関係しているのである」（同書二〇一頁）。

(44) 「青年会今晩之楽趣」『申報』一九一八年四月一三日。

(45) 『影戯雑誌』第一巻第二号（一九二二年）掲載の上海ＹＭＣＡ広告。

(46) 前掲「請看影戯」。

(47) 新聞の上映広告では「ニック・カーター復活事件（聶克温脱再生案）」とのみ表記されているため詳細は不詳（『申報』一九一三年九月二六日掲載）。

(48) 当時の外国映画上映の実態にかんする大系的な研究は少ないが、基礎的情報を提供する研究としては次の文献がある。秦喜清『一九二〇年代：民族認同与中国早期電影的確立』（中国芸術研究院博士論文、二〇〇六年四月）。

(49) たとえば、後に映画会社聯華影業公司設立に携わる唐季珊は、ニューヨーク外遊時に自ら撮影した風景映画を上海ＹＭＣＡで上映している（「青年会今晩之影戯」『申報』一九一八年四月二〇日）。

(50) 「同楽会照常開会」『上海青年』第一六巻第三七号（一九一七年一一月一二日）。

(51) 「低俗」な市井の施設の利用を避け、代わりに上海ＹＭＣＡにおいて風紀良好な代替空間を創出するという方法は、映画上映の他にも、理髪店の営業において体現された。一九一五年に営業を開始した同会の理髪店は、一般的な理髪店は衛生状態が劣悪で違法営業だったことを背景として誕生したものだった（「青年会理髪処」『上海青年月報』第一四巻第一五号（一九一五年四月一六日）。

(52) Charles W. Harvey, "Annual Reports of Foreign Secretaries of the International Committee, October 1, 1902 to

"September 30, 1903," *AYMCAC*, Volume 2, p. 164.

（53）William. W. Peter, "Annual Report for the Year Ending September 30, 1914," *AYMCAC*, Volume 7, p. 192.

（54）『新聞報』一九一四年一月一一日第一面に掲載された商務印書館の幻灯製作について言及した文献として黄徳泉「上海商務印書館初創活動影片考」（『当代電影』第二〇一〇年第五期）があるが、この論文は新聞報道や日記などの資料に依拠して商務印書館影片部の映画製作活動開始時期を特定することを主眼としており、上海ＹＭＣＡとの関わりについては言及していない。

（55）George H. Cole, "Annual Report for the Year Ending September 30, 1914," *AYMCAC*, Volume 7, p. 170.

（56）各年度の年次報告書によれば、水曜夜に定期開催されるようになった後の講演会参加者数は次の通りである。一九一六年・二三回・六一五四人。一九一七年・五〇回・五一六七人。一九一八年・五二回・五二二九人。一九一九年・二三回・五一四〇人。

（57）「民国七年即西暦一千九百十八年上海基督教青年会報告」『上海青年』第一八巻第四号（一九一九年五月二日）。

（58）この他、総体的に見れば風景映画の上映も散見される。時には、講演の主題とは無関係のコメディ映画が上映されるケースも若干見られた。

（59）E. A. Turner, "Annual Report for the Year Ending September 30, 1917," *AYMCAC*, Volume 11, p. 79.

（60）アーノルドは、中国の教育は学校内に限定すべきでなく、講演会や活字メディア、映画などのさまざまな形態のメディアもまた教育を補強することができると述べている（「新支那と近世的商工業（下）米国商務官アルノールド氏述」『台湾日日新報』一九一八年二月二二日）。

（61）夜九時から一一時四五分まで開催されたこの上映会のプログラム構成は以下の通りである。第一部（一）『小売業の営業と管理方法』、（二）『ガラス製作法』、（三）短篇コメディ『迷える子羊』。休憩を挟んで第二部（四）『最新式時計製造法』、（五）『工芸品の製作手順』、（六）コメディ『愚か者の霊験』。なおこの時、その巧みな英語通訳で好評を得た李啓藩は上海ＹＭＣＡの会員だった（「観美国事業影片紀」『申報』一九一八年一二月一九日）。

（62）前掲「観美国事業影片紀」によれば、財界からは朱葆三、労敬修、ジャーナリズム界からは戈公振、邵仲輝、朱少屏、各企業・団体からは費宗範（美孚公司）、楊錫仁（美興公司）、G・A・フィッチ、李啓藩（上海ＹＭＣＡ）、朱友漁、瑙登（セント・ジョンズ大学）、鄺富灼、蔣夢麟（商務印書館）が招待された。

（63）この点についての詳細は張志偉前掲『基督化与世俗化的掙扎——上海基督教青年会研究』一五九頁を参照されたい。

（64）これらの運動の上海ＹＭＣＡへの具体的な影響の詳細は張志偉前掲『基督化与世俗化的掙扎——上海基督教青年会研究』三八二—三八九頁を参照されたい。

（65）「工界青年会之成績」『申報』一九一四年九月一五日。

（66）「商務印書館活動片部近況」『申報』一九二一年六月一一日。

(67)「交誼大会之盛」『上海青年』第一六巻二七号（一九一七年八月三一日）。電力が広く普及した一九一三年以降、夏季に期間限定で夜のみ営業する野外娯楽場が流行した。「夜花園」という名称で称されたこうした娯楽施設は新式の遊興文化として流行した。上海ＹＭＣＡの方針に鑑みると、同会少年部屋上庭園におけるレクリエーション行事は、当時流行していた「夜花園」式の娯楽文化を健全化したものであったといえよう。

(68) Xiao, op. cit., p. 515.

(69) 徐恥痕編『中国影戯大観』（上海合作出版、一九二七年）の「海上各影戯院之内容一斑　上海」の項目を参照。以下に続く上海大戯院設立経緯にかんする記述もこの文献に多くをよっている。

(70) 胡道静「上海電影院的発展」（上海通社『上海研究資料続集』（中華書局、一九三六年）によると、Ａ・ランジャーン（林発）が広東商人鄧子羲とイタリア人「羅楽旋」の資金を得て虹口乍浦路海寧路交差点の鳴盛梨園跡地に映画常設館ヘレン（愛倫）影戯院（後に新愛倫影戯院へと改称）を建て成功すると、その分館としてヘレンからわずか二区画ほどにあった中華大戯院跡地に上海大戯院を開業したという（五三四頁）。なお、イタリア人「羅楽族」（現在は労羅と表記）の本名はアメリゴ・エンリコ・ラウロ（Amerigo Enrico Lauro）である。ご教示いただいた付永春氏に感謝したい。

(71)「上海其他戯曲演出場所一覧表（茶園劇場）」（中国戯曲志編集委員会・《中国戯曲志・上海巻》編輯委員会編『中国戯曲志　上海巻』中国ＩＳＢＮ中心、一九九六年）、六七七頁の「中華大戯院」の項目を参照されたい。

(72) 陳無我『老上海三十年見聞録』（上海書店、一九九六年）、七四頁（初版：大東書局、一九二八年）。

(73) 映画上映時間にかんしても、上海大戯院では遊歩における伝統劇鑑賞の前後に合わせた時間帯が設定された。当時の同院では夜上映が毎晩一九時から二三時半まで、その間に同一の上映プログラム（いくつかの短篇作品を五―六作品集成して構成されるのが常だった）を二回転させていた（たとえば、上海大戯院上映広告、『申報』一九一七年七月五日）。これにもとづけば、最初の上映の終了は概ね二一時前後には終了するという計算になる。伝統劇のメイン演目が二〇―二一時からの開始だった当時の上演状況を見れば、伝統劇の観劇前後に立ち寄り時間を潰すという当時の遊歩文化の習慣に合致していたといえる。

(74)「中華電影学校之進行」『申報』一九二四年八月一九日。俳優・王元龍も、中華電影学校の学生募集広告を見て天津からはるばる上海へやってきた最初の学生の一人だったという。

(75) Yoshino Sugawara, "Beyond the boundary between China and the West: Changing identities of foreign-registered film theatre companies and film theatre culture in Republican Shanghai," *Journal of Chinese Cinemas* 9, issue 1 (March, 2015). 以降特に記さない限り、何挺然にかんする記述はこの拙稿に拠る。なお、拙訳による日本語版は『立命館国際研究』第三一巻第五号（二〇一九年三月）に掲載。

(76)「本院之特色」『電影周刊』（北京大戯院）第一巻第一号（一九二六年一一月二一日）、四頁。

(77) 上海ＹＭＣＡ広告、『影戯雑誌』第一巻第二期（一九二二年）、一六六頁、影印版：姜亜沙、経莉、陳湛綺主編『中国早期電影画刊（第一冊）』（全国図書館文献縮微複製中心、二〇〇四年）。

(78) 上海南怡怡公司の設立者については、中央研究院近代史研究所所蔵の同公司の登記関連档案（一九二九年）を参照されたい（17-23-01-72-30-010）。同公司の設立者の中には、何挺然と同様上海ＹＭＣＡの会員で、商務印書館影片部の設立者の一人である鮑慶甲も名を連ねている。

(79) 何挺然による「外国籍」映画館会社が果たした役割については前掲の拙稿 "Beyond the boundary between China and the West: Changing identities of foreign-registered film theatre companies and film theatre culture in Republican Shanghai" を参照されたい。

(80) 設立翌年には滬江大戯院へと名称変更した。

(81) アメリカで映画製作に従事し、一九二〇年代初頭に中国へ帰国したキャメラマン関文清は、商務印書館影片部の鮑慶甲の仲介で盧寿聯と知己を得て、後に中国影片公司参加する。関の回想によれば当時盧寿聯は二四、五歳であったという（関文清『中国銀壇外史』（広角鏡出版、一九七六年、一〇〇―一〇一頁）。

(82)「華商影戯院開幕」『申報』一九二一年八月七日。

(83) エンパイア影戯院における案内係については次の文献で触れられている。范寄病「観影雑話」『時代電影』第一二期、一九三六年一二月二五日。なお、映画館の場内に座席案内係が常駐しているという形態は、一九八〇年代以降も一部で残っていた。たとえば、新時期に発行された『実用漢語図解詞典』（廖徳潤他編集、外語教学与研究出版社、一九八二年）の映画館にかんする図説によれば、場内の出入り口付近にロビーに向かって立ち客を迎える案内係・「引座員」の姿が描き込まれている（「電影（四）、４ 引座員、服務員」、六九九頁）。

(84)『張元済日記』（商務印書館、一九八一年）の一九一九年一〇月二日の記述によれば、張元済は酈富灼から謝福生の紹介を受けた。これは、後に謝を商務印書館の英語編集者として採用する契機となった。酈からの書簡では、謝福生は三三歳とされ、一九一七年に設立された出版社・世界書局で厳独鶴らとともに書籍、雑誌の編集にも携わっていたという。

(85) 関文清前掲『中国銀壇外史』、一〇一―一〇五頁。なお、次の論文は張謇と盧寿聯とのかかわりを映画製作面からまとめている。庄安正「張謇与盧寿聯所弁中影公司経営概略」『南通大学学報・社会科学版』第三二巻第一期（二〇一六年一月）。

(86) 当時の映画脚本は現在のそれとは異なり、文明戯で盛んに用いられた「幕表」式のものだったといわれている。たとえば、程歩高の回想『影壇憶旧』（北京電影出版社、一九八三年）によれば、幕表を最初に映画化したのは鄭正秋による『黒籍冤魂』の脚本であるが（同書一〇四頁）、それはシーンの数（幕数）、ロケーション（情景）、登場人物、そして物語の骨子の四つの項目からなる簡潔なもので、文明戯の慣例を踏襲し台詞などは一切書かれず、監督は俳優たちに即興性の高い演技指導を行っていた（同書一〇八頁）。しかし、中国最初の職業映画女優であり、初の女性監督としても知られる王漢倫の回想によれば、一九二三年頃には幕表式の脚本にもセリフが盛り込まれるようになった様子が綴られている。王のデビュー作『孤児救児記』は明星影片公司の張石川が監督したが、撮影前に張石川はスタッフを集め、物語の粗筋を口頭で聞かせた上で、脚本の手稿本を一人一人に配ったという。また、台詞を発話するさいの口唇の動きと編集で挿入される字幕とがあまりに一致しないと都合が悪いため、手稿本の脚本を家に持ち帰り暗記して撮影に挑んだという（王漢倫「我的従影経過」『中国電影』一九五六年第二期、六〇頁）。王の回想は、明星影片公司の初期短篇作品『労働者の恋』があらかじめある程度ねられた脚本によって製作されたという本書第一章の主張を裏付けるものである。ただし程歩高の回想録では、脚本がある場合でも台詞の内容はさほど厳密に扱われていなかったというのがサイレント映画時代の実情だったとされている（程歩高前掲書、一一二頁）。

(87)「中国影片製造股份有限公司懸金徴求影戯脚本（広告）」『申報』一九二二年六月一一日。

(88)「改良中国影片事業之先声」『申報』一九二二年八月二二日。

(89) 陸潔によって書かれた中国影戯研究社の目標については、第六章第二節を参照されたい。同社の理念を受け継いだ雑誌『影戯雑誌』及びその出版社・晨社を起こした任矜蘋については次の拙稿を参照されたい。「映画史から忘却された「儒商」、任矜蘋――教育者、愛国者、映画監督」『野草』第九五号（二〇一五年二月）。

(90) 詳細は菅原慶乃前掲「映画史から忘却された「儒商」、任矜蘋――教育者、愛国者、映画監督」を参照されたい。なお、顧肯夫らが『影戯雑誌』を発行したさい、映画製作と活字メディアの連動が試みられたが、これは明星影片公司設立の立役者だった任矜蘋の手法を踏襲したものだった（『陸潔日記・摘存』一九二二年一〇月九日）。

(91)「中国影片公司新片之試映「飯桶」「新南京」「中国新聞」」『申報』一九二三年三月一五日。なお、関文清前掲『中国銀壇外史』によれば、『飯桶』の脚本は顧肯夫が担当し、キャメラはアメリカ人 Harry Grogin（ママ）（中文標記「夏利古珍」）、そして盧寿聯が南通で経営していた映画館の支配人を務めていた卜万蒼も製作に加わったという（一〇三頁）。

(92)「中国影片之題詩佳話」『申報』一九二三年三月一八日。「柴主」という署名の人物による七言絶句四首が掲載された。

(93)「中国影片運往欧美」『申報』一九二三年四月一〇日。

(94)「中国影片公司経理携片北上」『申報』一九二三年四月二七日。

(95) こうした動きは他にも明星影片公司にも見られた。詳細は菅原前掲「映画史から忘却された「儒商」、任矜蘋」を参照されたい。

(96) 程樹仁の経歴にかんするまとまった研究は管見の限り次が

唯一のものである。張偉「民国影壇的第一代〝專業海帰〟――程樹仁其人其事」『都市・電影・伝媒――民国電影筆記』（同済大学出版社、二〇一〇年）。本章でもこれに多くをよった。なお、当該論文は張偉『談影小影：中国現代影壇的塵封一隅』（台北：秀威資訊科技公司）にも収録されている。

(97)　程樹仁の略歴を報じる『申報』記事（「孔雀影片公司程協理之略歴」、一九二三年三月一九日）による。一九二〇年にローレンス大学を卒業、さらに一九二一年にシカゴ大学を卒業し、翌年コロンビア大学大学院で修士を取得した。

(98)　張偉前掲文献、七六頁。ただし、張偉は程がニューヨークの映画専門学校で映画を学んだとしているが、正しくは「ニューヨーク写真学校 New York Institute of Photography」である。程自身が編纂した映画年鑑『中華影業年鑑』（中国影業年鑑社、一九二七年）でも自らがニューヨーク写真学校へ留学したと記載している他、複数の『申報』記事でも同様の経歴に言及されている（前掲「孔雀影片公司程協理之略歴」、及び「孔雀影片公司重要職員談話」一九二三年三月一〇日）。なお、筆者がニューヨーク写真学校に照会した結果、同校は一九一〇年の設立以降何度か遷移したため当該時期の在学生名簿はすでに散逸しているとのことであった（二〇一〇年七月二〇日、同校より電子メールでの回答による）。

(99)　張偉前掲文献、七六―七七頁。

(100)　「周自斉之談話　詳述撮影影戯事業之志願」『申報』一九二三年二月二日。

(101)　J. A. Tomas. Correspondence [to Will Hays]. November 1, 1922. *The Will Hays Papers*. University Frederick, MD: Publication of America. 1986. Microfilm. Box 16, Reel 6.

(102)　「関於孔雀影片公司之談話」『申報』一九二三年三月八日。この記事では具体的な映画の内容に踏み込んだ記述がみられる。たとえば蚊帳の使用方法及び蚊による伝染病について解説するフィルムについて、肉眼では確認することのできない一万倍という拡大率で微細な蚊の動きを写し撮ったという先端技術が用いられていることに言及している。

(103)　『申報』では一九二三年二月二四日に「孔雀影戯公司之計画」として報道された他、日本でも『中外商業新報』が「米国人の対支新活動：事業家も今少し積極的に進め」のタイトルで、周自斉が訪米時に「米国支那協会会長ウィリアム・F・カーレイ氏」の接待を受け、カーレイが中国で二〇〇〇館を越える映画館を建てると同時に、フィルムの製造業を興すことを表明した旨報道されている（一九二三年一月二三日）。

(104)　東華大戯院は上海商人・丁潤庠が単独出資し、一九二六年五月二九日に開業した。大商人・丁子乾の三男として生まれた丁潤庠は、民国元年に「聖芳済大学」を卒業後、漢口の日系企業に勤めたが病気のために上海に戻り、独学で文学などを修めた。その後、上海で中国人のための娯楽施設を目指して東華大戯院の設立に到ったという（「東華大戯院定期開幕」『申報』一九二六年五月二六日）。東華大戯院のオープン当日には内外の政財界から多くの客が招かれた（「東華大戯院開幕記」『申報』一九二六年五月三〇日）。その後丁の疾病のため、一九二七年一月より東華大戯院は孔雀電影公司に映画興行事業を託すこととなった（「東華院主丁君因病告退」『申報』一九二七年一月四日）。

(105) Officers of the Y's Men's Club of Shanghai, 1929–1930. *China Press.* 11 August, 1929.

(106) Mr. S. J. Benjamin Cheng. *China Press.* 27 January, 1929. 記事では程の愛称が「ゴリラ」であること、また孔雀影片公司と東華大戯院の支配人であることにも触れられている。

(107) 「針砭影戯事業之論文　孔雀電影公司程協理在美時所著」『申報』一九二三年五月七日。

(108) この他、前掲の拙稿 "Beyond the boundary between China and the West: changing identities of foreign-registered film theatre companies in Republican Shanghai" では、一九三〇年代後半から一九四〇年代にかけて何挺然を中心とする上海の映画興行主たちが、外国の会社法に則って起業し経済活動を行うと同時に、「外国籍」という身分を用いて「民族」の利益を追求すべく立ち振る舞った例について考察している。

**第五章**

(1) Vanessa R. Schwartz, "Cinematic Spectatorship before the Apparatus: The Public Taste for Reality in Fin-de-Siècle Paris," in *Cinema and the Invention of Modern Life*, ed. Leo Charney and Vanessa R. Schwartz (Barkley, CA: University of California Press, 1995).

(2) Ibid., p. 304. 本章での引用は、長谷正人・中村秀之編訳『アンチ・スペクタクル——沸騰する映像文化の考古学』（東京大学出版会、二〇〇三年）所収の菊池哲彦による訳文「世紀末パリにおける大衆のリアリティ嗜好」、二三五頁に依った。

(3) Ibid., p. 315. 邦訳は前掲「世紀末パリにおける大衆のリアリティ嗜好」、二五一頁に依った。

(4) Ben Singer, "Modernity, Hyperstimulus, and the Rise of Popular Sensationalism," in Charney and Schwartz, op. cit. 邦訳は前掲『アンチ・スペクタクル』所収の長谷正人による訳文「モダニティ、ハイパー刺激、そして大衆センセーショナリズムの誕生」に依った。

(5) Shu-mei Shih, *The Lure of the Modern: writing modernism in semicolonial China, 1917–1937* (Berkeley, CA: University of California Press, 2001), p. 271. ここでシーが念頭においているのはアンソニー・ギデンズが『近代とはいかなる時代か？ モダニティの帰結』（松尾精文・小幡正敏訳、而立書房、一九九三年）で展開した近代化論である。

(6) 「徐家匯麦田発現女屍」『新聞報』一九二〇年六月一六日。

(7) 「麦田中女屍験係勒斃」『新聞報』一九二〇年六月一七日。

(8) 「麦田発現女屍三誌」『新聞報』一九二〇年六月一八日。

(9) 前掲「麦田発現女屍三誌」。

(10) 「麦田発現女屍四誌」『新聞報』一九二〇年六月一九日。

(11) 「麦田発現女屍五誌」『新聞報』一九二〇年六月二〇日。

(12) 前掲「麦田発現女屍四誌」。

(13) 「妓女被害案之外論」『新聞報』一九二〇年六月二二日。

(14)　以上の逃走劇は次の報道に依る。「閻瑞生題滬後之昨聞」『申報』一九二〇年八月一一日。
(15)　「閻瑞生解滬後之研究」『新聞報』一九二〇年八月一〇日。
(16)　「謀害蓮英案従犯亦被獲」『新聞報』一九二〇年八月一二日。
(17)　「蓮英家属催請引渡凶犯」『新聞報』一九二〇年八月一四日。「再請引渡蓮英凶犯」『新聞報』一九二〇年八月二六日。ほぼ同内容の報道は『申報』にもみられる。
(18)　「謀斃蓮英案要犯昨日槍決」『新聞報』一九二〇年一一月二三日。
(19)　胡道静「上海新聞紙的変遷」『上海研究資料正集』『近代中国史料叢刊三編第四二輯』（文海出版、一九八八年）、三八七頁（初版：上海通社、一九三六年）。
(20)　胡道静前掲「上海新聞紙的変遷」、三九一頁。
(21)　『中国報学史』（『民国叢書』第二編四九巻、上海書店、一九九〇年）、二五六頁。（初版：商務印書館、一九二七年）。
(22)　張静盧『中国新聞記者与新聞紙』（『民国叢書』第三編四一巻、上海書店、一九九一年）、四〇頁。（初版：現代書局、一九三二年）。
(23)　張静盧前掲『中国新聞記者与新聞紙』、四一頁。
(24)　黒幕小説とは、政治、経済、文化、そして人びとの日常生活の子細までをも対象とし、そこで展開される策略や謀略、詐欺や騙り、不道徳行為や性的倒錯といったスキャンダラスな題材を実録風に記述した体裁の文芸ジャンルである。黒幕小説はおしなべて都市部の近代的生活の狭間に見え隠れする暗部を扇情的に記述する傾向にあり、それはある意味、都市部の人びとが近代的生活を謳歌しつつも、心の深層で抱いていたそれへの恐怖や不安が吐露されているとも言える。日本語による先行研究としては次の各論考があり、いずれも小説ジャンルとしての黒幕小説の性格や描写上の特徴について論じられている。中嶋利郎「黒幕小説について――民国初期の暴露小説」『晩清小説研叢』（汲古書院、一九九七年）。神谷まり子「黒幕小説の女性像について――『中国黒幕大観』」『野草』第八三号（二〇〇八年二月）。池田智恵「「犯罪」を消費する読者と『時事新報』「黒幕」欄――中国近代探偵小説研究への視座として」『野草』第八八号（二〇一一年八月）。
(25)　『新聞報』、『申報』に掲載された広告による（たとえば『新聞報』一九二〇年七月一日）。新華書局の出版で、定価四角のところ特価（二角八分）で販売された。付録として蓮英の幻灯（彩色電光照片）二枚と閻瑞生の生い立ちをまとめた冊子一冊が贈られた。
(26)　『新聞報』、『申報』に掲載された広告による（たとえば『新聞報』一九二〇年七月四日）。いずれも世界書局が発行、売値は定価洋四角のところ特価（二角八分）、二冊同時購入で四角だった。『蓮英惨史』には蓮英の、『閻瑞生密史』には閻の幻灯（五彩電光照片）一枚が付録されていた。
(27)　『新聞報』、『申報』に掲載された広告による（たとえば『新聞報』一九二〇年一〇月二日）。世界書局が発行し、定価四角のところ特価（二角八分）で販売された。
(28)　『閻瑞生』ほど過剰ではないものの、たとえば『蔣老五之艶史』のように、黒幕小説、文明戯など複数の表現形式で流行した例は散見される。しかしいずれも、規模において、またリアリティ志向と扇情の程度において、『閻瑞生』に匹敵する事例はほとんどなかったといえる。

(29) たとえば、『申報』一九二〇年一一月二五日から掲載された笑舞台『蓮英被難記　閻瑞生謀害財命』の広告文にこの文言が見られる。

(30) 厳芙蓀「我之閻戯譚（上）」『申報』一九二一年七月二五日。

(31) 「大世界乾坤大劇場　蓮英劫（広告）」『申報』一九二〇年九月一三日。

(32) 一九二一年三月から四月にかけては、全三本を前後二本に圧縮した形態が取られたが、同年五月からは当初の通り一日一本ずつ、三日で全三本が完結する形態へ戻された。

(33) 以上、内容については、一九二〇年一二月一二日から一四日にかけて『申報』に掲載された笑舞台『蓮英被難記・閻瑞生謀害財命』の上演広告に依った。

(34) 徐半梅『話劇創始期回憶録』（中国戯劇出版社、一九五七年）、八八頁。

(35) 笑舞台『蓮英被難記　閻瑞生謀害財命』の上演広告、『申報』一九二〇年一一月二五日。

(36) 笑舞台『蓮英被難記　閻瑞生謀害財命』の上演広告、『申報』一九二〇年一一月二九日。

(37) 笑舞台『蓮英被難記　閻瑞生謀害財命』の上演広告、『申報』一九二〇年一二月二五日。

(38) 笑舞台『蓮英被難記　閻瑞生謀財害命』の上演広告、『申報』一九二〇年一二月一二日。

(39) 笑舞台『蓮英被難記　閻瑞生謀財害命』の上演広告、『申報』一九二〇年一二月二五日。

(40) 笑舞台『蓮英被難記　閻瑞生謀財害命』の上演広告、『申報』一九二〇年一一月二五日。

(41) 鄭正秋の演出傾向については、たとえば以下の記事に明確に記されている。鄭正秋「中国電影取材問題」『明星特刊第二期小朋友号』、明星影片公司発行部、一九二五年六月。同「我之編劇経験談」『電影雑誌』一九二五年第一三期。

(42) 笑舞台『蓮英被難記　閻瑞生謀財害命』の上演広告、『申報』一九二〇年一二月一一日。

(43) 笑舞台『蓮英被難記　閻瑞生謀財害命』の上演広告、『申報』一九二〇年一二月一三日。

(44) 劇の題名は一九二一年五月三〇日より、頭本が『閻瑞生・麦田害蓮英』、二本が『閻瑞生・西炮台槍斃』と改変され、公演も一日で頭本、二本を連続上演する形式となった。なお、一九二一年九月以降は頻度は逓減したが、時折公演されていた。

(45) 何其亮「《閻瑞生》的轟動効応及其影響」（『中国京劇』二〇〇七年第一一期、四六頁）で引用された文章を筆者が翻訳した。何論文ではこの劇評の出典は明記されておらず、「一九二一年三月に発表されたある劇評」とのみ記されている。

(46) 何其亮前掲「《閻瑞生》的轟動効応及其影響」、四六頁。もとは小報『新世界』の記事によるものとされるが、筆者未見。

(47) 厳芙蓀前掲「我的閻戯譚（上）」。

(48) 共舞台の新聞広告、および中国戯曲志編集委員会『中国戯曲志・上海巻』（中国ＩＳＢＮ中心、一九九六年）の「閻瑞生」の項目に依る。

(49) 何其亮前掲「《閻瑞生》的轟動効応及其影響」、四六頁。もとは雑誌『新世界』の記事によるものとされるが、筆者未見。

(50) 何其亮前掲「《閻瑞生》的轟動効応及其影響」、四六頁。

(51) 前掲『中国戯曲志　上海巻』の「閻瑞生」の項目、二四二頁。何其亮によれば、『警夢』は一九二一年三月五日に売り出され、京劇レコードの売り上げ新記録を達成したとされる（何其亮前掲「《閻瑞生》的轟動効応及其影響」、四七頁）。

(52) 一九二一年六月九日の『申報』掲載広告では、当該劇場の『閻瑞生』公演が一〇〇回を越え、中国演劇界の新記録を達成したことが唱われている。

(53) 何其亮前掲「《閻瑞生》的轟動効応及其影響」、四七頁。新舞台の新聞広告、『申報』一九二一年三月四日。

(54) 新舞台の『閻瑞生』上演広告、『申報』一九二一年二月四日に依る。

(55) 何其亮前掲「《閻瑞生》的轟動効応及其影響」、四七頁。もとは『新世界』の記者の評語であるとされるが、筆者未見。

(56) 汪が水槽に飛び込んだという演出について触れている当時の劇評は、本章執筆にあたっての文献調査では見つけることができなかったが、瀬戸宏摂南大学名誉教授より茅盾の『我走過的道路』（邦題『茅盾回想録』、立間祥介・松井博光訳、みすず書房、二〇〇二年）に新舞台版『閻瑞生』の鑑賞記があることをご教示いただいた。その内容は次の通りである。「舞台には水が数百ガロンもはいるプールが据えられ、閻に扮した汪優游が、閻が川に飛びこんで逃げたときの泳ぎぶりを実演して大喝采を浴びていた」（邦訳一九三頁）。なお程歩高の回想によれば、まだ冬の寒さが残る中で夏の物語が演じられたため、俳優たちは凍える思いをしたとある（『影壇憶旧』（中国電影出版社、一九八三年、四四頁）。「凍える思い」とは気温が低いだけではなく、水槽に飛び込みずぶ濡れになるという演出によるものでもあった。

(57) たとえば『申報』掲載の新舞台の広告（一九二一年六月六日）に記述されている。

(58) こうした宣伝は、新舞台の『閻瑞生』上演広告に散見される。たとえば、『申報』一九二一年三月四日掲載の新舞台の上演広告を参照されたい。

(59) 『申報』一九二一年三月一六日掲載の新舞台『閻瑞生』上演広告に依る。

(60) 『申報』一九二一年六月六日掲載の新舞台『閻瑞生』上演広告に依る。なお、山東省の男性は俗に身体が大きく強いと言われている。

(61) 陸明悔「上海的戯劇界」『戯劇』第一巻第三号（一九二一年七月）。

(62) 厳芙蓀「我的閻戯譚（下）」『申報』一九二一年七月二六日。

(63) 「閻瑞生活動影戯行将出現」『申報』一九二一年四月六日。

(64) 後述するように、映画版『閻瑞生』に出演した俳優は皆非職業俳優であった。

(65) 楊小仲「憶商務印書館電影部」『中国電影』一九五七年第一期（一九五七年一月）、八一頁。陸茂清「〝花国総理〟惨案催生中国首部故事片」『档案春秋』、二〇一一年第一期（二〇一一年一月）、二九頁。

(66) 以下、広告からの引用はすべて「中国影戯研究社　閻瑞生影戯（広告）」『新聞報』一九二一年六月二九日に依る。同内容の広告は『新聞報』の別の日や『申報』にも複数回掲載されている。

(67) 旧劇の鑑賞時間の長さによる身体への悪影響や精神的苦痛については、当時新劇と称された文明戯の側から伝統劇の観劇方式を批判するさいにしばしば繰り返されたものである。たとえば次を参照されたい。松浦恆雄「文明戯の実像」、高瑞泉・山内久和共編『中国における都市型知識人の諸相』（大阪市立大学大学院文学研究科・都市文化研究センター、二〇〇五年）、二三六頁。

(68) 七月一日の封切りに先立って行われた試写会の告知においても、ロケーション撮影で「写された場景は真に迫るものがあり、すこぶる一見の価値がある」との文言で、事実への忠実さを見所とすることが強調された（「閻瑞生影片之試演」『新聞報』一九二一年六月三〇日）。

(69) 徐卓呆「顧影閑評」『申報』一九二一年七月一一日、及び同一二日。

(70) 沁簃「談影戯（一）」『申報』一九二一年一二月一六日。

(71) 程歩高『影壇憶旧』三八—四〇頁。映画としての質も、広告の文言に謳われたような美辞麗句からは遠くかけ離れたできばえで「ピンぼけぎみで、背景は優れず、俳優の表情は硬く、字幕もわかりにくかったため、上海の観客たちから非難の声の集中砲火を浴びた」という（酔星生「銀幕春秋」『銀光（香港）』、一九二六年第一—二期（本章で参照したのは中国電影資料館編『中国無声電影』（中国電影出版社、一九九六年）所収の版、一三一六頁）。なお、『中国無声電影史』（酈蘇元・胡菊彬、中国電影出版社、一九九六年）の指摘によれば、映画『閻瑞生』の梗概と字幕は一九二一年一一月発行の『電影週刊』に収録されているとあるが（六八頁）、筆者は未見である。

(72) 詳細は次を参照されたい。菅原慶乃「上海共同租界工部局の初期映画検閲制度について——映画検閲委員会の設立前後から『危険大歓迎』事件まで——」『関西大学文学論集』第五八巻第一号（二〇〇八年七月）、四〇頁。

(73) "Commissioner of Police of Shanghai Municipal Council to Acting Secretary of Shanghai Municipal Council, July 30, 1923," in "Muder of Singsong Girl Lien Ying by Yui-sheng and Tragedy of Chang Hsin-shong's Property, Commissioner for Foreign Affairs Kiangsu, 1923-1924". Shanghai Municipal Council. 上海市档案館 U1-3-2404.

(74) 程歩高『影壇憶旧』（中国電影出版社、一九八三年）、三八—四〇頁。

(75) 胡志川・馬運増主編『中国撮影史：一八四〇—一九三七』（中国撮影出版社、一九八七年）、八七頁。

(76) 胡道静前掲「上海新聞紙的変遷」、三九〇頁。

(77) 方漢奇主編『中国新聞事業通史第一巻』（中国人民大学出版社、一九九二年）、一〇八一頁。

(78)　一九一九年一〇月後半からほぼ毎日続き、同年一二月中旬まで継続された。五〇回近くにわたる連載は、写真に文字による説明が加えられた形式で、当初は「本埠新聞」の巻頭に、一二月からは「自由談」欄へ掲載された。一〇月末の連載開始直後は、水害の様子が遠景で捉えられたものが目立ったが、しばらくすると人物の被災状況とその表情を取りあげた小シリーズが開始される。たとえば、ある被災民の一家に密着し、その困窮の表情を伝えた「小康家受災後之度日」（一九一九年一一月二六日より掲載）、水没したり倒壊しかけたりした家屋で人びとが厳しい生活を送る様子を伝えた「貧民之被災状」（一九一九年一二月五日より掲載）などがあった。災害報道写真は時代が下るにつれセンセーショナリズムを強め、一九二二年の湖南の干ばつ関連報道では、餓死した幼児の遺体写真なども掲載された（『申報』一九二二年五月八日掲載「湘省災民餓斃之惨状（六）」など）。

(79)　いずれも一九二一年六月二六日より、「国内要聞」欄で合計六回の連載が開始された。特に後者はその題名通り、武昌兵変の犠牲となった兵士の屍が遠景で記録されたシリーズであった。

(80)　たとえば次のようなものがある。「浙江第二中学学生朱培生被殴受傷後在福音医院撮影（本埠新聞）」一九一九年七月二一日。「学生周法均受傷後撮影（「本埠新聞」欄、一九二〇年四月二二日に発生した軍による学生デモ弾圧の犠牲者）」一九二〇年四月二四日。「已死学生姜高琦」、および「重傷学生載文秀」（いずれも「国内要聞」欄、四川省の学生デモの犠牲者）、一九二〇年六月八日。「京教員受傷情形（国内要聞欄）」一九二一年六月九日。

(81)　商務印書館による幻灯製作については第四章で述べたが、ここでは補足として「通俗教育画」に触れておきたい。「通俗教育画」とは、民間小説の一節から時事ニュース、公衆衛生にいたるまで実に幅広い題材を扱った、図説式の絵画教材である。筆致は精緻で写実を基調とする画風のものが多く、通俗教育研究会がその内容を審議し、必要ならば修正を施した上、発行の許可を出していた。『張元済日記（上冊）』（商務印書館、一九八一年）一九一七年一一月一二日の記述では、通俗教育画を一部幻灯化したことが記されており（三〇四頁）、両者の間に教育目的という共通性が見られることが確認できる。

(82)　上海ＹＭＣＡの他にも、寰球中国学生会の交誼会で商務印書館の幻灯を用いた講演があったという報道がある。「学生会今晩開交誼」『申報』一九一五年一二月一八日。また江蘇省教育会でも幻灯を用いた教育について関心が持たれていた。

(83)　「幻灯演講隊請警照料」『申報』一九一八年八月一五日。

(84)　「製造幻灯片之進行」『申報』一九一九年九月二日。なお、上海における五四運動の活動の一環として任矜蘋が行っていた演説については次を参照されたい。菅原慶乃「映画史から忘却された「儒商」、任矜蘋――教育者、愛国者、映画監督」『野草』第九五号（二〇一五年二月）。

(85)　「通俗教育社之露天校共十余所」『申報』一九二三年六月二五日。毛倪逸梅「一個平民夜校学生之自述」同七月一七日。

（86） 徐恥痕「中国影戯之遡原」『中国影戯大観』（上海合作出版社、一九二七年）、頁数無し。なお、引用中にある「亜細亜公司」とは亜細亜影戯公司のことであり、張石川、鄭正秋らが一九一三年頃に新劇映画やニュース映画『上海戦争』を多数制作している。『上海戦争』は中国人の手による二本目のニュース映画である。

（87） 柏蔭「対於商務印書館撮製影片的評論和意見」『影戯雑誌』第一巻第二号（一九二二年、影印版：姜亜沙・経莉・陳湛綺主編『中国早期電影画刊（第一冊）』、全国図書館文献縮微複製中心、二〇〇四年）。

（88） 柏蔭前掲「対於商務印書館撮製影片的評論和意見」。

（89） ここで、映画の持つ「本物らしさ」が舞台の演出方針を変えた例をもう一つ挙げるならば「連環戯」に触れておくべきだろう。連環戯とは、演劇家徐半梅（徐桌呆）らが日本の連鎖劇を導入したもので、新舞台で上演したのがその鼻祖である。すぐに廃れたとされるが、連環戯は目新しい外国の演出を単に模倣しただけの演出ではなく、伝統劇における男女の俳優の共演を許す契機となった。徐半梅は「高い山や大きな川、鉄道や船舶、そして名勝の風景など」の「舞台では演じるのが難しいもの」を映画で上映し、室内の場面は舞台で実演したという。ここで興味深いのは、女優が舞台に上ることを許さなかった新舞台では、連環戯上演時に初めて女優の起用を許したという逸話だ。徐自身は「映画では男が女に扮するのは許されない」という一見単純な理由で説明するのだが、このことは映画というメディアが持つ「本物らしさ」の呪縛がいかに強かったかを物語っている。こうして新舞台は「男女合演」制を導入するに到ったのだった（徐半梅『話劇創始期回憶録』（中国戯劇出版社、一九五七年）、一二〇—一二一頁）。なお、「連環戯」の展開については次を参照されたい。西村正男「歌い、悲しみ、覚醒するカチューシャ——トルストイ『復活』と中国語映画」、堀潤之・菅原慶乃編著『越境の映画史』（関西大学出版部、二〇一四年）。また、映画監督王為一は、「映画と京劇の舞台が合わさった演出形式」の見世物、つまり連環戯風の見せ物を観劇した記憶に触れている（『難忘的歳月——王為一自伝』（中国電影出版社、二〇〇六年）、二頁）。最近の中国語による研究には次のものがある。李鎮「観影連環——二〇世紀二〇年代上海連環戯略観」『当代電影』第二五三期（二〇一七年四月）、一〇一—一〇八頁）。

（90） 本章で言及する当該上映会の記述は、次にもとづいている。"War Propaganda Films, 1918-1919," [hereafter WPF]. Embassy and Consular Archives. China: Correspondence Series. FO228/2922. London: The National Archives. なお、この時期のイギリス官製プロパガンダ映画政策については、次の文献で若干の紹介がなされている。市橋秀夫「映画と政府——二〇世紀前半におけるイギリスの〈映画政策〉の足跡」『文化経済学』（文化経済学会）第三巻第二号、通号一三号（二〇〇二年九月）、三八—三九頁。

（91） Enclosure No. 1. In Sir E. Fraser's No. 217 of May 7th, 1918, to Peking. "Report of the British Official War Films Committee for February". WPF. FO228/2922.

（92）"Report of the War Films Committee at Shanghai for June, 1918". WPF. FO228/2922.

（93）North, C.J. *The Chinese Motion Picture Market*（*Trade Information Bulletin*）467（U.S. Department of Commerce, 1927）, p. 3. ここで、この時期の映画の興行形態も、視覚的刺激の強化を促進したことにも触れておきたい。当時上海で上映される映画の大部分は短篇か、連続活劇のいずれかであり、一本の長篇のみで興行が成り立つケースは限定されていた。このため、さまざまなアトラクション的要素を盛り込んだにぎやかで雑種的な興行スタイルが常態化していた。こうした状況を鑑みれば、本章が焦点化したリアリティ志向と扇情の循環構造は、演劇や映画の内容のみならず、その公演・興行形態からも考察されねばならないだろう。

（94）初期の映画取締については、菅原慶乃「映画史から忘却された「儒商」、任矜蘋――教育者、愛国者、映画監督」『野草』第九五号（二〇一五年二月）、とくに「3　任矜蘋の商才」を参照されたい。ここでは、江蘇省教育会による『閻瑞生』・『張欣生』取締にたいして製作者側、任矜蘋を中核とした明星影片公司がどのような対応を取ったかについて詳述している。また、本書第七章ではポルノグラフィの取締施策についても論じているので合わせて参照されたい。

（95）Linda Williams, "Film Bodies: Gender, Genre, and Excess," *Film Quarterly* 44, no. 4 (Summer, 1991), pp. 3-6.

（96）菅原慶乃前掲「映画史から忘却された「儒商」、任矜蘋――教育者、愛国者、映画監督」、とくに「3　任矜蘋の商才」を参照されたい。

**第六章**

（1）陳平原『中国小説叙事模式的転変』（上海人民出版社、一九九八年）、一〇八頁、注⑤。

（2）周作人「日記与尺牘」『語絲』第一七期（一九二五年三月）。

（3）民立中学の成立については次に詳しい。「上海学校遡源、私立民立中国校」上海通社『上海研究資料続集』（上海書店『民国叢書』第四編八一、一九九二年）、三五五―三五七頁（初版：中華書局、一九三九年）。

（4）任矜蘋と民立中学時代の活動については次を参照されたい。菅原慶乃「映画史から忘却された「儒商」、任矜蘋―教育者、愛国者、映画監督」『野草』第九五号（二〇一五年二月）。

（5）菅原慶乃前掲「歴史から忘却された「儒商」、任矜蘋――教育者、愛国者、映画監督」を参照されたい。

（6）天虚我生、朱痩菊、周痩鵑、程小青、徐枕亜、呉双熱、李涵秋、朱大可、劉蘧廬、劉豁公、許痩蝶、厳独鶴、楊塵因、張冥飛、張碧悟、陳小蝶、施濟羣が名を連ねていた。

（7）『申報』一九二三年七月一五日に掲載された陳寿蔭の経歴「影戯家陳寿蔭君肖影」に依る。記事中の経歴の真偽については今後詳細に調査する必要がある。なお、アメリカで陳が出演したという作品は以下の通り。*A Man's Home*（R・インス監督作品（一九二一年）による同名作品か）、*The Bat*（詳細不詳）。*Drifting*（トッド・ブラウニング監督作品（一九二三年）でアンナ・メイ・ウォン出演の同名作品か）。

*The Love of Shou Shan*（詳細不詳）。*Yellow Jacket*（詳細不詳、B・F・ウィルソン監督作品に *Back to Yellow Jacket*（一九二二年）があるが関連は不詳）。*Bessie Love*（詳細不詳、後掲 *Purple Dawn* のキャストにベッシー・ラブがクレジットされているが関連は不明）。*Purple Dawn*（C・R・シリング監督が一九二三年に手がけた作品で、上海出身の俳優 James B. Leong 出演の同名作か）。同記事ではとくにユニヴァーサル社の *Scarlet Shadow*（ロバート・Z・レオナルド、一九一九年）では重要な役を演じたとある。

(8) 松竹キネマ株式会社によって配給され、一九二六年九月一二日に東京市内の「松竹座」にて封切られた（国際映画通信社編『日本映画事業総覧（昭和二年版）』（ゆまに書房、一九九四年）、四〇六頁（初版：国際映画通信社、一九二六年）。

(9) 「弾詞作家陸澹安」『海上評弾』第四三期（二〇〇九年一一月）、『中国評弾網』（中国蘇州市評弾博物館・蘇州市曲芸家協会）、http://pingtan.langye.net/xinxichuangkou/2015-12-18/152.html（最終アクセス二〇一八年八月三日）。

(10) 『小説詞匯釈』と『戯曲詞匯釈』は、日本における中国文学研究でも重宝されてきた。一九八三年には伝統戯曲文学研究者佐藤晴彦によってピンイン索引が加えられ再編集され『小説詞語匯釈戯曲詞語匯釈発音索引』（汲古書院）として出版されている。

(11) 元旦から五日分しか記されなかった年もある一方、民立中学時期の一九一九年、一九一二年は断片的でありながらそれぞれ一一カ月、七カ月と比較的長いスパンで日々の生活の細部が記録されている。

(12) 陸の居住地については『澹安日記（下）』収録の「陸澹安事略」（四六二頁—）に詳しい。

(13) 陸澹安『澹安日記（上）』、一九一〇年一月一日の記述より。

(14) 陳無我『老上海三十年見聞録』（上海書店、一九九六年）、九一頁（初版：大東書局、一九二八年）。

(15) 幻仙影戯園の当日のプログラムは、北京から来た女性芸人による文武京劇と、田永奎によるマジックショーに加え、夜には映画上映が行われていた。（『申報』一九一一年五月七日の同園の広告）。

(16) 銭化仏『三十年来之上海』（上海書店、一九八四年）、一三頁。

(17) 『申報』一九一一年五月七日の同園の広告。

(18) 侯碩平「『絳芸館日記』与晩清上海劇壇」中国戯曲志上海巻編輯部『上海戯曲史料薈萃・第五集』（上海研究所、一九八八年）、一四三—一五〇頁。

(19) 「鴛鴦蝴蝶派」と称される作家たちの射程範囲の広さは、たとえば魏紹昌編『鴛鴦蝴蝶派研究資料』（上海文芸出版社、一九六二年）のような資料集に収録される作品リストから明らかであろう。また、「鴛鴦蝴蝶派」による作品の映画化については次が詳しい。張魏『鴛鴦蝴蝶派文学与早期中国電影的創作』（中国電影出版社、二〇一四年）。

(20) 設立当初は有名な茶園「文明雅集」だったが、後に「大世界」へ移ったとされる（「陸澹安事略」の「一九一九年、二六歳」の項目、『澹安日記（下）』、四六五頁）。

(21)「陸澹安事略」の「一九一九年、二六歳」の項目、『澹安日記（下）』、四六五頁。

(22)『黒衣盗』説明書は『大世界』一九一九年七月三日から連載開始、単行本『探偵小説黒衣盗』は『大世界』同三〇日に交通図書館より発行される旨の広告が掲載された。『毒手』説明書の連載は同一〇月二日から開始、単行本『探偵小説毒手』は一九二〇年一月に同じく交通図書館より刊行された（『大世界』一九二〇年一月一日広告参照）。

(23)『陸潔日記・摘存』（中国電影研究中心、一九六二）。陸潔、顧肯夫、陳光宇らがこれらの映画上映場所を頻繁に訪れていたことが記されている。

(24) 陸は一九二五年頃から周企蘭と近しい関係にあったと思われる。

(25)「陸澹安事略」『澹安日記（下）』、四七〇頁。

(26) 魯迅の日記にはこのようにパターン化された映画上映情報に沿って行動していた例が頻出する。

(27) 初期メンバーによって書かれた記事では「中国影戯研究会」と自称するものもあるが、ここでは一般に広く定着している「中国影戯研究社」を用いる。

(28) 程季華主編、中国電影出版社、初版一九六三年。日本語による編訳は『中国映画史』（森川和代編訳、平凡社、一九八七年）として出版されている。

(29) このうち、一九二〇年から一九三〇年代までの一部が中国電影資料館編『中国無声電影』（中国電影出版社、一九九六年）に再録されている。『陸潔日記・摘存』は付永春氏に提供していただいた。ここに特に記して感謝したい。

(30)『新世界』一九一九年二月二六日～三月一四日、一七日～二一日、二四日～二八日、及び三〇日～三一日に掲載されたが、筆者が参照したマイクロフィルム版ではこれ以降同年六月まで欠落しているため連載終了日は不明である。

(31) 一九二〇年代の映画製作会社設立ブームで主流をなした明星影片公司周辺の映画人たちは、高まるナショナリズムの中で映画はそれを体現しうる有効なメディアであるということにいち早く気付き、実践していった。詳細は次を参照されたい。菅原慶乃「一九二〇年代上海の映画制作会社について」『関西大学東西学術研究所紀要』第四三輯（二〇一〇年四月）。同前掲「映画史から忘却された「儒商」、任矜蘋――教育者、愛国者、映画監督」。

(32) ただし郁は後に佐藤の『アジアの子』において無断で郭沫若や郁達夫をモデルとした人物を登場させたことをめぐり、佐藤にたいする失望を公言している。

(33) 日本における郁達夫研究としては、まず鈴木正夫が正統的な作家研究として遂行してきた一連の研究、『郁達夫――悲劇の時代作家』（研文出版、一九九四年）、『スマトラの郁達夫――太平洋戦争と中国作家』（東方書店、一九九五年）などがある。この他、比較文学の観点からは大東和重による『郁達夫と大正文学――「自己表現」から「自己実現」の時代へ』（東京大学出版会、二〇一〇年）がある。

(34) 鈴木正夫前掲『郁達夫――悲劇の時代作家』、一四頁。

(35) 鈴木正夫前掲『郁達夫――悲劇の時代作家』（一〇―一一

頁）では「バルザックの表現にならえば、二つの胡桃割のように、魯迅と、郁達夫がつれ立ってあるいている姿」を北四川路で何度も目撃したという金子光晴の言葉を引きながら、魯迅が郁達夫へ与えた影響の大きさについて指摘している。なお、『日記九種』刊行後郁達夫は王映霞と正式に結婚し、静安寺路附近へ居を移した（詳細は木之内誠編著『上海歴史ガイドマップ』（大修館書店、一九九九年）、八八頁）。

（36） 日記によれば、郁達夫は夜遅くまで執筆や読書していたため午前の遅い時間に起床するのが常だった。

（37） 最初にニューズリールやコメディなどの短篇一、二本が上映された後に一五分程度の小休憩が入り、その後企業の広告スライドの上映を経てメインプログラムが上演されるのが一般的な上映プログラムだった。映画館に喫茶店が併設されている場合には、小休憩の合間にお茶を飲むことも慣例だったという（大島得郎「動乱の渦中にある支那の映画界」『活動倶楽部』（一九二六年一月号）、三九頁）。

（38） カールトン、上海、アポロ、オリンピック、ヴィクトリアなどで座席指定制を導入していた（意「劇場中的座位問題」『申報』一九二五年一月六日）。上海大戯院で映画館の近代化をはかった何挺然によって建てられた北京大戯院でも、当然ながら座席指定制を実施していたと考えるのが妥当だろう。

（39） 沈誥「戯院観衆的幾種心理」『電影月報』第六期、四―五頁（影印版：姜亜沙、経莉、陳湛綺編『中国早期電影画刊（第三冊）』（全国図書館文献縮微複製中心、二〇〇四年）、六二六―六二七頁）。

（40） 郁のこの日の日記では映画館を出た時刻が「九時近く」だったとあるが、同じ日に床に入った時刻も「九時前後」と記されており、矛盾している。北京大戯院のプログラムが、全体を二時間程度にまとめた当時主流の番組構成だったとすれば、五時三〇分からの上映を見終えた時刻は午後「八時近く」となるはずだ。したがって、郁の日記にある映画館を出た時刻は「九時近く」ではなく「八時近く」とするのが妥当だろう。

（41） 現実逃避の場所として映画館が機能することについては、郁達夫が映画関係の論文を発表した唯一の媒体『銀星』において散見される。たとえば、映斗「未入電影院之前」『銀星』第七期（一九二七年四月）。

（42） 郁達夫「電影与文芸」『銀星』第一二期（一九二七年九月）、一三頁。

（43） 郁達夫前掲「電影与文芸」。

（44） 郁達夫の映画論が、ヒューゴー・ミュンスタバーグの芸術論とその著作の日本語訳を手がけた産業心理学者上野陽一の著作に影響された可能性があることは、本章の初出である次の拙稿のなかの本章未収録部分において概要を論じた。菅原慶乃「映画館への通い方（下）――陸潔・郁達夫・魯迅の場合」『関西大学文学論集』第六五巻第二号（二〇一五年九月）。

（45） この他に民国期に出版された女性の日記としては次があるが、いずれも映画鑑賞の記録は掲載されていない。蔡文星・簡玉璿『両個民国女子大学生的日記』（華文出版社、二〇一二年、初版：蔡文星『銜微日記』生活書店出版、一九三三年。

簡玉璿日記『女子月刊』第二巻第八期、一九三四年）。なお、『婦女雑誌』のような女性向けの雑誌を丹念によむことで、女性観客という視座からの映画史が拓かれる可能性もあるが、しかし女性向けの雑誌のトーンがかならずしも実態としての女性観客の有り様を写し出しているとは言えないであろう。

（46）張愛玲の小説「同級生（原題：同学少年都不賤）」の邦訳は次の選集に収録されている。張愛玲（濱田麻矢訳）『中国が愛を知ったころ　張愛玲短篇選』（岩波書店、二〇一七年）。

（47）濱田麻矢「女学生だったわたし――張愛玲『同学少年都不賤』における回想の叙事」『日本中国学会報』第六四集（二〇一二年、一〇月）、二八九頁。

（48）中国の映画史研究者・柳迪善は最近の論考で軍人、子ども、窃盗犯という三つの観客層に着目し、これらが社会から疎外された「歓迎されない観客」であったことを示す事例を提示した。このような視点は、本書が明らかにしようとしている概念あるいはイデオロギー装置としての映画観客という制度をさらに強化するものであるといえる。詳細は次を参照されたい。柳迪善「従国軍、児童、窃賊看民国観影文化的変遷」『電影芸術』二〇一七年第二期。

## 第七章

（1）近年出版されたものに顧倩『国民政府電影管理体制（一九二七―一九三七）』（中国広播電視出版社、二〇一〇年）、鐘瑾『民国電影検査研究』（中国電影出版社、二〇一二年）、汪朝光『影芸的政治――民国電影検査制度研究』（中国人民大学出版社、二〇一三年）などがある。国民党政府による映画宣伝工作にかんする日本語文献は、特に張新民と三澤真美恵によって数多くの成果が発表されている。主要なものとしては次の各文献がある。張新民「国民政府の初期映画統制について――一九三〇年代を中心に」『歴史研究』第三三号（一九九六年二月）。同「中国教育映画協会及び上海における教育映画推進運動について――国民党CC系の活動を中心に」『現代中国研究』第七号（二〇〇〇年九月）。三澤真美恵「南京政府期国民党の映画統制――宣伝部・宣伝委員会の映画宣伝事業を中心として」『東アジア近代史』第七号（二〇〇四年三月）。同『「帝国」と「祖国」のはざま――植民地期台湾映画人の交渉と越境』（岩波書店、二〇一〇年）。

（2）たとえば次の研究が挙げられる。Zhiwei Xiao, "Anti-Imperialism and Film Censorship During the Nanjing Decade, 1927-1937," in *Transnational Chinese Cinemas: Identity, Nationhood, Gender* ed. Sheldon Hsiao-peng Lu (Honolulu, HA: University of Hawaïi Press, 1997), pp. 35-57.

（3）一九二三年には江蘇省教育会が映画審閲委員会を発足させ映画の「検閲」を行ったとするものがみられるが、同会の機能は統制ではなく、むしろ優良映画の選定だった。詳細は次を参照されたい。菅原慶乃「映画史から忘却された儒商、任矜蘋――教育者、愛国者、映画監督」『野草』九五号（二〇一五年二月）。

（4）「中国侮辱映画（辱華片）」と公的映画統制制度との関連については次を参照されたい。菅原慶乃「中国人を描くべきは誰か――アメリカ対中映画貿易をめぐる表象の政治学」、堀潤之・菅原慶乃編著『越境の映画史』（関西大学出版部、二〇一四年）。当該論文の巻末には「中国侮辱映画」にかんする先行研究リストが付されている。

（5）North, C.J. *The Chinese Motion Picture Market* (*Trade Information Bulletin*) 467（U. S. Department of Commerce. 1927).

（6）中野美代子『中国春画論序説』（講談社学術文庫、二〇一〇年、初版二〇〇一年）、三一頁。

（7）中野美代子前掲『中国春画論序説』、一〇―一四頁。この他、高嶋航はジョン・ヘイやフランソワ・ジュリアンによる中国人の身体観・ヌード観を踏まえた上で「中国ではエロティシズムでさえ身体そのものより雰囲気（文脈）で示される」と指摘している（高嶋航「東方病夫とスポーツ：コロニアル・マスキュリニティの視点から」石川禎浩・狭間直樹編『近代東アジアにおける翻訳概念の展開（京都大学人文科学研究所附属現代中国研究センター研究報告）』（京都大学人文科学研究所、二〇一三年）、三一八頁）。

（8）「函新明社請勿再演宝蟾送酒一劇文」（民九年二月一八日、函牘十）、「呉総監注意影戯」（民九年二月一三日　時報、時聞九）、および「戯曲股第七十二次股員会」（民九年一月三〇日午後二時三〇分、記事二）など（以上すべて教育部通俗教育研究会編輯『通俗教育叢刊　第五集』（一九二〇年四月）に収録）。

（9）"General, Old Cover No. 91, Part III, from No. 91/32 to No. 91/55（総弁、総巡等関於検査淫穢電影、租界巡捕踢死小販等事項以及其市政工作的来書信）", June to August 1918, Secretariat, S.M.C., 上海市档案館所蔵档案、U1-2-548)。

（10）この他、一九一九年代から一九二〇年代の上海共同租界で風紀上問題となった映画の事例については趙偉清『上海公共租界電影審査（一九二七―一九三七）』（上海交通大学出版社、二〇一二年）の第二章「公共租界与電影審査」に多数紹介されている。なお、共同租界工部局における映画検閲制度の成立については次も参照されたい。菅原慶乃「上海共同租界工部局の初期映画検閲制度について――映画検閲委員会設立前後から『危険大歓迎』事件まで」『関西大学文学論集』第五八巻第一号（二〇〇八年七月）。

（11）「職工教育館選択影片之標準」『申報』一九二三年四月一三日。

（12）「査禁裸体画与模特児」『申報』一九二五年五月一六日。

（13）「劉海粟為模特児事致省教育界書」『申報』一九二五年九月八日。訳文は次に依る。中村哲夫「論壇にみる中国近代の国画――徐悲鴻と余紹宋」『中国社会主義文化の研究　京都大学人文科学研究所付属現代中国研究センター研究報告』（京都大学人文学研究所、二〇一〇年）。

（14）以上「婦女の奇抜な服装取締聯合会議」の主旨や各代表の発言については次に拠った。「市政消息　取締婦女奇装異服（首都市政週間第二十八号）」『申報』一九二八年七月一七日。

（15）川谷庄平『魔都を駆け抜けた男――私のキャメラマン人生』（三一書房、一九九五年）、一四一頁に依った。以下の回想も同書一四一―一四二頁に依る。

(16) 川谷の自伝の構成を手がけた山口猛の注釈では、全裸シーンが演出されたのは『西遊記』シリーズではなく、『封神榜哪吒鬧海』(一九二七)である可能性が示唆されているが、実際は『西遊記孫悟空大鬧天宮』(陳秋風、一九二六年)である(本章扉を参照)。

(17) 「上海楊貴妃中之裸女棋」『申報』一九二七年一〇月六日。

(18) 六合影片営業公司の分裂と一部の映画会社の分離については次を参照されたい。菅原慶乃「六合影片営業公司再探:以早期中国電影市場的拡大為中心」、葉月瑜主編『華語電影工業:方法与歴史的新探索』(北京大学出版社、二〇一一年)。

(19) 一九二〇年代半ばの上海の映画上映の実態については前掲菅原慶乃「六合影片営業公司再探:以早期中国電影市場的拡大為中心」を参照されたい。

(20) 中央大戯院『八美図』上映広告、『申報』一九二八年七月一七日。

(21) 南燕「影片広告　広告員注意」『影戯生活』第八五号(一九三二年一〇月一九日)。

(22) 鳳昔酔「肉感与電影」『電影月報』第十一・十二期(一九二九年九月、影印版:姜亜沙、経莉、陳湛綺主編『中国早期電影画刊(第四冊)』全国図書館文献縮微複製中心、二〇〇四年)。

(23) 一九二〇年代の映画産業と反帝国ナショナリズムとの関連は次を参照されたい。菅原慶乃「一九二〇年代上海の映画制作会社について――文芸関係者による人的ネットワークを基盤とした映画制作業の展開」『関西大学東西学術研究所紀要』第四三輯(二〇一〇年四月)。同「越境する中国映画市場――上海からシンガポールに拡大する初期中国映画市場」『現代中国』第八五号(二〇一一年九月)。初期映画産業と社会教育との関連については次を参照されたい。菅原慶乃前掲「映画史から忘却された「儒商」、任矜蘋――教育者、愛国者、映画監督」。

(24) 明星影片公司の任矜蘋と映画の芸術化・学問化については次を参照されたい。菅原慶乃前掲「映画史から忘却された「儒商」、任矜蘋――教育者、愛国者、映画監督」。

(25) 玉田「希望電影検査眼中注意　幾句幾誠意的忠実話」『影戯生活』第八六号(一九三二年一〇月一二日)。

(26) 「モスキート・ペーパー」は「蚊新聞」とも称され、上海滞在中の尾崎秀実やアグネス・スメドレーのようなジャーナリストたちも注目していたという(尾崎秀樹『上海一九三〇年』(岩波新書、一九八九年、二三―二四頁。ただし尾崎は「モスキトー・ペーパー」と表記している)。

(27) 迪生「請電影公司注意観客心理　芸術固然不可置之不顧同時也許設法維持影業　但是希望不要撮製淫盗片　続」『影戯生活』第一二四号(一九三二年十一月一九日)。

(28) 金剛「市教育局調査全滬影片公司内幕」、電声週刊社編『影戯年鑑』(電声週刊社、一九三四年)、五八頁。

(29) 南燕「神秘影片開映地点在在哪裏?・衷心病狂　有碍風化/快快起來打到!」『影戯生活』(第七五号(一九三二年九月二九日)。

(30) 三木幹夫『ぶるうふぃるむ物語――秘められた映画史七〇年』（立風書房、一九七五年）、七六―七九頁。

(31) 張珩『張珩　張葱玉日記・詩稿』（上海書画出版社、二〇一一年）、一四七頁。ただしこのような映画のたしなみは決してかれ一人の例外的な娯楽嗜好ではなかった。むしろ、張珩ほどの知識人層の間でも珍しいものではなかったこととして考えるべきだろう。

(32)『影戯生活』第六三号（一九三二年九月一七日）の第一面のグラビア。原文は以下の通り。「不要嘛！請你們仔細地研究、好蓬塢女星的体格、是這様健而美」。

(33) 原文は「女名星的肉感銷魂処／赤裸裸地含着誘惑性／包管異性見了会瘋狂／神秘／香艶／乳！胸！腿！臀！」『影戯生活』第七四号（一九三二年九月二八日）。「小星」名義で執筆されている。

(34) Laura Mulvey, Visual Pleasure and Narrative Cinema. *Screen*, vol. 16, no. 3 (Autumn 1975).（邦訳は斉藤綾子訳「視覚的快楽と物語映画」『「新」映画理論集成1』フィルムアート社、一九九八年）。

(35) Shu-mei Shih, *The Lure of the Modern: writing modernism in semicolonial China, 1917-1937* (Berkeley, CA: University of California Press, 2001), p. 271.

(36) 武田雅哉「乳房へのまなざし――結んで開いて、結んで開いて……」、武田雅哉・加部勇一郎・田村容子『中国文化55のキーワード』（ミネルヴァ書房、二〇一六年）、四二四頁。

(37) 濱田麻矢「女学生だったわたし――張愛玲『同学少年都不賎』における回想の叙事」『日本中国学会報』第六四集（二〇一二年、一〇月）、二九〇頁。

(38) 一九三〇年代の孫瑜作品における「脚」の表象の多義性については次を参照されたい。吉川龍生「孫瑜映画の脚――脚の表象にみる一九三〇年代の孫瑜映画」『慶應義塾大学日吉紀要　中国研究』第三号（二〇一〇年七月）。吉川によれば、『野ばら』の王人美の脚に代表されるエロティシズムは、孫瑜の「脚」への執着の一面にすぎず、たとえば『大路』（一九三四年）では逞しい男性の脚が強調されているという。そして、孫瑜の多様な「脚」の表現には「生命力に満ちた農村のイメージや困難に敢然と立ち向かう若者のイメージが垣間見られ」るとの結論が導き出されている（六二頁）。ただし本書の関心は、銀幕上の身体表象に監督やその社会の心性を見出すことよりも、銀幕上に投影された分節化された身体イメージが文字メディアと連動しながら「健康美」という近代的身体観を主流社会における正統的な身体基準として成立させていった過程にある。

(39) 張英進「娼妓文化与年想像――二〇世紀三〇年代中国電影中公共領域与私人領域的協商」張英進編（蘇涛訳）『民国時期的上海電影与都市文化、一九二二―一九四三』（北京大学出版社、二〇一一年）、一八二―一八三頁。なお、チャンはここで『再生』（陳天、一九三三年）においても画家が裸婦スケッチを行うシーンがあったことに言及し、同様の問題を指摘している。

(40) 前掲濱田麻矢「女学生だったわたし――張愛玲『同学少年

都不賤』における回想の叙事」、二八九—二九一頁。

(41) シュトラッツと『上海漫画』における「世界人体之比較」については次を参照されたい。井上薫「『上海漫画』にみる自己植民地化と「他者」——「世界人体之比較」を中心に」『現代中国』七六号、二〇〇二年九月)。坂元ひろ子「漫画表象に見る上海モダンガール」、伊藤るり・坂元ひろ子・タニ・E・バーロウ編『モダンガールと植民地的近代——東アジアにおける帝国・資本・ジェンダー』(岩波書店、二〇一〇年)。

(42) 詳細は次を参照されたい。菅原慶乃「映画館への通い方(下)——陸潔・郁達夫・魯迅の場合」『関西大学文学論集』第六五巻第二号(二〇一五年九月)。

(43) この雑文は宓子章の筆名で一九三四年四月七日の『申報』の文芸欄「自由談」に掲載された。

(44) 訳文は丸山昇による「お子様入場お断り」(『魯迅全集(第七巻)』(学習研究社、一九八六年、四八四—四八六頁)に依る。以下引用箇所はすべて同様。

(45) 魯迅は「お子様入場お断り」を発表する直前の一九三四年四月三日、バークレーの振り付けによる壮大なレビューを売りとしたミュージカル大作『四十二番街』(ロイド・ベーコン、一九三三年)をリッツ(融光)大戯院で鑑賞している。その約一月ほど前の三月十一日にも上海大戯院にて『空中レビュー時代』(ソーントン・フリーランド、一九三三年)を鑑賞している。後者はフレッド・アステアとジンジャー・ロジャースというMGMの代表的なミュージカル俳優が主演の作品で、名曲『カリオカ』にのせた飛行機上でのレビューでは、飛行服を身に纏った女性たちが踊りながら次第に肌を露出するコスチュームへと変化するという趣向の演出がほどこされた。魯迅は「お子様入場お断り」の発表後もバークレーが手がけたダンス・シーンを含む映画を複数鑑賞している。『ローマ太平記』(フランク・タトル、一九三三年、一九三四年一〇月十日にキャピトル(光陸)大戯院にて鑑賞)、『ワンダー・バー』(ロイド・ベーコン、一九三四年、同年一〇月二二日にリッツ大戯院で鑑賞)などである。

## 終章

(1) 王蘭西「解放思想、在電影事業中堅決貫徹党的社会主義建設路線」『人民日報』一九五八年六月三日(『人民手冊』(大公報社)一九五九年版に転載)。

(2) 本刊記者「一顆紅心為農民——記河北省保定専区農村放映隊」『電影芸術』一九六五年第五期。

(3) 原文は以下の通り。「観衆們、請安静、説幾件事情大家聴。第一件要記牢、場里的秩序很重要。別擁擠、別吵鬧、不要乱跑和喊叫。坐高凳子的都放倒、中間要留路一条。哎、為啥要留一条?擋住光線看不好。」(陳墨主編『花季放映——先生女子放映人(中国電影人口述歴史)』(中国電影出版社、二〇一四年)、一五頁)。なお、この「観客のマナー」は第四番まであり、本文に引用した第一番に続いて、チケットの取り扱いについて解説する第二番、禁煙を説く第三番の後に、上映終了後観客が無事に帰宅することを願う第四番で締め括られている。

（4）夏衍『写劇本的幾個問題』（人民出版社、一九七九年）、一二一一三頁。

（5）アーロン・ジェロー「弁士について――受容規制と映画的主体性」、黒沢清・四方田犬彦・吉見俊哉・李鳳宇編『映画史を読み直す（日本映画は生きている　第二巻）』（岩波書店、二〇一〇年）。

（6）一般の劇場公開とは異なり、一部の幹部や関係者のみに開かれた映画上映を指す。

（7）Roy Rosenzweig, *Clio Wired: The Future of the Past in the Digital Age* (New York, NY: Columbia University Press, 2011), pp. 7-23.

# 主要参考文献一覧

＊本文および注で引用したものを中心として主な文献を収録した。
＊論文集・資料集、新聞・雑誌に収録された文献のうち本文や注で出典を明記したものについては、重要なものを除き収録元文献名のみを記した。

## 〈日本語文献（署名あり）〉（五十音順）

アルチュセール、ルイ（西川長夫訳）『国家とイデオロギー』（福村出版、一九七五年）
晏妮『戦時日中映画交渉史』（岩波書店、二〇一〇年）
池田智恵「「犯罪」を消費する読者と『時事新報』「黒幕」欄――中国近代探偵小説研究への視座として」『野草』第八八号（二〇一一年八月）
市川彩『アジア映画の創造及建設』（国際映画通信者出版部・大陸文化郷会本部、一九四一年、復刻版：ゆまに書房、二〇〇三年）
市橋秀夫「映画と政府――二〇世紀前半におけるイギリスの〈映画政策〉の足跡」『文化経済学』（文化経済学会）第三巻第二号、通号一三号（二〇〇二年九月）
伊藤るり・坂元ひろ子・タニ・E・バーロウ編『モダンガールと植民地的近代――東アジアにおける帝国・資本・ジェンダー』（岩波書店、二〇一〇年）
井上薫「『上海漫画』にみる自己植民地化と「他者」――「世界人体之比較」を中心に」『現代中国』七六号（二〇〇二年九月）
大島得郎「動乱の渦中にある支那の映画界」『活動倶楽部』（一九二六年一月号）
大東和重『郁達夫と大正文学――「自己表現」から「自己実現」の時代へ』（東京大学出版会、二〇一〇年）
尾崎秀樹『上海一九三〇年』（岩波新書、一九八九年）
神谷まり子「黒幕小説の女性像について――『中国黒幕大観』」『野草』第八三号（二〇〇八年二月）
川谷庄平『魔都を駆け抜けた男――私のキャメラマン人生』（三一書房、一九九五年）
北田理恵「サイレントからトーキー移行期における映画の字幕と吹き替えの諸問題」『映像学』第五九号（一九九七年一一月）
北田理恵「多言語都市ローザンヌにおけるトーキー映画の興行と受容」『映像学』第六四号（二〇〇〇年五月）
北田理恵「サイレント時代の字幕――フランス語圏映画言説における無声芸術からトーキーへの変遷」『CineMagaziNet!』第六号（二〇〇二年、http://www.cmn.hs.h.kyoto-u.ac.jp/CMN6/kitada.htm）

木之内誠編著『上海歴史ガイドマップ』(大修館書店、一九九九年)
小出孝「上海映画界解説1」『映画旬報』第一八号(一九四一年七月一日、復刻版:『資料・〈戦時下〉のメディア——第I期統制下の映画雑誌『映画旬報』第三五巻』ゆまに書房、二〇〇四年)
国際映画通信社編『日本映画事業総覧(昭和二年版)』(国際映画通信社、一九二六年一二月、復刻版:ゆまに書房、一九九四年)
国際映画通信社編『国際映画年鑑』(国際映画通信社、一九三四年)
小松弘「一九二三年以前の日本における映画館と上映形態——その美学的文化的特質」『演劇映像』第五三号(二〇一二年)
コルバン、アラン(渡辺響子訳)『レジャーの誕生』(藤原書店、二〇一〇年)
坂元ひろ子「漫画表象に見る上海モダンガール」、伊藤るり・坂元ひろ子・タニ・E・バーロウ編『モダンガールと植民地的近代——東アジアにおける帝国・資本・ジェンダー』(岩波書店、二〇一〇年)
シュトラッツ、C・H(高山洋吉訳)『女体の人種美(シュトラッツ選集)』(西田書店、一九七九年)
ジェロー、アーロン(角田拓也訳)「弁士について——受容規制と映画的主体性」、黒沢清・四方田犬彦・吉見俊哉・李鳳宇編『映画史を読み直す(日本映画は生きている　第二巻)』(岩波書店、二〇一〇年)
白井啓介「銀幕と舞台の交点——一九二〇年代初頭の文明新戯と初期映画の演技様式」『文学部紀要』(文京大学文学部中国語中国文学科)第一八巻第一号(二〇〇四年九月)
城山拓也『中国モダニズム文学の世界　一九二〇、三〇年代上海のリアリティ』(勉誠出版、二〇一四年)
菅原慶乃「上海共同租界工部局の初期映画検閲制度について——映画検閲委員会の設立前後から『危険大歓迎』事件まで」『関西大学文学論集』第五八巻第一号(二〇〇八年七月)
菅原慶乃「一九二〇年代上海の映画制作会社について——文芸関係者による人的ネットワークを基盤とした映画制作業の展開」『関西大学東西学術研究所紀要』第四三輯(二〇一〇年四月)
菅原慶乃「越境する中国映画市場——上海からシンガポールに拡大する初期中国映画市場」『現代中国』第八五号(二〇一一年九月)
菅原慶乃「中国人を描くべきは誰か——アメリカ対中映画貿易をめぐる表象の政治学」、堀潤之・菅原慶乃編著『越境の映画史』(関西大学出版部、二〇一四年)
菅原慶乃「映画史から忘却された「儒商」、任矜蘋——教育者、愛国者、映画監督」『野草』第九五号(二〇一五年二月)
菅原慶乃「映画館への通い方(上)——陸澹安の場合」『関西大学文学論集』第六五巻第一号(二〇一五年七月)
菅原慶乃「映画館への通い方(下)——陸潔・郁達夫・魯迅の場合」『関西大学文学論集』第六五巻第二号(二〇一五年九月)
菅原慶乃「闇のなかの知的なささやき——肉声による映画説明」

『関西大学中国文学会紀要』第三七号（二〇一六年三月）

菅原慶乃「「理解する」娯楽――映画説明成立史考」『日本中国学会報』第六八集（二〇一六年九月）

菅原慶乃「劇場発行資料を用いた新たな観客史の構築にむけて‥映画プログラム・映画説明書のアーカイヴズ構築とその活用について」『関西大学中国文学会紀要』第四〇号（二〇一九年三月）

鈴木重吉「支那の映画界（支那映画界見聞）」『映画時代』一九二八年一〇月号

鈴木正夫『郁達夫――悲劇の時代作家』（研文出版、一九九四年）

鈴木将久『上海モダニズム』（東方書店、二〇一二年）

高嶋航「東方病夫とスポーツ：コロニアル・マスキュリニティの視点から」石川禎浩・狹間直樹編『近代東アジアにおける翻訳概念の展開（京都大学人文科学研究所附属現代中国研究センター研究報告）』（京都大学人文科学研究所、二〇一三年）

竹内好『日本とアジア』（ちくま学芸文庫、一九九三年）

武田雅哉「乳房へのまなざし――結んで開いて、結んで開いて……」、武田雅哉・加部勇一郎・田村容子『中国文化55のキーワード』（ミネルヴァ書房、二〇一六年）

田仲一成『中国演劇史』（東京大学出版会、一九九八年）

田中純一郎『日本映画発達史Ⅰ、Ⅱ』（中央公論社、一九五七年）

中華電影研究所『大華大戯院報告書――中国人を対象としたる日本映画専門館』（中華電影研究所資料部、一九四四年五月）

忠義生「支那活動写真の現状」『活動写真雑誌』第三巻第七号（一九一七年七月）

張愛玲（濱田麻矢訳）『中国が愛を知ったころ　張愛玲短篇選』（岩波書店、二〇一七年）

張新民「国民政府の初期映画統制について――一九三〇年代を中心に」『歴史研究』第三三号（一九九六年二月）

張新民「中国教育映画協会及び上海における教育映画推進運動について――国民党CC系の活動を中心に」『現代中国研究』第七号（二〇〇〇年九月）

張新民「上海の映画伝来とその興行状況について」『中国学志』第二五号（二〇一〇年一二月）

長谷正人『映画というテクノロジー経験』（青弓社、二〇一〇年）

長谷正人・中村秀之編訳『アンチ・スペクタクル――沸騰する映像文化の考古学』（東京大学出版会、二〇〇三年）

濱田麻矢「女学生だったわたし――張愛玲『同学少年都不賤』における回想の叙事」『日本中国学会報』第六四集（二〇一二年、一〇月）

平塚益徳『近代支那教育文化史――第三国対支教育活動を中心として』（目黒書店、一九四二年、復刻版：『平塚益徳著作集Ⅱ中国近代教育史』教育開発研究所、一九八五年）

平林宣和「茶園から舞台へ――新舞台開場と中国演劇の近代」『演劇博物館紀要　演劇研究』第一九号（一九九五年三月）

フーコー、ミシェル（工藤晋訳）「他者の場所――混在郷について」小林康夫他編『ミシェル・フーコー思考集成（第一〇巻）』（筑摩書房、二〇〇二年）

藤野真子「民国初期における伝統劇評」『野草』第六五号（二〇〇〇年八月）

藤野真子『上海の京劇――メディアと改革』(中国文庫、二〇一五年)
ベンヤミン、ヴァルター(今村仁司他訳)『パサージュ論 一』(岩波書店、一九九三―一九九五年)
ベンヤミン、ヴァルター(久保哲次訳)「パリ――一九世紀の首都」『ベンヤミン・コレクションI』(ちくま学芸文庫、一九九五年)
堀田善衞・紅野謙介編『堀田善衞上海日記 滬上転化一九四五』(集英社、二〇〇八年)
中河與一「支那の映画」『映画時代』一九二六年一二月号
中嶋利郎『晩清小説研叢』(汲古書院、一九九七年)
中野美代子『中国春画論序説』(講談社学術文庫、二〇一〇年、初版:二〇〇一年)
中村哲夫「論壇にみる中国近代の国画――徐悲鴻と余紹宋」『中国社会主義文化の研究』(京都大学人文科学研究所付属現代中国研究センター研究報告)』(京都大学人文学研究所、二〇一〇年)
中村秀之『瓦礫の天使たち:ベンヤミンから「映画」の見果てぬ夢へ』(せりか書房、二〇一〇年)
西川長夫『増補 国境の越え方』(平凡社ライブラリー、二〇〇一年)
西村正男「歌い、悲しみ、覚醒するカチューシャ――トルストイ『復活』と中国語映画」、堀潤之・菅原慶乃編著『越境の映画史』(関西大学出版部、二〇一四年)
増田渉『魯迅の印象』(角川選書、一九七〇年)
松井翠声「上海の映画館」『映画旬報』第一八号(一九四一年七月一日)
松浦恆雄「文明戯の実像――中国演劇における近代の自覚」、高瑞泉・山口久和共編『中国における都市型知識人の諸相』(大阪市立大学大学院文学研究科・都市文化研究センター、二〇〇五年三月)
松浦恆雄「民国初年における『戯考』の文化的位置」『立命館文学』第六一五号(二〇一〇年三月)
三木幹夫『ぶるうふぃるむ物語――秘められた映画史七〇年』(立風書房、一九七五年)
三澤真美恵「南京政府期国民党の映画統制――宣伝部・宣伝委員会の映画宣伝事業を中心として」『東アジア近代史』第七号(二〇〇四年三月)
三澤真美恵『「帝国」と「祖国」のはざま――植民地期台湾映画人の交渉と越境』(岩波書店、二〇一〇年)
森平崇文「笑舞台以降の趣劇――張治児、易方朔と精神団」『演劇研究センター紀要Ⅳ 早稲田大学21世紀COEプログラム〈演劇の総合的研究と演劇学の確立〉』第四号(二〇〇五年三月)
森平崇文「劇評家鄭正秋――『民立報』と『民権報』を中心に」『饕餮』第二〇号(二〇一二年九月)
劉文兵「中国のハリウッド、ハリウッドの中国――中国におけるアメリカ映画の受容史」(鈴木健郎・根岸徹郎・厳基珠編『学芸の環流――東-西をめぐる翻訳・映像・思想』(専修大学出版局、二〇一四年)

吉川龍生「孫瑜映画の脚――脚の表象にみる一九三〇年代の孫瑜映画」『慶應義塾大学日吉紀要　中国研究』第三号（二〇一〇年七月）
吉行エイスケ『新しき上海のプライヴェート』（先進社、一九三二年）
H生「上海の活動写真」『活動写真界』第二〇号（一九一一年五月一日）

**〈中国語文献（署名あり）〉（ピンイン順）**

阿那「上海電影院的今昔（一）―（五）」『申報』一九三八年一一月二―一二日
包樹芳「晩清上海休閑空間的変革――基於茶館的考察」『安徽史学』二〇一三年第二期
柏蔭「対於商務印書館撮製影片的評論和意見」『影戯雑誌』第一巻第二号（一九二二年、影印版：姜亜沙、経莉、陳湛綺主編『中国早期電影画刊（第一冊）』（全国図書館文献縮微複製中心、二〇〇四年）
蔡秋影　無題記事（漫画）『滬声』第一巻第二期（一九三六年）
蔡文星・簡玉璿『両個民国女子大学生的日記』（華文出版社、二〇一二年）、初版：蔡文星『銜微日記』（生活書店出版、一九三三年）、簡玉璿日記『女子月刊』第二巻第八期（一九三四年）
陳伯煦『上海軼事大観』（上海書店、二〇〇〇年、初版：『老上海』泰東図書局、一九二四年）
陳芳『清代戯曲研究五題』（里仁書局、二〇〇二年）
陳剛『上海南京路電影文化消費史（一八九六―一九三七）』（中国電影出版社、二〇一一年）
陳建華『従革命到共和――清末民国時期文学、電影与文化的転型』（広西師範大学出版社、二〇〇九年）
陳墨主編『花季放映――先生女子放映人（中国電影人口述歴史）』（中国電影出版社、二〇一四年）
陳平原『中国小説叙事模式的転変』（上海人民出版社、一九九八年）
陳無我『老上海三十年見聞録』（上海書店、一九九六年、初版：大東書局、一九二八年）
陳一愚『中国早期電影観衆史　一八九六―一九四九』（中国電影出版社、二〇一七年）
程歩高『影壇憶旧』（中国電影出版社、一九八三年）
程季華主編『中国電影発展史（一・二）』（中国電影出版社、一九八一年、初版：一九六三年）
程樹仁主編『中華影業年鑑』（中華影業年鑑社、一九二七年）
戴吉礼（Ferdinand Dagenais）主編『溥蘭雅档案（第二巻）』（広西師範大学出版社、二〇一〇年）
迪生「請電影公司注意観客心理　芸術固然不可置之不顧　同時也許設法維持影業　但是希望不要撮製淫盗片　続」『影戯生活』第一二四号（一九三二年十一月一九日）
電声週刊社編『影戯年鑑』（電声週刊社、一九三四年）
范奇病「観影雑話」『時代電影』第一二期（一九三六年一二月）
方漢奇主編『中国新聞事業通史第一巻』（中国人民大学出版社、一九九二年）

菲菲「影界的故実」『影戯生活』第一五三号（一九三二年一二月一八日）

鳳昔酔「肉感与電影」『電影月報』第十一・十二期（一九二九年九月、影印版：姜亜沙・経莉・陳湛綺主編『中国早期電影画刊（第四冊）』全国図書館文献縮微複製中心、二〇〇四年）

戈公振『中国報学史』（商務印書館、一九二七年）、影印版：『民国叢書』第二編四九巻（上海書店、一九九〇年）

葛元煕『滬游雑誌』（上海古籍出版社、一九八九年、初版：一八七六年）

谷剣塵「中国電影発達史」中国教育電影協会年鑑編纂委員会編『中国電影年鑑』（南京正中書局、一九三四年）

顧倩『国民政府電影管理体制（一九二七―一九三七）』（中国広播電視出版社、二〇一〇年）

関文清『中国銀壇外史』（広角鏡出版、一九七六年）

郝良「漫談電影院的説明書」『申報』一九四一年五月二八日

赫馬（徐半梅）『上海旧話』（上海文化出版社、一九五六年）

何其亮「《閻瑞生》的轟動効応及其影響」『中国京劇』（二〇〇七年第一一期）

侯碩平「絳芸館日記」与晩清上海劇壇」中国戯曲志上海巻編輯部『上海戯曲史料薈萃　第五集』（上海研究所、一九八八年）

洪炳「和読者談話」『新銀星』第四期（一九二八年一一月）

胡道静「上海新聞紙的変遷」（上海通社『上海研究資料正集』（中華書局、一九三六年）、影印版：『近代中国史料叢刊三編第四二輯』文海出版、一九八八年）

胡道静「上海電影院的発展」（上海通社『上海研究資料続集』（中華書局、一九三九年）、影印版：『近代中国史料叢刊三編第四二輯』文海出版、一九八八年）

胡詠騏「青年会与青年之関係」『上海青年』第一七巻第一号（一九一八年一月七日）

胡志川・馬運増主編『中国撮影史：一八四〇―一九三七』（中国撮影出版社、一九八七年）

華東影片経理公司『観衆須知』（華東影片経理公司、一九五〇年頃）

黄徳泉「上海商務印書館初創活動影片考」『当代電影』二〇一〇年第五期

黄徳泉「電影初到上海考」『電影芸術』二〇〇七年第三期

黄徳泉『民国上海影院概観』中国電影出版社、二〇一四年

黄徳泉「〝中国最早的電影院〞之参照系」『当代電影』二〇一六年第一一期

黄式権『淞南夢影録』（上海古籍出版社、一九八九年、初版：一八八三年）

戢煥奇・劉峰・高懐勇・張謝「《格致中報》答問欄目的科学知識伝播」『中国科技期刊研究』第二四巻第五期（二〇一三年）

菅原慶乃「六合影片営業公司再探：以早期中国電影市場的拡大為中心」葉月瑜主編『華語電影工業――方法与歴史的新探索』（北京大学出版社、二〇一一年）

江炳森「談談虹口電影院　奉勧万国戯院切勿節省説明書」『影戯生活』第八一号（一九三一年一〇月七日）

教育部通俗教育研究会編輯『通俗教育叢刊　第五集』（一九二〇年四月）

君健「影戯院応当注意両件事」『影戯雑誌』第一巻第二期（一九二二年一月）
肯「影戯観衆之十戒」『影戯雑誌』第一巻第三号（一九二二年）
老観客「観影常識」『影戯生活』第七四号（一九三二年九月二八日）
李鎮「観影連環――二〇世紀二〇年代上海連環戯略観」『当代電影』第二五三期（二〇一七年四月）
酈蘇元・胡菊彬『中国無声電影史』（中国電影出版社、一九九六年）
梁得所「〝人〟、〝八〟、与〝人〟」『銀星』第一二期（一九二七年九月）
廖徳潤他編『実用漢語図解詞典』（外語教学与研究出版社、一九八二年）
柳迪善「従国軍、児童、窃賊看民国観影文化的変遷」『電影芸術』二〇一七年第二期
劉吶鴎『都市風景線』（水沫書店、一九三〇年）
劉吶鴎（夢舟）「中国影戯院裏」康来新総編輯『劉吶鴎全集――電影集』（台南県文化局、二〇〇一年）
劉思平他編『魯迅与電影』（中国電影出版社、一九八一年）
路濱生『中国黒幕大観（初集巻上）』（中華図書集成公司、一九一八年三月）
陸澹安『澹安日記（上・下）』（上海錦綉文章出版社、二〇一〇年）
陸潔「中国影戯之萌芽（一）―（五）」『春声日報』（一九二一年五月七日号―八日号、一〇日号―一二日号）
陸潔『陸潔日記・摘存』（中国電影研究中心、一九六二年）
陸茂清「〝花国総理〟惨案催生中国首部故事片」『档案春秋』、二〇一一年第一期（二〇一一年一月）
陸明悔（汪優遊）「上海的戯劇界」『戯劇』第一巻第三号（一九二一年七月）
魯迅（宓子章）「小童揩駕」『申報』一九三四年四月七日（丸山昇訳「お子様入場お断り」『魯迅全集・第七巻』学習研究社、一九八六年）
魯迅『魯迅全集　第一四・一五巻　日記』（人民文学出版社、一九八一年）
馬蹄疾輯録『許広平憶魯迅』（広州人民出版社、一九七九年）
毛倪逸梅「一個平民夜校学生之自述」『申報』七月一七日
茅盾『我走過的道路』（中国人民出版社、一九八一年、立間祥介・松井博光訳『茅盾回想録』みすず書房、二〇〇二年）
孟涛「文明戯与中国早期電影」『上海師範大学学報（哲学社会科学版）』（一九八四年第一期）
南燕「神秘影片開映地点在在哪裏?衷心病狂　有碍風化／怏怏起来打到！」『影戯生活』第七五号（一九三二年九月二九日）
南燕「影片広告　広告員注意」『影戯生活』第八五号（一九三二年一〇月一九日）
佩茜「看電影与聴電影」『中国電影雑誌』第一〇期（一九二七年一〇月）
銭化仏『三十年来之上海』（上海書店、一九八四年、初版：学者書店、一九四七年）
沁簃「談影戯（一）」『申報』一九二一年一二月一六日

任矜蘋「上海電影院之競争史」『申報』一九二五年一〇月一〇日
茸余「電影雑談」『申報』一九二五年一月一三日
茸余「電影雑談（二）」『申報』一九二五年一月一四日
容世誠「「声光化電」対近代之中国戯曲的影響」・李小恩・戴淑茵編『香港戯曲的現状与前膽』（香港中文大学出版社、二〇〇五年）
《上海電影史料》輯組『上海電影史料　第一―六輯』（上海市電影曲史志弁公室、一九九二―一九九五年）
上海通社『上海研究資料　正・続集』（中華書局、一九三六年・一九三九年、影印版：『近代中国史料叢刊三編第四二輯』文海出版、一九八八年）
商務印書館編訳所『宣統元年上海指南』（商務印書館、一九〇九年、復刻版：『宣統元年上海指南（稀見上海史志資料叢書第四冊）』上海書店、二〇一二年）
沈誥「戯院観衆的幾種心理」『電影月報』第五期（一九二八年八月、影印版：姜亜沙・経莉・陳湛綺主編『中国早期電影画刊（第三冊）』（全国図書館文献縮微複製中心、二〇〇四年）
王漢倫「我的従影経過」『中国電影』一九五六年第二期（一九五六年一一月）
王蘭西「解放思想、在電影事業中堅決貫徹党的社会主義建設路線」『人民日報』一九五八年六月三日（『人民手冊』（大公報社）一九五九年版に転載
王為一『難忘的歳月――王為一自伝』（中国電影出版社、二〇〇六年）
汪朝光『影芸的政治――民国電影検査制度研究』（中国人民大学出版社、二〇一三年）
魏紹昌編『鴛鴦蝴蝶派研究資料』（上海文芸出版社、一九六二年）
呉希夷「対於国産影片公司的一個小貢献」『探親家特刊』大中華百合影片公司（一九二七年一月一五日）
西都「談影院之中文字幕」『申報』一九四一年五月一七日
夏衍『写劇本的幾個問題』（人民出版社、一九七九年）
賢驥清「民国時期海派機関布景遡源」『戯曲研究』第一〇〇輯（二〇一六年四月）
小星「女名星的肉感銷魂処」『影戯生活』第七四号（一九三一年九月二八日）
熊月之「晩清上海私園開放与公共空間的拓展」『学術月刊』第八期（一九九八年）
熊月之『西学東漸与晩清社会』（上海人民出版社、一九九四年）
徐半梅（徐卓呆）「顧影閑評」『申報』一九二一年七月一一日、一二日
徐半梅『話劇創始期回憶録』（中国戯劇出版社、一九五七年）
徐恥痕編『中国影戯大観』（上海合作出版、一九二七年）
徐公美『電影発達史』（商務印書館、一九三八年）
徐剣雄『京劇与上海都市社会（一八六七―一九四九）』（上海三聯書店、二〇一二年）
厳芙蓀「我之閻戯譚（上・下）」『申報』一九二一年七月二五日、二六日
楊小仲「憶商務印書館電影部」『中国電影』一九五七年第一期（一九五七年一月）
葉霊鳳「流行性感冒」『現代』第三巻第五期（一九三三年）

意「劇場中的座位問題」『申報』一九二五年一月六日
一心「関於影片説明書的討論」『影戯生活』第七六号（一九三二年九月三〇日）
逸漚「国人対於国外影片之普通目光」『明星特刊』第二期（出版時期不詳、一九二五年五月から一〇月頃）
映斗「未入電影院之前」『銀星』第七期（一九二七年四月）
玉「不満意影戯院的一點」『影戯生活』第一〇七号（一九三二年一一月二日）
玉田「希望電影検査眼中注意　幾句幾誠意的忠実話」『影戯生活』第八六号（一九三二年一〇月一二日）
郁達夫「電影与文芸」『銀星』第一二期（一九二七年九月）
郁達夫「如何救度中国的電影」『銀星』第一三期（一九二七年一〇月）
郁達夫『郁達夫文集　第九巻　日記・書信』（花城出版社・生活・読書・新知三聯書店香港書店、一九八四年）
袁寒雲「紫羅蘭嬢日記」『礼拝六』第一一五期（一九二一年六月二五日）
張華楷「絵声絵色講電影——福建早期電影解説員史遺考」『当代電影』二〇一三年第二期（総第二〇三期）
張静盧『中国新聞記者与新聞紙』（現代書局、一九三二年、復刻版：『民国叢書』第三編四一巻、上海書店、一九九一年）
張偉「二〇世紀前期好莱塢影片漢訳伝播初探」（上海市档案館編『上海档案史料研究　第二輯』（上海三聯書店、二〇〇七年）
張偉『都市・電影・伝媒——民国電影筆記』（同済大学出版社、二〇一〇年）
張巍『鴛鴦蝴蝶派文学与早期中国電影的創作』（中国電影出版社、二〇一四年）
張珩『張珩　張葱玉日記・詩稿』（上海書画出版社、二〇一一年）
張英進「娼妓文化与年想像——二〇世紀三〇年代中国電影中公共領域与私人領域的協商」張英進編（蘇涛訳）『民国時期的上海電影与都市文化、一九二二—一九四三』（北京大学出版社、二〇一一年）
張元済『張元済日記』（商務印書館、一九八一年）
張志偉『基督化与世俗化的掙扎——上海基督教青年会研究』（台湾大学出版社、二〇一〇年）
趙偉清『上海公共租界電影審査（一九二七—一九三七）』（上海大学出版社、二〇一二年）
鄭帝江・姚錫佩編『柔石日記』（山西教育出版社、一九九八年）
鄭君里「現代中国電影史」、李樸園、李樹化、梁得所、柳郎人、鄭君里『近代中国芸術発展史』（良友図書印刷公司、一九三六年）
鄭逸梅『芸海一勺』（天津古籍出版社、一九九四年）
鄭正秋「中国電影取材問題」『明星特刊第二期　小朋友号』（明星影片公司発行部、一九二五年六月）
鄭正秋「我之編劇経験談」『電影雑誌』一九二五年第一三期
中国電影資料館編『中国無声電影』（中国電影出版社、一九九六年）
中国歴史博物館編『鄭孝胥日記（第一—五冊）』（中華書局、一九九三年）
中国戯曲志編集委員会・《中国戯曲志・上海巻》編輯委員会編

『中国戯曲志　上海巻』（中国ISBN中心、一九九六年）

中国戯曲志上海巻編輯部編『上海戯曲史料薈萃　第一―五集』（上海芸術研究所、一九八六―一九八八年）

鐘瑾『民国電影検査研究』（中国電影出版社、二〇一二年）

周作人「日記与尺牘」『語絲』第一七期（一九二五年三月）

庄安正「張謇与盧寿聯所弁中影公司経営概略」『南通大学学報・社会科学版』第三二巻第一期（二〇一六年一月）

酔星生「銀幕春秋」『銀光（香港）』一九二六年第一―二期（影印版：中国電影資料館編『中国無声電影』（中国電影出版社、一九九六年）

**〈英語文献（署名あり）〉（アルファベット順）**

Anderson, Benedict. *The Imagined Communities: Reflections on the Origin and Spread of Nationalism*. New York, NY: Verso, 1983.（白石隆・白石さや訳『想像の共同体――ナショナリズムの起源と流行』リブロポート、一九八七年）

Bordwell, David. *Ozu and the Poetics of Cinema*. Princeton, NJ: Princeton University Press. 1988.（杉山昭夫訳『小津安二郎――映画の詩学』（青土社、一九九二年）

Butler, Judith. *Gender Trouble: Feminism and the Subversion of Identity*. New york, NY: Routledge. 1990.（竹村和子訳『ジェンダー・トラブル――フェミニズムとアイデンティティの攪乱』青土社、一九九三年）

Cohen, Paul. A. *Discovering History in China: American Historical Writing on the Recent Chinese Past*. New York, NY: Columbia University Press, 1984.（佐藤慎一訳『知の帝国主義――オリエンタリズムと中国像』平凡社、一九八八年）

Cole, George H. "Annual Report for the Year Ending September 30, 1914." In *The Archives of the Young Men's Christian Association in China at the University of Minnesota Libraries: the Annual Reports 1896-1949*, Volume 7, edited by Chen, Su, Dagmar Getz, and David Klaassen. Guilin, Guangxi: Guangxi Normal University Press, 2011.

Crangle, Richard. "“Next Slide Please”: The Lantern Lecture in Britain, 1890-1910." In *The Sounds of Early Cinema*, edited by Richard Abel and Rick Altman. Bloomington: Indiana University Press, 2001.

Friedberg, Anne. *Window Shopping: Cinema and the Postmodern*. Berkeley, CA: University of California Press, 1993.（井原慶一郎他訳『ウィンドウ・ショッピング――映画とポストモダン』松柏社、二〇〇八年）

Fu, Poshek. *Passivity, Resistance, and Collaboration: Intellectual Choices in Occupied Shanghai, 1937-1945*. Stanford CA: Stanford University Press, 1993.

Fu, Poshek. *Between Shanghai and Hong Kong: The Politics of Chinese Cinemas*. Stanford, CA: Stanford University Press, 2003.

Fu, Yongchun. "Movie matchmakers: the Intermediaries between Hollywood and China in the Early Twentieth

Century." *Journal of Chinese Cinemas* 9, no. 1 (March 2015).

Garret, Shirley, S. *Social Reformers in Urban China: The Chinese Y.M.C.A., 1895-1926.* Cambridge, MA: Harvard University Press, 1970.

Goldstein, Joshua. "From Teahouse to Playhouse: Theatres as Social Texts in Early Twentieth-Century China." *Journal of Asian Studies.* 62, no. 3 (2003).

Gunning, Tom. "The Cinema of Attractions: Early Films, Its Spectators and the Avant-Garde." *Wide Angle* 8, nos. 3, 4 (1986).

Hansen, Miriam Bratu. *Babel and Babylon: Spectatorship in American Silent Film.* Cambridge, MA: Harvard University Press, 1994.

Hansen, Miriam Bratu. "The Mass Production of Senses: Classical Cinema as Vernacular Modernism." *Modernism/Modernity* 6, no. 2 (April 1999).

Hansen, Miriam Bratu. "Fallen Women, Rising Stars, New Horizons: Shanghai Silent Film As Vernacular Modenism." *Film Quarterly* 54 no. 1 (Autumn, 2000).

Harvey, Charles W. "Annual Reports of Foreign Secretaries of the International Committee, October 1, 1902 to September 30, 1903." In *The Archives of the Young Men's Christian Association in China at the University of Minnesota Libraries: the Annual Reports 1896-1949.* Volume 2, edited by Chen, Su, Dagmar Getz, and David Klaassen. Guilin, Guangxi: Guangxi Normal University Press, 2011.

Gerow, Aaron. Visions of Japanese Modernity: Articulations of Cinema, Nation, and Spectatorship, 1895-1925. Berkley, CA: University of California Press, 2010.

Latourette, Kenneth. *A History of Christian Mission in China.* New York, NY: Macmillan, 1929 (Reprint in Gorgias Press, 2009).

Law, Kar, and Frank Bren. *Hong Kong Cinema: A Cross-Cultural View.* Oxford: Scarecrow Press, 2004.

Lee, Leo Ou-fan. *Shanghai Modern: The Flowering of a New Urban Culture in China, 1930-1945.* Boston, MA: Harvard University Press. 1999.

Lewis, Robert E. "Report of Robert E. Lewis, Shanghai, 1907." In *The Archives of the Young Men's Christian Association in China at the University of Minnesota Libraries: the Annual Reports 1896-1949.* Volume 3, edited by Chen, Su, Dagmar Getz, and David Klaassen. Guilin, Guangxi: Guangxi Normal University Press, 2011.

Lewis, Robert E. *Search of Far Eastern Horizons.* West Conshohocken, PA: Infinity Pub, 2004.

Mulvey, Laura. "Visual Pleasure and Narrative Cinema." Screen 16 no. 3 (Autumn 1975).（斉藤綾子訳「視覚的快楽と物語映画」『「新」映画理論集成 1』フィルムアート社、一九九八年）

Musser, Charles. *The Emergence of Cinema: the American*

*Screen to 1907*. Berkeley, CA: University of California Press, 1994 (Original print in 1990).

North, C. J. *The Chinese Motion Picture Market* (*Trade Information Bulletin*) 467. Washington, DC: U.S. Department of Commerce. 1927.

North, C. J. *Motion Pictures in China* (*Trade Information Bulletin*) *722*. Washington, DC: U. S. Department of Commerce, 1930.

Peter, William Wesley. "Annual Report for the Year Ending September 30, 1914." In *The Archives of the Young Men's Christian Association in China at the University of Minnesota Libraries: the Annual Reports 1896-1949*. Volume 7, edited by Chen, Su, Dagmar Getz, and David Klaassen. Guilin, Guangxi: Guangxi Normal University Press, 2011.

Rosenzweig, Roy. *Clio Wired: The Future of the Past in the Digital Age*. New York, NY: Colunbia University Press. 2011.

Schwartz, Vanessa R. "Cinematic Spectatorship before the Apparatus: The Public Taste for Reality in Fin-de-Siècle Paris." In *Cinema and the Invention of Modern Life*, edited by Leo Charney and Vanessa R. Schwartz. Barkley, CA: University of California Press, 1995.（菊池哲彦訳「世紀末パリにおける大衆のリアリティ嗜好」、長谷正人・中村秀之編訳『アンチ・スペクタクル――沸騰する映像文化の考古学』東京大学出版会、二〇〇三年）

Shih, Shu-mei. *The Lure of the Modern: Writing Modernism in Semicolonial China, 1917-1937*. Berkeley, CA: University of California Press, 2001.

Singer, Ben. "Modernity, Hyperstimulus, and the Rise of Popular Sensationalism." In *Cinema and the Invention of Modern Life*, edited by Leo Charney and Vanessa R. Schwartz. Barkley, CA: University of California Press, 1995. 長谷正人訳「「モダニティ、ハイパー刺激、そして大衆センセーショナリズムの誕生」、長谷正人・中村秀之編訳『アンチ・スペクタクル――沸騰する映像文化の考古学』東京大学出版会、二〇〇三年」）

Sugawara, Yoshino. "Beyond the Boundary between China and the West: Changing Identities of Foreign-registered Film Theatre Companies in Republican Shanghai." *Journal of Chinese Cinemas*. 9, issue 1 (March, 2015). 菅原慶乃訳「中国と西洋の境界を越えて――民国期上海における外国籍映画館会社の流動的身分」『立命館大学国際研究』第三一巻第五号（二〇一九年三月）

Sugawara, Yoshino. "The *Flâneur* in Shanghai: Moviegoing and Spectatorship in the Late Qing and Early Republican Era."『関西大学東西学術研究所紀要』第四八輯（二〇一五年四月）

Tomas, J. A. Correspondence [to Will Hays]. November 1, 1922. *The Will Hays Papers*. University Frederick, MD: Publication of America. 1986. Box 16, Reel 6. Microfilm.

Turner, E. A. "Annual Report for the Year Ending September 30, 1917." In *The Archives of the Young Men's Christian*

*Association in China at the University of Minnesota Libraries: the Annual Reports 1896–1949*. Volume 11, edited by Chen, Su, Dagmar Getz, and David Klaassen. Guilin, Guangxi: Guangxi Normal University Press, 2011.

Williams, Linda. “Film Bodies: Gender, Genre, and Excess.” *Film Quarterly* 44, no. 4 (Summer, 1991).

Wright, David. *Translating Science: The Transmission of Western Chemistry into Late Imperial China, 1840–1900*. London: Brill, 2000.

Xiao, Zhiwei. “Anti-Imperialism and Film Censorship During the Nanjing Decade, 1927–1937.” In *Transnational Chinese Cinemas: Identity, Nationhood, Gender*, edited by Lu, Sheldon Hsiao-peng. Honolulu, HA: University of Hawai'i Press, 1997.

Xiao, Zhiwei. “Movie House Etiquette Reform in Early-Twentieth-Century China. *Modern China*.” 32, no. 4 (October, 2006).

Zhang, Zhen. *Amorous History of the Silver Screen: Shanghai Cinema, 1896–1949*. Chicago, IL: The University of Chicago Press, 2006.

**〈無署名新聞・雑誌記事〉**

**【日本語】**

「新支那と近世的商工業（下）米国商務官アルノールド氏述」『台湾日日新報』一九一八年二月二二日

「米国人の対支新活動：事業家も今少し積極的に進め」『中外商業新報』一九二三年一月二三日

**【中国語】**

**『会務紀聞』・『会務雑誌』・『上海青年月報』・『上海青年』**

「青年倶楽部」『会務紀聞』第五巻第一九号（一九〇七年一〇月二五日）

「日増月盛」『会務雑誌』第六巻第一八号（一九〇八年九月一一日）

「青年会理髪処」『上海青年月報』第一四巻第一五号（一九一五年四月一六日）

「青年会蔵書室啓事」『上海青年月報』第一四巻第一五号（一九一五年四月一六日）

「交際部」『上海青年月報』第一四巻第二四号（一九一五年六月一九日）

「請看活動影戯」『上海青年』第一六巻第七号（一九一七年二月二三日、『上海青年』中文版表紙では「四八号」と誤記）

「民国五年即一九一六年上海基督教中華青年会報告」『上海青年』第一六巻第八号（一九一七年三月二日）

「交誼大会之盛」『上海青年』第一六巻二七号（一九一七年八月三一日）

「会員提名」『上海青年』第一六巻第三一号（一九一七年九月二八日）

「蔵書室通告」『上海青年』第一六巻三二号（一九一七年一〇月八日）

「同楽会照常開会」『上海青年』第一六巻第三七号（一九一七年一一月二二日）
「青年会与青年之関係」『上海青年』第一七巻第一号（一九一八年一月五日）
「民国七年即西暦一千九百十八年上海基督教青年会報告」『上海青年』第一八巻第四号（一九一九年五月二日）
「本会会務報告紀略」『上海青年』第一八巻第四三号（一九一九年一二月二六日）

『申報』

「記瓦納師在丹桂茶園所演新奇各劇」『申報』一八七四年六月一三日
「開演影戯」『申報』一八七五年三月一八日
「新到外国戯」『申報』一八七五年三月一九日
「美商発倫現借大馬路富春茶園演術（広告）」『申報』一八七五年三月二三日
「観演影戯記」『申報』一八七五年三月二六日
「再観英術士改演戯法記」『申報』一八九九年六月五日
「紀頤園電光影戯」『申報』一九〇六年七月二三日
「青年会続演電光影戯」『申報』一九〇七年九月二七日
「美国影戯告白」『申報』一九〇八年八月一一日、一一月二日
天然有音影戯公司広告『申報』一九〇八年一二月四日
「滬道照会租界領袖事文　禁開夜花園」『申報』一九一〇年七月九日
幻仙影戯園上映広告『申報』一九一一年五月七日
上海基督教青年会映画上映広告『申報』一九一三年五月二日・三日、五月六日、九月二四―二六日、一九一四年三月二〇日、五月七―九日、一〇月三〇日・三一日
「工界青年会之成績」『申報』一九一四年九月一五日
「学生会今晩開交誼」『申報』一九一五年一二月一八日
上海大戯院広告『申報』一九一七年五月一六日、七月五日
「青年会今晩之楽趣」『申報』一九一八年四月一三日
「青年会二十年来之小史」『申報』一九一八年四月二〇日
「青年会今晩之影戯」『申報』一九一八年四月二〇日
「幻灯演講隊請警照料」『申報』一九一八年八月一五日
「観美国事業影片紀」『申報』一九一八年一二月一九日
「浙江第二中学学生朱培生被殴受傷後在福音医院撮影（本埠新聞）」『申報』一九一九年七月二一日
「製造幻灯片之進行」『申報』一九一九年九月二日
「湖北水害図」『申報』一九一九年一〇月連載開始
「小康家受災後之度日」『申報』一九一九年一一月二六日掲載開始
「貧民之被災状」『申報』一九一九年一二月五日掲載開始
新愛倫影戯院広告『申報』一九二〇年二月二三日
「学生周法均受傷後撮影（本埠新聞）」『申報』一九二〇年四月二四日
「已死学生姜高琦」、「重傷学生載文秀（国内要聞）」『申報』一九二〇年六月八日
「閻瑞生題滬後之昨聞」『申報』一九二〇年八月一一日
「大世界乾坤大劇場　蓮英劫（広告）」『申報』一九二〇年九月一三日
笑舞台『蓮英被難記・閻瑞生謀害財命』上演広告、『申報』一九二〇年一一月二五日―一二月二五日

新舞台『閻瑞生』上演広告『申報』一九二一年二月四日、三月四日、同一六日、六月六日、同九日
「閻瑞生活動影戯行将出現」『申報』一九二一年四月六日
「京教員受傷情形（国内要聞）」『申報』一九二一年六月九日
「商務印書館活動片部近況」『申報』一九二一年六月一一日
「武昌兵変梵搶之惨象」『申報』一九二一年六月二六日連載開始
「漢口紅十字分会掩埋隊在孝感車站収埋変兵屍身之撮影」『申報』一九二一年六月二六日連載開始
中国影戯研究社『閻瑞生』上映広告『申報』一九二一年六月二九日
滬江影戯院開幕広告『申報』一九二一年七月二八日
「華商影戯院開幕」『申報』一九二一年八月七日
「湘省災民餓斃之惨状（六）」『申報』一九二二年五月八日
「中国影片製造股份有限公司懸金徴求影戯脚本（広告）」『申報』一九二二年六月一二日
「改良中国影片事業之先声」『申報』一九二二年八月二二日
「周自斉之談話　詳述撮影影戯事業之志願」『申報』一九二三年二月二日
「関於孔雀影片公司之談話」『申報』一九二三年三月八日
「孔雀影片公司重要職員談話」一九二三年三月一〇日
「中国影片公司新片之試映　「飯桶」「新南京」「中国新聞」」『申報』一九二三年三月一五日
「中国影片之題詩佳話」『申報』一九二三年三月一八日
「孔雀影片公司程協理之略歴」『申報』一九二三年三月一九日
「孔雀影戯公司之計画」『申報』一九二三年三月二四日
「中国影片運往欧美」『申報』一九二三年四月一〇日
「職工教育館選択影片之標準」『申報』一九二三年四月一三日
「中国影片公司経理携片北上」『申報』一九二三年四月二七日
「針砭影戯事業之論文　孔雀電影公司程協理在美時所著」『申報』一九二三年五月七日
「商務書館所出影片之統計」『申報』一九二三年五月一〇日
「通俗教育社之露天校共十余所」『申報』一九二三年六月二五日
「影戯家陳寿蔭君肖影」『申報』一九二三年七月一五日
「中華電影学校之進行」『申報』一九二四年八月一九日
「査禁裸体画与模特児」『申報』一九二五年五月一六日
「劉海粟為模特児事致省教育界書」『申報』一九二五年九月八日
「東華大戯院定期開幕」『申報』一九二六年五月二六日
「東華大戯院開幕記」『申報』一九二六年五月三〇日
「何挺然君之電影談」『申報』一九二六年八月八日
「東華院主丁君因病告退」『申報』一九二七年一月四日
「上海楊貴妃中之裸女棋」『申報』一九二七年一〇月六日
中央大戯院『八美図』上映広告『申報』一九二八年七月一七日
「市政消息　取締婦女奇装異服（首都市政週間第二十八号）」『申報』一九二八年七月一七日
「巴黎将演無声四大天王」『申報』一九三〇年三月一三日
巴黎大戯院《四大天王》上映広告『申報』一九三〇年三月一六日、一七日
「影院憶旧録」『申報』一九四七年二月三日


**『新聞報』**


「観威列生大馬記」『新聞報』一八九七年五月九日

「味蒓園観影戯記」、上篇『新聞報』一八九七年六月一一日、続前篇同一三日

「観味蒓園俄国戯法記」『新聞報』一八九七年六月一七日

天然有音影戯公司広告『新聞報』一九〇八年八月二一日

商務印書館広告『新聞報』一九一四年一月一一日

「徐家匯麦田発現女屍」『新聞報』一九二〇年六月一六日

「麦田中女屍験係勒斃」『新聞報』一九二〇年六月一七日

「麦田発現女屍三誌」『新聞報』一九二〇年六月一八日

「麦田発現女屍四誌」『新聞報』一九二〇年六月一九日

「麦田発現女屍五誌」『新聞報』一九二〇年六月二〇日

「妓女被害案之外論」『新聞報』一九二〇年六月二二日

『花国総理　蓮英被害史』広告『新聞報』一九二〇年七月一日

『蓮英惨史』・『閻瑞生密史』広告『新聞報』一九二〇年七月四日

「閻瑞生解滬後之研究」『新聞報』一九二〇年八月一〇日

「謀害蓮英案従犯亦被獲」『新聞報』一九二〇年八月一二日

「蓮英家属催請引渡凶犯」『新聞報』一九二〇年八月一四日

「再請引渡蓮英凶犯」『新聞報』一九二〇年八月二六日

『閻瑞生自述史』広告『新聞報』一九二〇年一〇月二日

「謀斃蓮英案要犯昨日槍決」『新聞報』一九二〇年一一月二三日

「中国影戯研究社　閻瑞生影戯（広告）」『新聞報』一九二一年六月二九日

「閻瑞生影片之試演」『新聞報』一九二一年六月三〇日

**『遊戯報』**

「天華茶園観外国戯法帰述所見」『遊戯報』一八九七年八月一六日

「観美国影戯記」『遊戯報』一八九七年九月五日

**その他の中国語無署名記事（発行年月順）**

「中国最新活動影戯段落史」『新劇雑誌』第二期（一九一四年七月）

上海ＹＭＣＡ広告『影戯雑誌』第一巻第二期（一九二二年）

「本院之特色」『電影周刊』（北京大戯院）第一巻第一号（一九二六年一一月二二日）

「教育内政部電影検査委員会通知書第一五号（廿二年二月一〇日）為自本年三月一日起外国影片西文字幕須訳為華文加製片上与西文対照合行通知照弁由」『中央電影検査委員会報』第二巻第四期（一九三三年二月二一日）

「上海電影院分析表」『青青電影』第四年第十一期（一九三九年六月）

「電影院変遷史（上・下）」『上海影壇』第一巻第八、九期（一九四四年五、六月）

本刊記者「一顆紅心為農民――記河北省保定専区農村放映隊」『電影芸術』一九六五年第五期

「弾詞作家陸澹安」『海上評弾』第四三期（二〇〇九年一一月）、『中国評弾網』（中国蘇州市評弾博物館・蘇州市曲芸家協会）、http://pingtan.langye.net/xinxichuangkou/2015-12-18/152.html（最終アクセス二〇一八年八月三日）

**【英語】**

***The North-China Herald and Supreme Court & Consular Gazette***

“U.S. Court for China.” *The North-China Herald and Supreme*

*Court & Consular Gazette*. September 19, 1908.
[No title (The Entertainment Given by the American Cinematograph Company)]. *The North-China Herald and Supreme Court & Consular Gazette*. October 10, 1908.
"The Apollo Theatre." *The North-China Herald and Supreme Court & Consular Gazette*. December 23, 1911.

### *Shanghai Young Men*

"Annual Report for Year 1915." *Shanghai Young Men*. n.d.
"Annual Report for 1916." *Shanghai Young Men* 16, no. 8 (March 2, 1917)
"Annual Report for 1917." *Shanghai Young Men* 17, no. 11 (April 11, 1918)
"Annual Report for 1919." *Shanghai Young Men* 19, no. 8 (March 8, 1920)

### *China Press*

"Mr. S. J. Benjamin Cheng." *China Press*. 27 January, 1929.
"Officers of the Y's Men's Club of Shanghai, 1929–1930." *China Press*. 11 August, 1929.

### その他の英語無署名記事

"China, Awakening, Calls to American Picture Enterprise," *Motion Picture News* 16, no. 5 (August, 4, 1917)
"A Film Trade Plea." *North China Daily News*. 4 September, 1933.

## 〈中国語定期刊行物〉(発行年代順)

『点石斎画報』(天一出版社版、一九八七年)／『格致彙編』(姜亜沙、経莉、陳湛綺主編『中国早期科学技術期刊彙編(一)』全国図書館文献縮微複製中心、二〇〇八年)／『格致新報』(姜亜沙、経莉、陳湛綺主編『中国早期科学技術期刊彙編(一)・(二)』全国図書館文献縮微複製中心、二〇〇八年)／『新世界』／『大世界』／『春声日報』(周剣雲、新民図書館)／『解放画報』(周剣雲、新民図書館)／『新声雑誌』(新声雑誌社、世界書局)／『銀星』(盧夢珠、良友印刷公司)／『電影周刊』(北京大戯院)／『影戯雑誌』(黄漪磋聯業編訳広告公司)

## 〈未刊行文献〉

**【上海市档案館】**

"General, Old Cover No. 91, Part III, from No. 91/32 to No. 91/55 (総弁、総巡等関於検査淫穢電影、租界巡捕踢死小販等事項以及其市政工作的来書信)". June to August 1918. In Secretariat, Shanghai Municipal Council, U1-2-548.
"Commissioner of Police of Shanghai Municipal Council to Acting Secretary of Shanghai Municipal Council, July 30, 1923." In "Muder of Singsong Girl Lien Ying by Yui-sheng and Tragedy of Chang Hsin-shong's Property, Commissioner for Foreign Affairs Kiangsu, 1923–1924". Shanghai Municipal Council. U1-3-2404.

**【中央研究院近代史研究所】**

経済部公司登記巻「南怡怡影片公司巻」17-23-01-72-30-010.

**【国立公文書記録・保管局（アメリカ）】**

Jacobs, J. G. "Importation, Use and Distribution of Motion Picture Films in China. [Voluntary Report Submitted to the American Consulate General in Shanghai]." June 6, 1930. In U. S. Department of State Foreign Service Post. Correspondence of Consular Posts, Shanghai, China. Entry No. 820, Vol. 2037. RG84.

Butrick, Richard P. "The Motion Picture Industry in China. [Voluntary Report Submitted to the American Consulate General in Shanghai]." April 2, 1934. In U.S. Department of State Foreign Service Post. Correspondence of Consular Posts, Shanghai, China. Entry No. 820, Vol. 2492. RG84.

Butrick, Richard P. "The Motion Picture Industry in China, 1934. [Voluntary Report Submitted to the American Consulate General in Shanghai]." February 16, 1935. In U.S. Department of State Foreign Service Post. Correspondence of Consular Posts, Shanghai, China. Entry No. 820, Vol. 2575. RG84.

Company Registration Files under the China Trade Act. In the Commercial Section of Shanghai Consulate General. RG84.

**【カウツ・ファミリーYMCAアーカイブズ（アメリカ、ミネソタ大学）】**

Biographical Files, 1853-1997. [Y.USA. 12]

International Work in China, 1890-1991. [Y.USA. 9-2-4]

Lantern Slide Collection, 1910s-1920s. [Y.USA. 47]

**【国立公文書館（イギリス）】**

War Propaganda Films, 1918-1919. Embassy and Consular Archives. China: Correspondence Series. FO228/2922.

**〈学位論文〉**

秦喜清『一九二〇年代：民族認同与中国早期電影的確立』（中国芸術研究院博士論文、二〇〇六年四月）

Cambon, Marie. "The Dream Palaces of Shanghai: American Films in China's Largest Metropolis, 1920-1950." Master's thesis, Simon Fraser University, 1993.

Escudero, Juan Ignacio Toro. "España y los españoles en el Shanghai de entreguerras (1918-1939)." Master's thesis, Universitat Oberta de Catalunya, 2012.

Fu, Yongchun. China's Industrial Response to Hollywood: A Transnational History, 1923-1937. PhD diss., The University of Auckland. 2014.

Zhang, Qian. "From Hollywood to Shanghai: American Silent Films in China." PhD diss., University of Pittsburgh. 2009.

# 人名索引

## 〈ア　行〉



## 〈カ　行〉



## 〈サ　行〉

〈タ　行〉



〈ハ　行〉



〈マ　行〉



〈ヤ　行〉

〈ラ　行〉

# 事項索引

〈サ　行〉

〈タ　行〉

〈ナ　行〉



〈ハ　行〉

〈マ　行〉



〈ヤ　行〉



〈ラ　行〉



〈ワ　行〉

《著者紹介》

菅原慶乃（すがわら　よしの）

1974年　北海道生まれ
1996年　立命館大学国際関係学部卒業
1998年　北京電影学院留学（高級進修生・中国政府奨学生，至2000年）
2003年　大阪大学大学院言語文化研究科博士後期課程修了
　　　　博士（言語文化学）
2012年　第8回太田勝洪記念中国学術研究賞受賞
現　在　関西大学文学部教授

主要著書
編著
『越境の映画史』（堀潤之と共編，関西大学出版部，2014年）
分担執筆
*Early Cinemas in Hong Kong, Taiwan, and Republican Shanghai: Kaleidoscopic Histories*, edited by Emilie Yueh-Yu Yeh. Ann Arbor, MI: University of Michigan Press, 2018.
『華語電影工業：方法与歴史的新探索』（葉月瑜主編，北京大学出版社，2011年）

映画館のなかの近代
——映画観客の上海史——

2019年7月20日　初版第1刷発行　　＊定価はカバーに表示してあります

著　者　菅原慶乃©
発行者　植田実
印刷者　田中雅博

発行所　株式会社　晃洋書房
〒615-0026　京都市右京区西院北矢掛町7番地
電話　075(312)0788番(代)
振替口座　01040-6-32280

装丁　野田和浩　　印刷・製本　創栄図書印刷㈱

ISBN 978-4-7710-3132-6